LES ARBRES

DAVID SUTTON

LES ARBRES

ILLUSTRATIONS DE
RICHARD BONSON

SOLAR

Titre original de cet ouvrage :
FIELD GUIDE TO THE TREES

Traduction-adaptation :
Christian Bounay

ISBN : 2-263-01597-3
N° d'éditeur : 1794

Photocomposition : Eurocomposition, Sèvres
Imprimé au Portugal

SOMMAIRE

INTRODUCTION

Les arbres, ces grands végétaux, ont de tout temps inspiré philosophes et poètes, modulant les paysages qu'ils marquent de leur empreinte. Les arbres font en effet, bien souvent, le caractère d'une région : ainsi, les couronnes ondoyantes des ormes, de même que la haute stature des majestueux chênes sont typiques des latitudes moyennes, tandis que les flèches des cyprès et les pins en ombelle sont associés aux régions méditerranéennes. De plus, les arbres sont en quelque sorte les témoins de l'histoire de la nature ; ce sont généralement les plus anciens êtres vivants d'une région, mais également les plus grands et les plus imposants. Ils peuvent être d'une rare beauté, raison qui suffit à expliquer la culture de nombre d'espèces. Pour leurs fleurs, on plante les cerisiers d'Orient et l'arbre de Judée, pour leurs somptueuses couleurs d'automne les érables et le tupélo. D'autres sont choisis pour leur forme imposante ; c'est notamment le cas du cèdre du Liban, aux branches très étalées et harmonieusement étagées, du peuplier noir, conique ou pyramidal, et du saule pleureur, aux longs rameaux pendants qui forment un rideau de verdure.

Certains fruits parmi les plus précieux pour l'homme proviennent des arbres. Les vergers de pommiers, de pruniers et de poiriers sont fréquents dans les régions à climat tempéré, tandis que les orangers, les pêchers et les brugnoniers se rencontrent plutôt dans les régions méridionales, plus chaudes. De plus, l'exploitation du bois, une fois les arbres morts, se fait sous diverses formes. Les bois tendres des conifères et les bois durs des feuillus trouvent toutes sortes d'usages, qu'il s'agisse de construction ou de décoration. Transformé en pâte à papier, le bois constitue également une véritable « matière première » de tout ce qui touche de près ou de loin à l'édition, à l'imprimerie, etc.

Les fiches descriptives et les illustrations de ce guide permettent l'identification de 430 espèces d'arbres indigènes ou le plus couramment plantés en Europe.

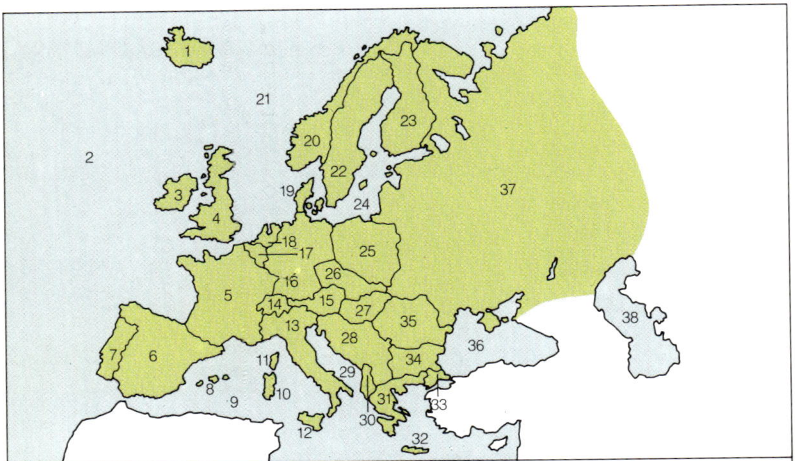

1 Islande **2** Océan Atlantique **3** Irlande **4** Grande-Bretagne **5** France **6** Espagne **7** Portugal **8** Îles Baléares **9** Méditerranée **10** Sardaigne **11** Corse **12** Sicile **13** Italie **14** Suisse **15** Autriche **16** Allemagne **17** Belgique **18** Pays-Bas **19** Danemark **20** Norvège **21** Mer de Norvège **22** Suède **23** Finlande **24** Baltique **25** Pologne **26** Tchécoslovaquie **27** Hongrie **28** Yougoslavie **29** Mer Adriatique **30** Albanie **31** Grèce **32** Crète **33** Turquie **34** Bulgarie **35** Roumanie **36** Mer Noire **37** URSS **38** Mer Caspienne

LES ARBRES, LEUR DISTRIBUTION

Le cocotier du Chili est communément planté le long des routes du bassin méditerranéen.

L'aire de distribution considérée dans cet ouvrage s'étend de la limite des arbres, en Scandinavie et au nord de l'Union soviétique, jusqu'aux îles de la Méditerranée, ainsi que de la côte atlantique, à l'ouest, jusqu'aux montagnes de l'Oural, à la mer Noire, à la mer Caspienne et aux îles de la mer Égée, à l'est. L'accent est mis sur les espèces les mieux représentées et les plus fréquemment rencontrées. La plupart des espèces indigènes sont étudiées, à l'exception de celles dont l'effectif est très réduit et qui restent mal connues. On trouvera la description de la plupart des arbres communément plantés et qui ont été introduits dans nos régions, dont les arbres cultivés pour leur bois, leurs fruits ou leur seule esthétique. Cette dernière catégorie comprend les arbres appréciés pour leur ombre ou leurs qualités ornementales dans les jardins publics et au bord des routes. La raison du choix d'une si vaste aire de répartition résulte du fait qu'il est souvent impossible de savoir, à moins d'être un spécialiste, si un arbre est indigène ou non. Certaines espèces introduites produisent régulièrement des graines et se propagent comme des sujets indigènes.

Qu'est-ce qu'un arbre ?

Selon une définition communément admise, un arbre est un végétal pourvu d'un tronc unique, ligneux, atteignant plusieurs mètres de haut. Les arbres plantés en ville, dans les rues, les parcs et les jardins, sont souvent nettement plus petits — c'est le cas du cerisier nain *Prunus cerasus*. En outre, la taille d'un arbre peut varier en fonction du lieu dans lequel il se développe. Une espèce indigène peut être très imposante à basse altitude, par exemple, mais ne pas dépasser quelques mètres lorsqu'elle prospère plus haut, dans les montagnes. C'est pourquoi une définition élargie a été adoptée dans ce livre, sachant qu'il n'existe pas de distinction botanique précise entre les arbres et les arbustes — ces derniers étant des végétaux ligneux de plus petites dimensions, généralement à port buissonnant dans la mesure où la tige présente une tendance à ramifier dès la base. Certaines grandes espèces, qui appartiennent incontestablement à la catégorie des arbres, émettent des rejets — notamment l'orme champêtre. Les arbres utilisés en haies, et par conséquent régulièrement taillés, émettent également des ramifications basales. Certains arbres peu fréquents ont été inclus ici en raison de leur parenté avec d'autres espèces.

Le noisetier commun est généralement un arbuste, mais il atteint parfois la taille d'un arbre.

Introduction

L'HISTOIRE DES ARBRES

Les forêts et les terres boisées n'ont pas toujours existé, contrairement à ce que l'on pourrait croire, et elles sont en perpétuelle évolution. Lors de la dernière grande glaciation, la majeure partie du nord de l'Europe se trouva recouverte par les glaces. Puis, il y a dix mille ans environ, un réchauffement du climat entraîna un début de fonte des glaces, et les terres ainsi mises à nu devinrent propres à la colonisation. Les graines des arbres ayant survécu, dans les régions du Sud épargnées par la glace, furent disséminées par les vents, permettant l'implantation d'espèces pionnières, comme les bouleaux et les saules, puis les pins ; c'est ainsi que les forêts commencèrent à se former dans le nord du continent. Les arbres à semences plus lourdes ne se multiplièrent que beaucoup plus tard, dans les régions septentrionales ; mais, par la suite, ils devaient prendre le pas sur les espèces pionnières.

Durant l'ère glaciaire, un énorme volume d'eau de mer se trouvait à l'état solide, et le niveau des eaux était environ de trente mètres inférieur à celui qu'elles ont actuellement. La France et la Grande-Bretagne étaient reliées par la terre, ce qui favorisait la propagation des espèces pionnières. La fonte des glaces entraîna une élévation du niveau des mers, et une partie des terres boisées fut engloutie. Ce phénomène interdit à certaines espèces à grosses graines, en provenance du Sud, de coloniser de nombreuses îles d'Europe du Nord. Mais, au terme de ce long processus, une couverture d'arbres extrêmement continue se développa, les forêts du nord de l'Europe étant dominées par les conifères, et les latitudes moyennes par les chênes, les ormes et les hêtres. Dans le Sud, plus sec, les espèces pourvues de feuilles coriaces et résistant à la sécheresse formèrent de vastes forêts.

L'histoire récente des arbres est marquée par la présence des hommes. Celle-ci a eu un impact particulièrement important dans le sud du continent européen, où elle est apparue en premier, entraînant la destruction de certaines forêts. Plus au nord, l'homme s'attaqua plus volontiers, à des fins de culture, aux forêts d'altitude, plus claires que celles des vallées, difficilement accessibles car trop denses. L'outillage agricole devenant plus efficace, les premiers agriculteurs prirent possession des terres plus aisément, et les forêts furent peu à peu décimées. Par la suite, même lorsqu'une terre n'était plus exploitée, le bétail qui venait y paître empêchait bien souvent les arbres de s'y établir de nouveau. Par ailleurs, l'exploitation du bois pour la construction devait accélérer encore le déboisement autour des régions à forte concentration humaine.

L'IMPORTANCE DES ARBRES

Les arbres tiennent un rôle considérable dans l'économie. Mais ce rôle est bien peu de chose comparé à celui qu'ils jouent dans la régulation du climat et dans l'équilibre des écosystèmes : cette fonction, en raison de la destruction des forêts à une grande échelle, est de plus en plus menacée.
Les racines d'un arbre puisent dans le sol l'eau et les minéraux qui seront acheminés jusqu'aux feuilles ; celles-ci captent la lumière solaire, source d'énergie qui leur permet de fixer, grâce à la chlorophylle, l'oxyde de carbone en suspension dans l'air et d'élaborer, par synthèse, des hydrates de carbone. Ce processus se perpétue pendant toute la vie de l'arbre, qui peut atteindre l'âge respectable de plusieurs siècles, voire plusieurs millénaires. Abattre un arbre est une opération qui ne demande que quelques minutes, mais il est difficile d'en prévoir les conséquences à long terme ; la déforestation, pour des motifs multiples, constitue donc aujourd'hui un grave problème mondial.
Un arbre peut absorber annuellement de 1 000 à 2 000 litres d'eau contenue dans le sol ; cette eau est ensuite évacuée par évapotranspiration par les feuilles. Portée par le vent, cette vapeur condensée retombe en pluie plus loin. A l'échelle d'une forêt, ce déplacement d'énormes quantités d'eau joue un rôle capital dans le maintien de la nappe phréatique et l'équilibre du climat de la région. Les zones forestières agissent comme des éponges géantes retenant les précipitations pour les libérer progressivement. En l'absence d'arbres, la majeure partie de l'eau de pluie n'est donc pas « mise en réserve », phénomène qui entraîne bien souvent une alternance d'inondations et de périodes de sécheresse. Si la dénivellation du terrain est forte ou si les précipitations sont particulièrement abondantes, la terre est charriée, puis déposée au fond des cours d'eau, des bassins de retenue et des estuaires. Sans récupération de l'humidité dans l'atmosphère, les vents sont alors secs et la pluviosité très faible dans les régions traversées par ces masses d'air.
De même qu'elle affecte l'écosystème local, une déforestation incontrôlée peut avoir des conséquences dramatiques pour l'ensemble du globe. Lorsque l'on supprime des arbres, que ce soit par le feu ou en laissant dépérir la forêt, l'oxyde de carbone qu'ils ont accumulé au fil des siècles se trouve libéré. Ce gaz, dès lors en quantité excessive dans l'atmosphère, contribue à l'« effet de serre » qui, à terme, menace de dérégler fortement le climat, en provoquant une élévation du niveau des mers.
Il est capital de préserver les forêts naturelles qui subsistent, ou du moins de les gérer avec une extrême rigueur, car elles constituent une ressource spontanément renouvelable ; simultanément, il faut aider la couverture d'arbres à se reformer dans de nombreuses régions où elle a été détruite. La plantation à grande échelle de feuillus, en Europe, nécessitera beaucoup de temps pour porter ses fruits, mais elle permettra de soulager les régions tropicales des conséquences d'une déforestation massive.

Introduction

COMMENT IDENTIFIER LES ARBRES

Pour s'initier à l'identification des arbres, il faut dans un premier temps apprendre à distinguer séparément les différentes composantes qui leur donnent leur aspect général ; on pourra ainsi comparer ses propres observations aux illustrations et aux descriptions figurant dans ce livre, mentionnant les principales caractéristiques permettant l'identification. Tous les termes employés sont définis en début de partie.

Les types

On distingue deux grandes catégories d'arbres : les résineux et les feuillus. Les premiers, ou conifères, possèdent des feuilles très particulières, en forme d'aiguille — adaptée aux climats froids et secs, puisqu'elle limite la transpiration. Les feuillus sont eux-mêmes soit caducs (leur feuillage tombe à l'approche de l'hiver et se renouvelle au printemps), soit persistants (ces espèces conservent leurs feuilles durant l'hiver : par exemple, le houx, le laurier ou encore le buis).

Le tronc

Le tronc d'un arbre continue à se développer d'une année sur l'autre. Il se lignifie progressivement, sa circonférence augmentant au fil des ans. Par définition, un arbre ne possède qu'un seul tronc ; certains, cependant, comme le séquoia toujours vert, peuvent produire plusieurs troncs à partir de drageons — les rejets qui naissent de la racine de l'arbre. Sous leur propre poids, les branches basses du thuya géant ploient et s'arquent jusqu'au sol, de sorte que, chez de nombreux vieux sujets, ces branches s'enracinent et donnent naissance à de nouveaux arbres : on dit qu'elles marcottent.

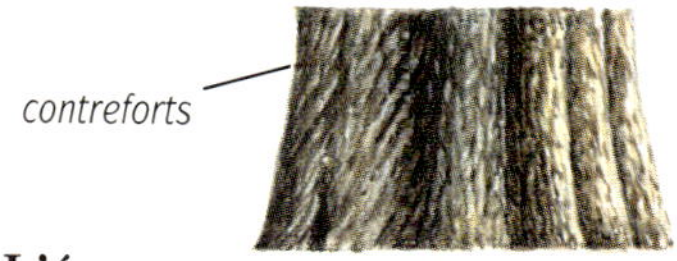

L'écorce

Cette couche protectrice qui enveloppe le tronc s'adapte de différentes façons à l'accroissement de la circonférence de celui-ci. Les épaisseurs d'écorce les plus anciennes finissent généralement par se fendre, révélant une couche plus jeune en dessous ; cela se solde par l'apparition de fissures verticales chez le châtaignier commun, ou de petites plaques carrées chez le chêne vert. Le chêne-liège est pourvu d'une écorce qui se développe rapidement pour former un revêtement épais et tendre ; celle du séquoia géant est fibreuse et également épaisse et tendre. Les écorces lisses, comme celle du platane à feuilles d'érable, se détachent souvent par plaques.

Couronne et ramifications

La couronne, c'est-à-dire l'ensemble composé par les branches, les rameaux et les feuilles, peut présenter une forme caractéristique permettant d'identifier un arbre. Celle-ci est en grande partie définie par les branches maîtresses, lesquelles peuvent être étalées, ascendantes ou pleureuses. Chez nombre de jeunes conifères, une structure régulière de branches rayonnantes, distribuées en anneaux successifs — les plus anciennes étant les plus proches du sommet —, produit une forme conique. En revanche, la couronne très étroite du peuplier noir est due aux ramifications pratiquement verticales. En règle générale, la forme est caractéristique d'une espèce donnée.

Rameaux et bourgeons

Les rameaux offrent un certain nombre de caractéristiques utiles à l'identification ; ils sont particulièrement importants à cet égard chez les arbres à feuillage caduc, qu'ils permettent d'identifier lorsque ceux-ci sont dénudés. Aux emplacements d'où les feuilles se sont détachées, les rameaux présentent souvent des cicatrices très particulières. Certains arbres, comme le figuier et le noyer commun, ont des rameaux épais et rigides ; d'autres, comme ceux du bouleau verruqueux, sont minces et pendants. Seules quelques espèces à épines ou piquants pourront être identifiées à partir de ce guide.

Les bourgeons sont généralement situés à la base de chaque pétiole ou cicatrice foliaire, ainsi qu'à l'extrémité du rameau. La plupart d'entre eux, à l'exception des boutons floraux, sont de jeunes pousses ; les jeunes feuilles sont couvertes d'écailles, et la croissance paraît pour un temps interrompue avant que la lame ne se développe. Le bourgeon qui occupe l'extrémité du rameau est généralement le plus grand, parfaitement visible sur la plupart des arbres à feuillage caduc. Le bourgeon du marronnier commun est large et gommeux, tandis que celui des hêtres est plus mince, renflé au milieu. Celui des frênes est lisse et noirâtre, et celui du saule blanc est couvert de poils gris clair. La disposition des bourgeons latéraux reflète celle des feuilles.

Les feuilles

Les arbres portent des feuilles une grande partie de l'année ; en revanche, la floraison et la fructification ne durent souvent que quelques mois. Plusieurs années peuvent s'écouler avant qu'un arbre ne commence à produire des fleurs et, certaines saisons, il n'est pas rare qu'un arbre adulte ne produise pas de fleurs ni de fruits parvenant à maturité. Ce sont alors surtout les feuilles qui permettent l'identification. Il faut observer leur position et analyser leur distribution sur le rameau – par paire, etc. Le contour de la lame (la partie élargie) est une donnée importante. Le bord peut être plein, denté ou lobé. La feuille est simple ou composée ; dans ce dernier cas, elle comporte plusieurs folioles (elle est alors imparipennée, trifoliée, palmée, etc.). Les feuilles d'arbres à feuillage caduc sont généralement plus fines que celles des arbres à feuillage persistant, et leur couleur peut varier considérablement en automne. La surface de la feuille peut être lisse et luisante, ou plus ou moins velue – surtout au revers. De nombreux conifères possèdent des feuilles aciculaires ; d'autres, en revanche, ont de petites feuilles en forme d'écaille. Un genévrier commun aura parfois les unes et les autres en même temps. Chez de nombreux arbres à fleurs apparaît une paire de stipules.

Feuille lobée

Feuilles aciculaires

Folioles

Introduction

Les fleurs

Les pétales sont généralement la partie la plus voyante d'une fleur chez la plupart des arbres pollinisés par les insectes. Ces pétales sont égaux ou inégaux, disjoints ou soudés vers la base. Les sépales, habituellement verts, sont placés sous les pétales. Si les pétales et les sépales ne peuvent être distingués de façon immédiate, le terme de « périanthe » s'appliquera à l'ensemble. Les organes mâles (♂) d'une fleur sont les étamines, qui produisent le pollen dans les anthères ; les organes femelles (♀) sont les stigmates, généralement portés par une sorte de tige (le style), qui les relient à l'ovaire. Beaucoup de fleurs possèdent à la fois des parties mâles et femelles, et sont qualifiées d'hermaphrodites (⚥). Mais il existe des fleurs mâles et femelles séparées, soit sur le même arbre, soit sur des arbres différents. Les fleurs de certains arbres sont minuscules et rassemblées en épis oblongs : les chatons. Ces fleurs sont généralement pollinisées par le vent. Chez les conifères, les parties mâles et femelles sont portées respectivement sur les écailles des cônes mâles et femelles.

Chatons

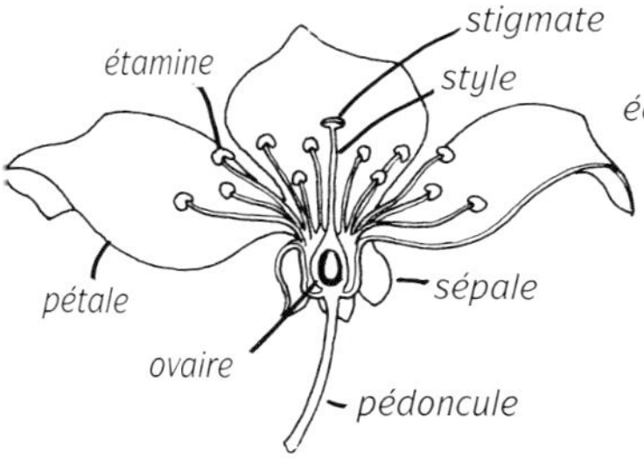

Fleur ⚥

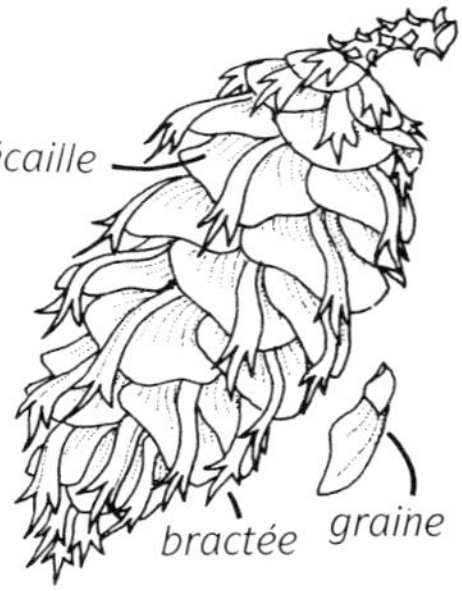

Cône

Fruits et graines

Les critères fondamentaux de l'identification des fruits sont : la forme, la couleur, la consistance charnue ou sèche — et, dans ce dernier cas, le fait qu'ils s'ouvrent ou non pour libérer leurs graines. Les fruits semblables à des baies, comme ceux du cerisier des oiseaux, comportent souvent un noyau dur, renfermant les semences. Chez de nombreuses espèces, le fruit possède une enveloppe externe qui se dessèche au fur et à mesure de la maturation. Les gousses sont des fruits secs allongés qui se fendent à maturité pour libérer leurs graines. Les fruits secs qui ne s'ouvrent pas ne contiennent en principe qu'une seule graine. Les fruits secs des frênes et des érables possèdent une aile longue qui facilite la dispersion ; chez les ormes et le pterocarya du Caucase, l'aile enserre la partie renfermant la graine. Pour la plupart, les conifères produisent des cônes ligneux dont les graines sont portées sous les écailles. Les graines individuelles possèdent souvent des ailes membraneuses. Certains cônes présentent des bractées — stériles — appliquées sur les écailles portant les graines. Les cônes des pins et épicéas sont le plus souvent pendants ; en revanche, ceux des sapins, cèdres et mélèzes sont érigés. Chez certaines espèces de pins, les cônes tombent, intacts, après s'être maintenus de longues années sur l'arbre. Au contraire, les cônes des sapins et des araucarias s'ouvrent sur l'arbre. Les ifs et les genévriers se distinguent des autres conifères par le fait que leurs écailles deviennent à maturité charnues et semblables à des baies.

COMMENT UTILISER CE GUIDE

Il existe deux façons principales d'utiliser cet ouvrage pour identifier un arbre. La première consiste à consulter directement la page consacrée à une espèce et à comparer l'arbre que l'on observe avec l'illustration et la description. La seconde, si l'on n'a pas une idée précise de l'identité du sujet, fait appel à la partie « Clef des espèces », à partir de la page 14, et limite le champ des investigations à quelques pages. Il ne faut pas omettre de lire le texte détaillé pour confirmer l'identification. Les principales caractéristiques de l'espèce sont récapitulées dans les tableaux de bas de page.

Sur chaque fiche figure la description d'une espèce principale, avec des informations sur son port, ses fleurs et ses fruits, à laquelle s'ajoute la description succincte d'espèces similaires (trois au maximum) — qu'il s'agisse de variétés horticoles, de sous-espèces ou de « cousines ». Pour ces espèces similaires, qui peuvent parfois être tout aussi communes que l'espèce principale, seules les parties permettant l'identification sont décrites.

Cette couleur indique le groupe de plantes auquel chaque espèce appartient. Elle vous aidera à retrouver les différents groupes en feuilletant ce guide. Le code des couleurs est expliqué page 16.

Un texte décrit dans ses grandes lignes l'aspect général de l'arbre, ou la façon dont il se présente dans une forêt ; il met en évidence quelques traits caractéristiques et signale éventuellement des détails concernant la biologie et l'importance de l'espèce pour l'homme.

Des rubriques fournissent des indications détaillées sur les principales caractéristiques de l'arbre : habitat, période de floraison et de fructification, couronne, tronc, feuilles, fleurs, fruits et graines.

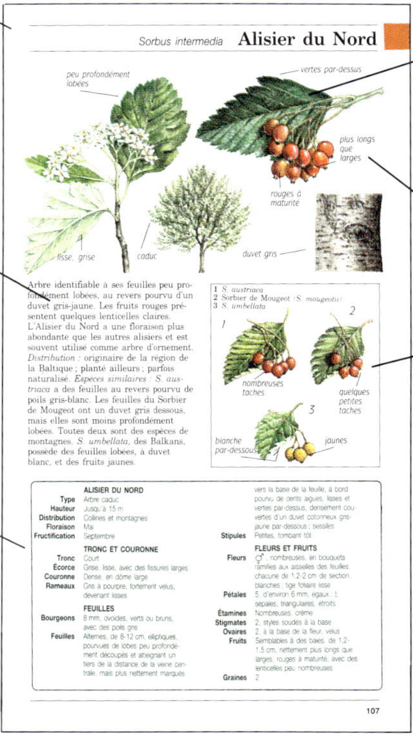

Arbre identifiable à ses feuilles peu profondément lobées, au revers pourvu d'un duvet gris-jaune. Les fruits rouges présentent quelques lenticelles claires. L'Alisier du Nord a une floraison plus abondante que les autres alisiers et est souvent utilisé comme arbre d'ornement. *Distribution :* originaire de la région de la Baltique ; planté ailleurs ; parfois naturalisé. *Espèces similaires : S. austriaca* a des feuilles au revers pourvu de poils gris-blanc. Les feuilles du Sorbier de Mougeot ont un duvet gris dessous, mais elles sont moins profondément lobées. Toutes deux sont des espèces de montagnes. *S. umbellata*, des Balkans, possède des feuilles lobées, à duvet blanc, et des fruits jaunes.

1 *S. austriaca*
2 Sorbier de Mougeot (*S. mougeotii*)
3 *S. umbellata*

	ALISIER DU NORD
Type	Arbre caduc
Hauteur	Jusqu'à 15 m
Distribution	Collines et montagnes
Floraison	Mai
Fructification	Septembre
	TRONC ET COURONNE
Tronc	Court
Écorce	Grise, lisse, avec des fissures larges
Couronne	Dense, en dôme large
Rameaux	Gris à pourpre, fortement velus, devenant lisses
	FEUILLES
Bourgeons	8 mm, ovoïdes, verts ou bruns, avec des poils gris
Feuilles	Alternes, de 8-12 cm, elliptiques, pourvues de lobes peu profondément découpés et atteignant un tiers de la distance de la veine centrale, mais plus nettement marqués vers la base de la feuille, à bord pourvu de dents aigues, lisses et vertes par-dessus, densément couvertes d'un duvet cotonneux gris-jaune par-dessous ; sessiles
Stipules	Petites, tombant tôt
	FLEURS ET FRUITS
Fleurs	⚥, nombreuses, en bouquets ramifiés aux aisselles des feuilles, chacune de 1,2-2 cm de section, blanches ; tige foliaire lisse
Pétales	5, d'environ 6 mm, égaux ; 5 sépales, triangulaires, étroits
Étamines	Nombreuses, crème
Stigmates	2, styles soudés à la base
Ovaires	2, à la base de la fleur, velus
Fruits	Semblables à des baies, de 1,2-1,5 cm, nettement plus longs que larges, rouges à maturité, avec des lenticelles peu nombreuses
Graines	2

107

Des illustrations représentent l'arbre en son entier, ainsi que des détails des fleurs et des fruits, ou toute autre partie facilitant l'identification.

Les légendes sont utiles à l'identification.

Trois arbres semblables au maximum peuvent être représentés sur la même page, avec les détails qui les distinguent de l'espèce principale.

Introduction

CLEF DES ESPÈCES

Ce tableau illustré récapitule les différents groupes d'espèces et le numéro des pages où elles figurent. A chaque étape de votre recherche, lisez le texte numéroté et vérifiez si la description correspond à l'arbre que vous souhaitez identifier. Si ce n'est pas le cas, lisez la deuxième description portant le même numéro et qui inclut toutes les autres espèces à ce stade de la recherche. Passez ensuite à la description suivante, jusqu'à ce que vous trouviez le groupe qui convient.

1 feuilles rassemblées au sommet du tronc ou aux extrémités des grosses branches
Agaves 180-181 ; Palmiers 182-185.

1 feuilles dispersées le long des branches et rameaux
2 feuilles toutes, ou la plupart, en forme d'écaille, serrées contre le rameau
Araucarias 19 ; Séquoias 38-39 ;
Cyprès 42-45, 47-49 ;
Filaos 89 ; Tamaris 154-155.

2 toutes les feuilles ne sont pas en forme d'écaille
3 toutes les feuilles, ou la plupart, sont aciculaires, déployées
4 aiguilles toutes disposées en spirale ou formant 2 rangées parallèles
Pins 20-29 ; Séquoias 39-40 ; Ifs 41.

4 aiguilles pour la plupart portées en bouquets, en touffes ou en verticilles de 2 ou plus
Pins 30-37 ; Cyprès 46.

3 toutes les feuilles ne sont pas aciculaires
5 feuilles divisées en folioles séparées
6 folioles sur 2 rangées
Noyers 90-92 ; Rosacées 104 ;
Légumineuses 124-125, 127-129, 131 ;
Quassiers 134 ; Méliacées 135 ;
Anacardiacées 136-138 ;
Savonniers 139 ; Érables 144 ;
Oliviers 170-171 ; Caprifoliacées 178.

6 folioles rayonnant à partir du pétiole
Légumineuses 130 ; Rutacées 133 ;
Marronniers 140-141.

5 feuilles non divisées en folioles séparées
7 feuilles par paires opposées
Érables 142-143, 145-147 ; Fusains 149 ;
Buis 150 ; Rhamnacées 153 ;
Cornouillers 161 ; Grenadiers 167 ;
Oliviers 172-173 ; Bignoniacées 176-177 ;
Caprifoliacées 178.

Introduction

7 **feuilles alternes ou disséminées autour du rameau**
8 **fleurs (au moins les mâles) en minces chatons**
9 **feuilles lobées, épineuses ou en éventail**
Gingko 18 ; Salicacées 58 ; Fagacées 70-75.

9 **feuilles parfois dentées, mais ni lobées ni épineuses**
Salicacées 50-57, 59-61 ; Bétulacées 62-64 ; Corylacées 65-67 ; Fagacées 76 ; Myricales 77.

8 **fleurs simples ou en grappes, mais pas en minces chatons**
10 **feuilles lobées ou épineuses**
11 **fleurs blanches**
Rosacées 105, 107, 112-115 ; Houx 148.

11 **fleurs rouges, jaunes ou vertes**
Figuiers 85 ; Hamamélidacées 86 ; Platanes 88 ; Magnolias et tulipiers 95.

10 **feuilles parfois dentées, mais ni lobées ni épineuses**
12 **persistants**
13 **feuilles écrasées dégageant une odeur forte et agréable**
Lauracées 96 ; Myrtacées 162-166.

13 **feuilles écrasées peu odorantes**
Pittosporacées 93 ; Magnolias 94 ; Rosacées 108, 121 ; Rutacées 132 ; Éricacées 174 ; Myopores 175.

12 **caducs**
14 **feuilles cordées**
Mûriers 83 ; Légumineuses 126 ; Tilleuls 156-158 ; Arbre à pochettes 159.

14 **feuilles non cordées**
15 **pétales blancs ou roses**
Rosacés 98-103, 106, 190-111, 116-120, 122-123 ; Aliboufiers 169.

15 **pétales jaunes, verdâtres, rouge terne ou absents**
16 **feuilles à bord denté**
Fagacées 69 ; Ormes 78-82 ; Mûriers 84 ; Hamamélidacées 87 ; Rhamnacées 152-153.

16 **feuilles à bord non denté**
Fagacées 68 ; Mûriers 84 ; Argousiers 151 ; Rhamnacées 153 ; Nyssacées 160 ; Ébénacées 168.

Introduction

LE NOM DES ARBRES

Les noms vernaculaires des arbres indigènes de nos régions décrits dans ces pages sont ceux que l'on trouve couramment dans les guides et les manuels de botanique. Certaines espèces n'ont pas nécessairement de nom commun français si elles poussent dans d'autres pays que le nôtre.
Les noms scientifiques, en latin, ne varient pas, étant fixés par les conventions internationales. Chaque nom latin est constitué d'un nom de genre (commençant par une majuscule), suivi du nom de l'espèce. Un troisième nom, celui de la sous-espèce (dont l'abréviation est subsp.), peut suivre, faisant apparaître les variations géographiques au sein d'une même espèce. Le signe « × » intercalé entre le premier et le deuxième nom indique que la plante est un hybride issu du croisement de deux espèces ; placé devant le premier nom, ce signe identifie un hybride entre des espèces de deux genres différents. Les sélections spéciales d'arbres cultivés reçoivent souvent un nom horticole, mentionné entre guillemets simples.

Le classement

Dans ce guide, les arbres sont répertoriés en ordre plus ou moins systématique. Ceux qui se ressemblent par leurs fleurs et leurs fruits sont regroupés par familles. Chaque groupe de familles est identifié par une couleur. Utilisez les onglets de couleurs figurant dans le coin supérieur des pages pour retrouver les différents groupes d'arbres.

Ginkgos et Araucarias
Pins
Séquoias et Ifs
Cyprès
Saules
Bouleaux et Noisetiers
Hêtres et Myricales
Ormes et Mûriers
Hamamélidacées, Platanes et Filaos
Noyers et Pittosporacées
Magnolias, Lauracées et Phytolaccas
Rosacées
Légumineuses
Rutacées, Quassiers et Méliacées
Anacardiacées, Savonniers, Marronniers et Érables
Houx, Fusains, Buis et Oliviers
Nerpruns, Tamaris et Tilleuls
Arbres à pochettes, Tupélos et Cornouillers
Myrtes, Lysimachies et Grenadiers
Ébéniers, Aliboufiers, Oliviers et Frênes
Myopores, Scrofulariacées, Bignoniacées et Caprifoliacées
Agaves et Palmiers

LES ARBRES

FICHES

Ginkgo *Ginkgo biloba*

Arbre reconnaissable entre mille, avec ses feuilles en éventail, sa couronne irrégulière et ses fruits charnus de la taille d'une bille. Cette curieuse espèce appartient à un groupe d'arbres ayant connu son apogée à l'ère des dinosaures ; aujourd'hui, toutes les espèces du groupe sont éteintes, sauf celle-ci. Les fruits blets dégagent une odeur nauséabonde, de sorte que l'on ne peut pas planter les sujets femelles dans les villes des pays chauds. Cet arbre est cultivé depuis des siècles dans les jardins des temples et des palais de Chine. Il est pratiquement inconnu à l'état sauvage. *Distribution :* importé de Chine ; planté très fréquemment comme arbre d'ornement, souvent comme arbre d'alignement. *Espèce similaire :* aucune.

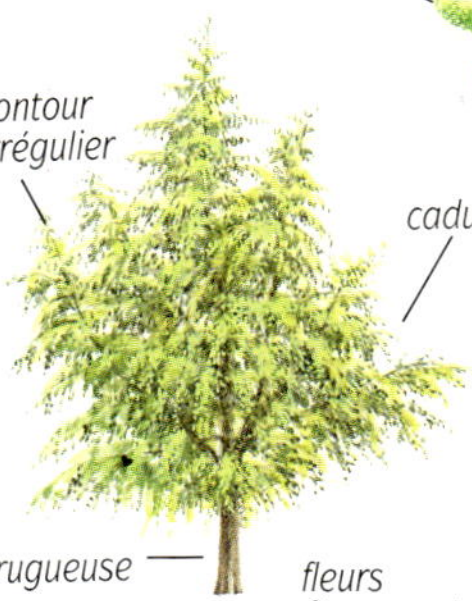

	GINKGO
Type	Conifère ; arbre caduc
Hauteur	25-30 m
Distribution	Rues, parcs
Floraison	Mars-avril
Fructification	Septembre-octobre
	TRONC ET COURONNE
Tronc	Mince, droit ou fourchu
Écorce	Profondément fissurée et sillonnée d'arêtes, gris-brun
Couronne	Cylindrique et irrégulière ou parfois large, branches peu nombreuses, courtes, irrégulières
Rameaux	De deux sortes : longs et droits, avec des pousses latérales courtes, tronquées
	FEUILLES
Bourgeons	Coniques, brun rougeâtre
Feuilles	Disposées en spirales, largement espacées sur les longues pousses, groupées sur les courtes, en forme d'éventail, de 3-12 cm, encochées ou profondément fendues, irrégulièrement dentées, à base cunéiforme, avec de nombreuses nervures divergentes à partir de celle-ci, vert tirant sur le jaune, virant au jaune vif en automne ; le pétiole atteint 4,5 cm de long
Stipules	Absentes
	FLEURS ET FRUITS
Fleurs	♂ et ♀ sur des plantes différentes
♂	Bouquets de 3-6 chatons jaunes, chacun de 6-8 cm
♀	1-2 sur un pédoncule atteignant 4 cm de long, jaune pâle
Fruits	1-2 sur un long pédoncule, 2,5-3 cm, sphériques ou légèrement ovoïdes, charnus, jaunâtres
Graines	1 par fruit, grosse, semblable à une noix

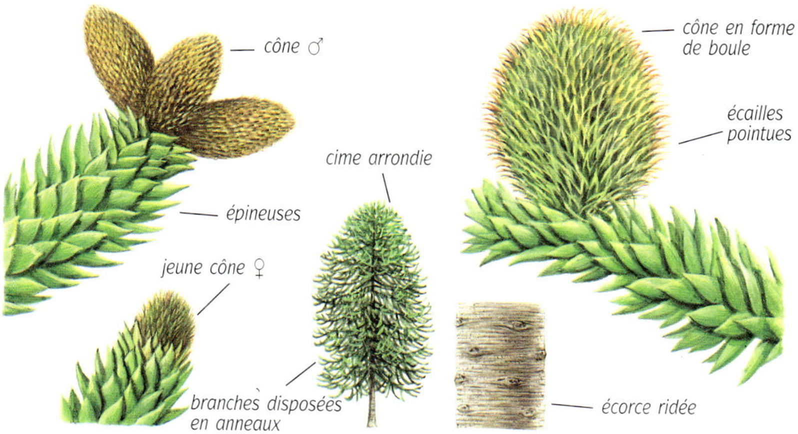

Conifère très singulier, pourvu de larges feuilles à l'apex en épine, disposées en formations très compactes autour du rameau. Cet arbre occupe une place importante dans la production de bois ; de qualité médiocre en Europe. Il est originaire d'Amérique du Sud, où l'on consomme ses graines ; en Europe, ces graines sont rarement productives. *Distribution :* originaire du Chili et de l'ouest de l'Argentine ; communément planté comme arbre d'ornement en Europe occidentale. *Espèce similaire : A. heterophylla*, qui n'atteint la taille d'un arbre que dans les régions chaudes, dans le Sud et l'Ouest. Elle est pourvue d'un feuillage plus délicat, en larges plaques, avec des ramifications régulières.

ARAUCARIA

Type Conifère ; arbre persistant
Hauteur 25-30 m
Distribution Parcs, jardins
Floraison Juin-juillet
Fructification Août-septembre

TRONC ET COURONNE

Tronc Droit, puissant, non fourchu, parfois drageonnant depuis les racines
Écorce Pourvue de rides horizontales et se striant verticalement, gris noirâtre
Couronne Conique, en dôme large avec l'âge ; branches disposées régulièrement et au même niveau autour du tronc, ascendantes ou devenant progressivement pendantes
Rameaux Cachés par les bases des feuilles engainantes

FEUILLES

Bourgeons Coniques, cachés par les feuilles
Feuilles Disposées en spirales, de 3-4 cm, triangulaires ou ovales-larges, épaisses, se terminant en épine, bord entier, base large, vert foncé luisant ; sessiles
Stipules Absentes

FLEURS ET FRUITS

Fleurs ♂ et ♀ sur des plantes différentes
♂ Cônes d'environ 10 cm, ovoïdes, bruns, en grappes aux extrémités des rameaux
♀ Cônes sphériques épineux, sur la partie supérieure du rameau
Fruits Cônes sphériques érigés mesurant jusqu'à 15 cm, verts avec des épines jaunâtres, s'ouvrant sur l'arbre une fois à maturité, la deuxième ou troisième année
Graines Jusqu'à 4 cm, brunes, souvent stériles

Sapin argenté commun *Abies alba*

Cette espèce ne supporte pas la pollution, et les pucerons font des ravages parmi ses représentants, si bien qu'on lui préfère d'autres espèces. Chez les sujets âgés, seul un bouquet de branches subsiste au sommet. *Distribution :* originaire des montagnes d'Europe centrale et méridionale ; fréquemment planté comme arbre d'ornement et pour son bois en Europe du Nord. *Espèces similaires :* le Sapin de Nordmann possède une couronne plus dense et plus large, des feuilles serrées et des cônes plus épais aux bractées plus longues. Fortement ramifié, avec un tronc puissant, le Sapin de Grèce diffère de ce dernier par ses feuilles rigides, épineuses, et ses bourgeons résinifères.

1 Sapin de Nordmann (*A. nordmanniana*)
2 Sapin de Grèce (*A. cephalonica*)

SAPIN ARGENTÉ COMMUN

Type Conifère ; arbre persistant
Hauteur 40-55 m
Distribution Forêts, plantations, parcs
Floraison Avril
Fructification Septembre

TRONC ET COURONNE

Tronc Puissant, plus ou moins droit, non fourchu en bas
Écorce Gris foncé, lisse avec des poches de résine, se fissurant en plaques carrées
Couronne Conique, étroite ; branches en groupes au même niveau
Rameaux Brun grisâtre, pubescents, avec des cicatrices foliaires orbiculaires

FEUILLES

Bourgeons Ovoïdes, brun rougeâtre, non résinifères, ou rarement
Feuilles En spirale à leur naissance, vrillées dans l'un ou l'autre sens, divisées au-dessus du rameau, de 1,5-2,5 cm, rarement 3,5 cm, aciculaires, aplaties mais épaisses, légèrement encochées à la pointe, vert foncé avec 2 bandes blanchâtres sur la face interne ; sessiles
Stipules Absentes

FLEURS ET FRUITS

Fleurs ♂ et ♀ sur le même arbre
♂ Cônes sphériques, jaunes, sur le dessous des rameaux
♀ Cônes verdâtres, ovoïdes, sur le dessus des branches supérieures
Fruits Cônes cylindriques érigés, de 10-20 cm, bruns, avec des écailles ligneuses et une pointe fine, orientées vers le bas, avec des bractées saillantes, éclatant sur l'arbre et laissant une fine hampe
Graines 2 par écaille, ailées

Arbre d'aspect spectaculaire, portant des cônes érigés, pourvus de bractées très caractéristiques, orientées vers le bas. Il est fréquemment planté pour son bois et prospère même dans des conditions très rudes. *Distribution :* originaire de l'ouest de l'Amérique du Nord ; largement planté en Europe du Nord et de l'Ouest comme arbre d'ornement ou pour son bois. *Espèces similaires :* deux espèces produisent des bourgeons fortement résinifères, ainsi que des cônes plus petits, bleuâtres jusqu'à maturité. Originaire du nord-est de la Russie, le Sapin de Sibérie possède des cônes pourvus de bractées courtes et cachées. Importé du Japon, *A. veitchii* produit des cônes aux bractées à peine saillantes.

1 Sapin de Sibérie *(A. sibirica)*
2 *A. veitchii*

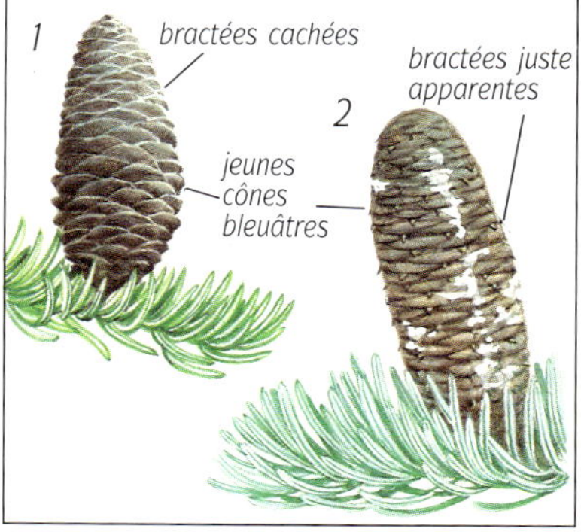

SAPIN NOBLE

Type Conifère ; arbre persistant
Hauteur 40-50 m (plus grand en Amérique)
Distribution Cultivé surtout dans les plantations
Floraison Mai
Fructification Octobre

TRONC ET COURONNE

Tronc Puissant, droit, non fourchu
Écorce Gris clair, lisse, avec des poches de résine, se fissurant avec l'âge
Couronne Conique, étroite, ou en colonne, s'aplatissant au sommet avec l'âge ; branches horizontales
Rameaux Brun rougeâtre, couverts de fins poils, avec des cicatrices foliaires orbiculaires

FEUILLES

Bourgeons Résinifères seulement au sommet
Feuilles Naissant en spirale, mais recourbées sur les côtés, séparées en bas, amassées en haut, de 1-3,5 cm, aciculaires, quadrangulaires, à pointe émoussée, vert grisâtre, avec 2 bandes gris pâle pardessous ; sessiles
Stipules Absentes

FLEURS ET FRUITS

Fleurs ♂ et ♀ sur la même plante
♂ Cônes sphériques, pourpres, d'environ 6 mm, en grappes sous les rameaux, teintés de jaune par le pollen
♀ Cônes verdâtres, cylindriques, de 4-5 cm, aux écailles pourvues de pointes orangées
Fruits Cônes érigés, en forme de fût, aux extrémités obtuses, de 15-25 cm, avec des bractées vertes, orientées vers le bas, faisant saillie sous les écailles brun violacé, éclatant sur l'arbre et laissant une fine hampe
Graines 2 par écaille, ailées

Sapin de Vancouver *Abies grandis*

Ce grand arbre, appelé également Sapin géant, est reconnaissable à ses rameaux plumeux portant des feuilles déployées à l'horizontale et à ses cônes cylindriques érigés, aux bractées cachées. Le feuillage dégage un parfum d'orange caractéristique. Sa croissance très rapide et sa bonne adaptation à la plupart des sols en font un excellent arbre des forêts. *Distribution :* originaire de l'ouest de l'Amérique du Nord ; largement planté en Europe centrale et du Nord, principalement pour son bois. *Espèce similaire :* le Sapin du Colorado se distingue par son écorce sombre, plus rugueuse, ses feuilles plus longues, recourbées vers le haut, souvent bleuâtres, et ses cônes plus grands.

Sapin du Colorado *(A. concolor)*

SAPIN DE VANCOUVER

Type Conifère ; arbre persistant
Hauteur 40-60 m (plus de 90 m en Amérique)
Distribution Plantations, plus particulièrement dans les zones humides
Floraison Avril
Fructification Octobre

TRONC ET COURONNE

Tronc Droit, non fourchu, très puissant
Écorce Gris-brun, lisse avec des poches de résine, se craquelant en plaques avec l'âge
Couronne Conique, étroite, ou en colonne ; branches disposées autour du tronc, au même niveau
Rameaux Pourvus de poils courts clairsemés et de cicatrices foliaires orbiculaires

FEUILLES

Bourgeons Coniques, d'environ 2 mm, pourprés, se couvrant de résine
Feuilles Naissant en spirale, mais tournées d'un côté ou de l'autre et laissant une ligne de séparation sur le dessus et le dessous du rameau, de 2-6 cm, aciculaires, échancrées, vert luisant par-dessus, avec 2 bandes blanchâtres par-dessous ; sessiles
Stipules Absentes

FLEURS ET FRUITS

Fleurs ♂ et ♀ sur la même plante
♂ Cônes pourprés de 2 mm environ, en grappes sous le rameau
♀ Cônes solitaires sur le dessus du rameau
Fruits Cônes ligneux érigés, cylindriques, de 5-10 cm, brun rougeâtre, exsudant une résine blanchâtre ; bractées cachées par les écailles des cônes ; le cône éclate sur l'arbre, laissant une fine hampe
Graines 2 par écaille, ailées

Cette espèce se reconnaît à ses feuilles épineuses, disposées autour des rameaux. Son aire de distribution naturelle se limite à quelques sites autour de Ronda, en Espagne, mais on la cultive ailleurs. *Distribution :* originaire des montagnes du sud de l'Espagne ; fréquemment planté comme arbre d'ornement, parfois pour son bois. *Espèces similaires : A. numidica,* le Sapin d'Algérie, est pourvu de feuilles plus longues, plus larges et plus flexibles, portant des bandes blanchâtres dessous, et de cônes dont le sommet, de forme plutôt carrée, comporte une protubérance en son centre. *A. homolepis* possède des rameaux cannelés, très pâles, et de jeunes cônes bleus.

1 Sapin d'Algérie *(A. numidica)*
2 *A. homolepis*

SAPIN D'ESPAGNE

Type Conifère ; arbre persistant
Hauteur 20-30 m
Distribution Pentes au nord, calcaires, des montagnes ; également planté ailleurs
Floraison Mai
Fructification Octobre

TRONC ET COURONNE

Tronc Puissant, droit, non fourchu
Écorce Lisse, se fissurant en plaques, gris foncé ou noirâtre
Couronne Conique, devenant irrégulière ; branches disposées en anneaux de même niveau
Rameaux Brun orangé, lisses, hormis la présence de cicatrices foliaires orbiculaires

FEUILLES

Bourgeons 3-5 mm, ovoïdes, pourprés, gluants de résine
Feuilles Se déployant vers l'extérieur tout autour du rameau, de 1-1,8 cm, aciculaires, rigides, se terminant en épine, vert grisâtre avec 2 bandes grisâtres par-dessus et par-dessous ; sessiles
Stipules Absentes

FLEURS ET FRUITS

Fleurs ♂ et ♀ sur la même plante
♂ Grappes de cônes sous le rameau, chacun d'environ 5 mm, sphériques, rouges, jaunes sous le pollen
♀ Cônes solitaires au-dessus du rameau
Fruits Cônes cylindriques érigés, de 10-16 cm, au sommet plutôt carré et pourvu d'une petite pointe, bruns à maturité ; bractées cachées par les écailles des cônes
Graines 2 par écaille de cône, ailées

Sapin de Douglas *Pseudotsuga menziesii*

Magnifique conifère, il domine la plupart des autres arbres d'Europe et rivalise, par sa hauteur, avec le Séquoia toujours vert et le Séquoia géant — tous trois étant originaires de l'ouest de l'Amérique du Nord. Le Sapin de Douglas se caractérise en particulier par ses cônes pendants, aux bractées trifides saillantes. *Distribution :* originaire de la côte pacifique d'Amérique du Nord ; largement planté en Europe comme arbre d'ornement, coupe-vent ou pour son bois. *Espèce similaire : P. macrocarpa* est pourvu de feuilles rigides et épineuses. Rarement produits chez les sujets cultivés, les cônes, plus grands, sont pourvus de bractées qui dépassent à peine les écailles épaisses des cônes.

P. macrocarpa

	SAPIN DE DOUGLAS
Type	Conifère ; arbre persistant
Hauteur	55 m (100 m en Amérique)
Distribution	Cultivé dans les plantations, parcs et jardins
Floraison	Mai-juillet
Fructification	Octobre

	TRONC ET COURONNE
Tronc	Droit, non fourchu
Écorce	Lisse, hormis la présence de poches de résine, d'un vert grisâtre, se fissurant profondément avec l'âge, semblable au liège, brun rougeâtre
Couronne	Conique-étroite, s'aplatissant au sommet avec l'âge ; branches en groupes au même niveau
Rameaux	Pourvus de cicatrices foliaires protubérantes, elliptiques, et couverts de poils souples

	FEUILLES
Bourgeons	Coniques aux deux extrémités, pointus
Feuilles	Naissant en spirale, mais tournant d'un côté ou de l'autre du rameau, de 2-3,5 cm, aciculaires, vert foncé, avec 2 bandes blanches par-dessous ; sessiles
Stipules	Absentes

	FLEURS ET FRUITS
Fleurs	Cônes ♂ et ♀ sur le même arbre
♂	A la base des feuilles des rameaux de l'année précédente, jaunes
♀	Près de l'extrémité des rameaux de l'année précédente, de 5-10 mm, rouges ou vertes
Fruits	Cônes oblongs, pendants, de 5-10 cm, mûrissant la première année ; écailles des cônes arrondies ; bractées trifides saillantes
Graines	2 par écaille de cône, ailées

Conifère attrayant, il est reconnaissable à ses feuilles de longueur variable, disposées de façon assez irrégulière, d'un côté ou de l'autre du rameau arqué vers le bas à partir des branches déployées. Le Tsuga, également appelé Hemlock de l'Ouest, est un important producteur de bois. Son feuillage dégage une odeur caractéristique de fenouil. *Distribution :* originaire de l'ouest de l'Amérique du Nord ; largement cultivé en Europe. *Espèces similaires :* le Tsuga du Canada est moins grand, avec des feuilles plus courtes, resserrées à l'extrémité, et des cônes plus petits. *T. mertensiana* est pourvu de feuilles bleuâtres, disposées en spirales, et de cônes plus grands.

1 Tsuga du Canada *(T. canadensis)*
2 *T. mertensiana*

TSUGA

Type Conifère ; arbre persistant
Hauteur 45 m (jusqu'à 70 m en Amérique)
Distribution Cultivé dans les plantations, parcs et jardins
Floraison Avril
Fructification Octobre

TRONC ET COURONNE

Tronc Droit, non fourchu
Écorce Brun rougeâtre, rugueuse, se fissurant et devenant cannelée avec l'âge
Couronne Conique, étroite, ou cylindrique ; branches en groupes au même niveau
Rameaux Minces, aux extrémités pendantes, brun grisâtre, velus

FEUILLES

Bourgeons Sphériques, grisâtres
Feuilles Naissant en spirale et tournant d'un côté ou de l'autre du rameau, de 5 mm-2 cm, de différentes longueurs, aciculaires, aplaties, émoussées, vert foncé, avec 2 bandes blanches par-dessous ; la base en forme de cheville reste en place après la chute de la feuille
Stipules Absentes

FLEURS ET FRUITS

Fleurs Cônes ♂ et ♀ sur la même plante
♂ Fixées en grappes à l'aisselle des feuilles, près de l'extrémité du rameau, petites, rouge virant au jaune
♀ Solitaires à l'extrémité des rameaux, d'environ 6 mm, rose pourpre
Fruits Cônes ovoïdes simples, de 2-2,5 cm, pendants, bruns, mûrissant la première année ; écailles arrondies, persistantes
Graines 2 par écaille de cône, ailées

Épicéa commun *Picea abies*

Les épicéas se distinguent par leurs longs cônes pendants, aux fines écailles, et leurs fines aiguilles vertes à section quadrangulaire. *Distribution :* originaire principalement du nord de l'Europe ; planté ailleurs comme arbre d'ornement et en haies, ainsi que pour son bois. *Espèces similaires :* l'Épicéa de Sibérie, forme intermédiaire dans les zones où ces deux arbres se côtoient, est parfois considéré comme une sous-espèce de l'Épicéa commun. L'Épicéa de Sibérie est de taille inférieure, avec des cônes plus petits, plus pointus, et des poils courts et denses sur les rameaux. L'Épicéa oriental se reconnaît facilement à ses feuilles très courtes.

1 Épicéa de Sibérie *(P. obovata)*
2 Épicéa oriental *(P. orientalis)*

ÉPICÉA COMMUN

Type	Conifère ; arbre persistant
Hauteur	30-40 m (rarement jusqu'à 60 m)
Distribution	Forêts, plantations, parcs
Floraison	Mai
Fructification	Septembre

TRONC ET COURONNE

Tronc	Droit, non fourchu
Écorce	Brun rougeâtre, rugueuse, s'écaillant ; fonçant avec l'âge et se craquelant par plaques
Couronne	Conique ou en colonne ; branches en anneaux de même niveau
Rameaux	Brun orangé, cannelés, rugueux, avec des bases de feuilles en forme de cheville, généralement glabres

FEUILLES

Bourgeons	4-7 mm, ovoïdes, brun foncé luisant
Feuilles	Naissant en spirales, tournant d'un côté ou de l'autre du rameau et laissant un espace par-dessous ; de 1-2,5 cm, aciculaires, quadrangulaires, pointues, vert foncé avec une bande grisâtre de chaque côté ; base en forme de cheville
Stipules	Absentes

FLEURS ET FRUITS

Fleurs	♂ et ♀ sur la même plante
♂	Cônes sphériques, d'environ 1 cm, près de l'extrémité des rameaux, rouge foncé, jaunis par le pollen
♀	Cônes solitaires, rouge sombre, érigés, sur les branches supérieures
Fruits	Cônes cylindriques à extrémité arrondie, de 12-20 cm, pendants, ligneux, bruns ; écailles fines, rhombiques ou ovales, à pointe irrégulière plutôt carrée
Graines	2 par écaille de cône, ailées

Originaire de la côte pacifique d'Amérique du Nord, ce grand conifère élégant est désormais un important producteur de bois en Europe. *Distribution :* originaire d'Amérique du Nord ; fréquemment cultivé en Europe du Nord et centrale comme arbre d'ornement et pour son bois. *Espèces similaires :* deux espèces se distinguent par leurs feuilles courtes, émoussées, et leurs cônes plus petits. *P. jezoensis* var. *hondoensis*, du Japon, produit des cônes émoussés, aux écailles dentées. L'Épicéa de Serbie, originaire de Yougoslavie, est pourvu de rameaux velus et de cônes pointus aux écailles arrondies. Également doté d'écailles arrondies, *P. polita* possède des feuilles quadrangulaires acérées.

1 *P. jezoensis* var. *hondoensis*
2 Épicéa de Serbie *(P. omorika)*
3 *P. polita*

ÉPICÉA DE SITKA

Type Conifère ; arbre persistant
Hauteur 40-55 m (jusqu'à 80 m en Amérique)
Distribution Plantations et parcs ; souvent dans les zones à forte pluviosité
Floraison Mai
Fructification Octobre

TRONC ET COURONNE

Tronc Habituellement droit, non fourchu
Écorce Sombre ou gris pourpré, se fissurant en plaques irrégulières qui se détachent
Couronne Conique-étroite, branches inférieures s'arquant vers le bas
Rameaux Brun pâle, cannelés, rugueux

FEUILLES

Bourgeons Ovoïdes, brun pâle, teintés de pourpre par la résine
Feuilles Disposées en spirales, tournant généralement d'un côté ou de l'autre du rameau, les supérieures très près du rameau ; 2-3 cm, aciculaires, aplaties, à pointe acérée, vert brillant par-dessus avec 2 étroites bandes pâles, et 2 bandes blanc bleuté par-dessous ; sessiles
Stipules Absentes

FLEURS ET FRUITS

Fleurs ♂ et ♀ sur la même plante
♂ Cônes ovoïdes émoussés au sommet, de 2,5-3,5 cm, jaunes ou pourpres
♀ Cônes rouge pâle ou verts, de 2,5-5 cm, le plus souvent près du sommet de l'arbre
Fruits Cônes solitaires, cylindriques, pendants, de 5-10 cm, devenant brun clair à maturité ; écailles fines, membraneuses, ridées, irrégulièrement dentelées
Graines 2 par écaille, ailées

Épicéa du Colorado *Picea pungens*

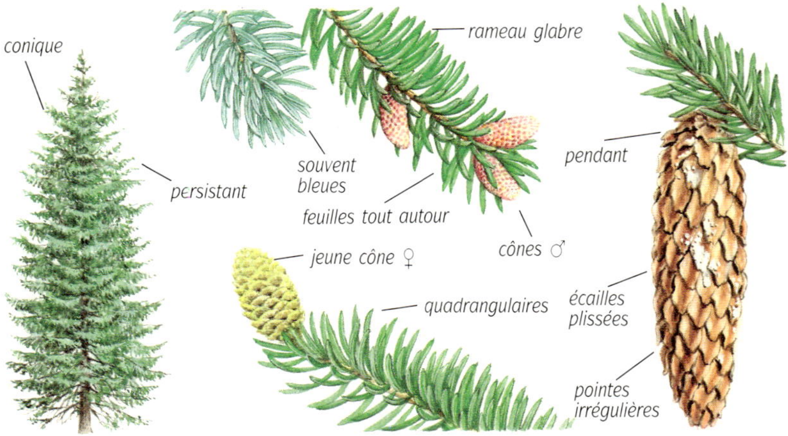

Il est pourvu de feuilles rigides, épineuses, et de cônes pendants, aux écailles fines et plissées. Dans son habitat d'origine, l'ouest de l'Amérique du Nord, on rencontre des formes au feuillage vert-gris et bleuâtre. En Europe, les arbres sont pratiquement toujours à feuilles bleues. *Distribution :* originaire de l'ouest de l'Amérique du Nord ; cultivé comme ornement et pour son bois en Europe du Nord et centrale. *Espèces similaires :* deux espèces pourvues de feuilles divisées sous les rameaux et de cônes plus petits. L'Épicéa de l'Arizona a les rameaux couverts de poils courts et denses. L'Épinette blanche est dotée de feuilles plus courtes et de cônes aux écailles arrondies.

1 Epinette blanche *(P. glauca)*
2 Épicéa de l'Arizona *(P. engelmannii)*

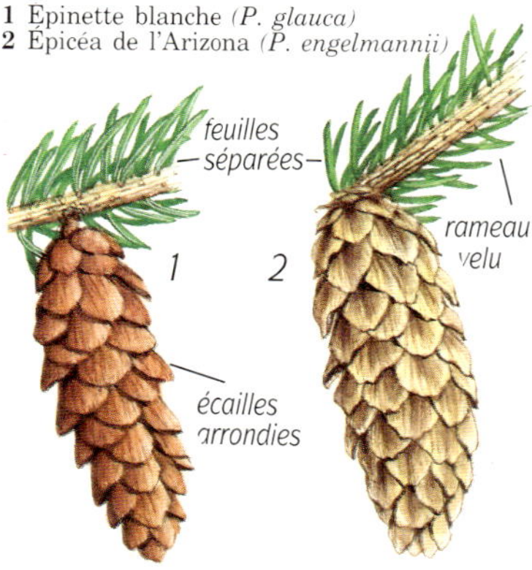

ÉPICÉA DU COLORADO

Type Conifère ; arbre persistant
Hauteur Jusqu'à 30 m (rarement 45 m en Amérique)
Distribution Plantations, parcs
Floraison Mai
Fructification Octobre

TRONC ET COURONNE

Tronc Droit, non fourchu
Écorce Gris pourpré ou brune, s'écaillant ou se fissurant par plaques
Couronne Conique, étroite, dense ; branches horizontales, ou les plus basses arquées vers le sol
Rameaux Blanchâtres ou brun jaunâtre, rugueux, cannelés, glabres

FEUILLES

Bourgeons Ovoïdes ou coniques, pointus, à écailles réfléchies
Feuilles Disposées en spirales tout autour du rameau, de 2-3 cm, aciculaires, rigides, quadrangulaires, se terminant en épine, vert-gris, ou bleuâtres, avec une bande plus claire sur chaque face et un velouté cireux ; sessiles
Stipules Absentes

FLEURS ET FRUITS

Fleurs Cônes ♂ et ♀ sur le même arbre
♂ Cônes ovoïdes en court cylindre, d'environ 2 cm, jaunâtres
♀ Cônes dressés, d'environ 4 cm, près de l'extrémité du rameau
Fruits Cônes cylindriques pendants, de 7-12 cm, près du sommet de l'arbre, brun clair ; écailles rhombiques, fines, plissées, à extrémité plutôt carrée, irrégulièrement dentelée
Graines 2 par écaille, ailées

C'est un bel arbre aux branches dressées et au feuillage pleureur, en rideau. Peu commun, cet arbre nord-américain, des monts Siskyou, en Californie et en Oregon, n'est étroitement apparenté à aucun autre épicéa. *Distribution :* originaire de l'ouest de l'Amérique du Nord ; fréquemment planté à titre ornemental. *Espèce similaire : P. smithiana* a un aspect moins nettement pleureur et ses rameaux sont glabres. Les bourgeons sont plus petits et arrondis et les feuilles, de section carrée, sont très longues et entièrement vertes. Relativement plus larges, les cônes sont pourvus d'écailles arrondies qui deviennent irrégulières à l'apex en mûrissant.

P. smithiana

ÉPICÉA DE BREWER

Type Conifère ; arbre persistant
Hauteur 10-20 m (jusqu'à 35 m en Amérique)
Distribution Cultivé surtout dans les parcs
Floraison Mai
Fructification Octobre

TRONC ET COURONNE

Tronc Droit, non fourchu
Écorce Gris pourpré, lisse, se couvrant d'écailles plus ou moins orbiculaires, circulaires avec l'âge
Couronne Irrégulièrement conique ou en colonne ; branches horizontales ou relevées, inférieures descendantes
Rameaux Longs, minces, pleureurs, rugueux, brun rosâtre, couverts de fins poils

FEUILLES

Bourgeons Ovoïdes ou coniques, arrondies, avec des poils brun rougeâtre
Feuilles Naissant en spirales, tournées vers l'extérieur tout autour du rameau, parfois divisées en bas, de 2-3,5 cm, aciculaires, aplaties, émoussées, vert tirant sur le bleu foncé, avec 2 bandes blanchâtres par-dessous ; sessiles
Stipules Absentes

FLEURS ET FRUITS

Fleurs ♂ et ♀ sur le même arbre
♂ Cônes ovoïdes, de 1,5-3 cm, en grappes près de l'extrémité du rameau
♀ Cônes cylindriques dressés, de 2,5-3,5 cm, rouges ou vert rosé, groupés sur les branches supérieures
Fruits Cônes étroits, pendants, de 10-14 cm, cylindriques, obtus, pourprés, virant au brun avec des traces de résine ; écailles arrondies
Graines 2 par écaille, ailées

Mélèze commun *Larix decidua*

Conifère caduc également connu sous le nom de Mélèze d'Europe. Au printemps, les rosettes des nouvelles feuilles vert émeraude accompagnent les jeunes cônes femelles roses et les cônes mâles dorés. *Distribution :* originaire d'Europe centrale ; planté ailleurs pour son bois et à titre ornemental. *Espèces similaires :* le Mélèze du Japon diffère par ses rameaux orangés, ses feuilles bleuâtres pourvues de bandes stomatifères blanches par-dessous, ses jeunes cônes femelles jaunâtres et ses cônes mûrs aux écailles courbées vers l'extérieur. Son vigoureux hybride formé avec l'espèce précédente est pourvu de cônes de taille moyenne. *Larix gmelinii* produit des cônes aux écailles larges, glabres, moins nombreuses.

1 Mélèze du Japon (*L. kaempferi*)
2 *L. gmelinii*

MÉLÈZE COMMUN

Type Conifère ; arbre caduc
Hauteur 30-50 m
Distribution Forêts, bois et plantations
Floraison Mars-avril
Fructification Septembre ; fruits mûrs la première année

TRONC ET COURONNE

Tronc Droit, non fourchu en bas
Écorce Brun grisâtre, lisse, devenant rougeâtre ; s'écaille ou se fissure
Couronne Conique, s'élargissant ; branches irrégulièrement réparties
Rameaux Jaunâtres, glabres ; rameaux longs et pousses secondaires courtes

FEUILLES

Bourgeons 3 mm, ovales, brun jaunâtre
Feuilles Rosettes de 30-40 sur les rameaux courts, ou disposées en spirale sur les rameaux longs ; de 2-4 cm, aciculaires, fines, tendres, vert clair, devenant plus sombres et virant au jaune en automne ; sessiles
Stipules Absentes

FLEURS ET FRUITS

Fleurs Cônes ♂ et ♀ sur le même arbre
♂ Petits cônes pendants jaunes
♀ Cônes dressés, roses, ou rouges
Fruits Cônes ovoïdes ligneux, de 2-3,5 cm, avec 40-50 écailles ; écailles des cônes plus ou moins plates, à bout rond, couvertes de poils souples ; bractées légèrement saillantes
Graines 2 par écaille de cône, ailées

Cet arbre est reconnaissable de loin, avec ses grosses branches déployées portant des plaques de feuilles aciculaires. Très caractéristiques, ses aiguilles sont réunies en bouquets et ses cônes sont en forme de fût, portés par-dessus le feuillage. Les formations de sujets matures sont très rares à l'état sauvage. *Distribution :* originaire du Sud-Ouest asiatique ; fréquemment planté à titre ornemental. *Espèces similaires :* le Cèdre de l'Atlas, plus connu sous la forme de son cultivar aux feuilles bleuâtres. Celui-ci est pourvu de branches ascendantes et de feuilles réunies par rosettes de 30-45. Le Cèdre de l'Himalaya possède une couronne pointue, des feuilles plus longues et de jeunes rameaux pendants.

1 Cèdre de l'Atlas (*C. atlantica*)
2 Cèdre de l'Himalaya (*C. deodara*)

	CÈDRE DU LIBAN
Type	Conifère ; arbre persistant
Hauteur	15-40 m
Distribution	Parcs et jardins
Floraison	Octobre-novembre
Fructification	Fruits mûrs la deuxième ou la troisième année
	TRONC ET COURONNE
Tronc	Puissant, souvent fourchu
Écorce	Brune ou noirâtre, se craquelant en fines arêtes écailleuses
Couronne	Conique chez le jeune arbre, devenant large, arrondie ou aplatie au sommet ; branches horizontales fortes, portant de grandes surfaces de feuilles, plates et denses
Rameaux	Brun clair, couverts de fins poils
	FEUILLES
Bourgeons	Ovoïdes, de 2-3 mm, bruns
Feuilles	Rosettes de 10-20 sur les courts rameaux, disposées en spirale sur les rameaux longs, de 2-3 cm, aciculaires, pointues, dures, vert foncé, glabres ; sessiles
Stipules	Absentes
	FLEURS ET FRUITS
Fleurs	Cônes ♂ et ♀ sur le même arbre
♂	Cônes de 4-5 cm, jaune verdâtre
♀	Cônes de 7 mm-1,2 cm, verts ou pourprés
Fruits	Cônes ligneux de 8-15 cm, en forme de fût, à sommet plutôt carré ou avec un renfoncement, brun grisâtre ou rosé, résineux, éclatant sur l'arbre
Graines	2 par écaille de cône, ailées

Pin sylvestre *Pinus sylvestris*

Conifère très répandu, du littoral atlantique de l'Europe jusqu'à la côte pacifique de l'Asie. C'est l'un des pins pourvus de feuilles allant par paires ; il est reconnaissable à son écorce rougeâtre, s'écaillant à la partie supérieure du tronc, à ses feuilles bleuâtres relativement courtes, à ses petits cônes pendants et à ses petits bourgeons aux écailles serrées. *Distribution :* originaire d'Europe du Nord et centrale ; planté dans d'autres régions pour son bois. *Espèce similaire :* le Pin des montagnes est pourvu de feuilles vert brillant et de cônes luisants faisant saillie à angle droit du rameau. Chaque écaille porte une pointe recourbée vers l'arrière. Le Pin nain des montagnes lui ressemble, en plus petit.

Pin des montagnes *(P. mugo)*

	PIN SYLVESTRE
Type	Conifère ; arbre persistant
Hauteur	20-40 m
Distribution	Forêts, bois et plantations
Floraison	Mai-juin
Fructification	Fruits mûrs la deuxième année
	TRONC ET COURONNE
Tronc	Droit, normalement non fourchu
Écorce	Brun rougeâtre en haut, s'écaillant ; brun foncé en bas, fissurée
Couronne	Conique, devenant plus large ou aplatie au sommet ; branches en groupes au même niveau
Rameaux	Brun verdâtre, glabres
	FEUILLES
Bourgeons	Petits, pointus, résinifères
Feuilles	Par paires sur les rameaux courts, de 3-7 cm, aciculaires, vrillées, glauques, glabres ; sessiles ; sur les rameaux longs, petites et semblables à des écailles
Stipules	Absentes
	FLEURS ET FRUITS
Fleurs	Cônes ♂ et ♀ sur le même arbre
♂	Cônes sphériques, jaunes, parfois rouges avant la dispersion du pollen
♀	1-5 cônes à l'extrémité du rameau, ovoïdes, pourpre rosâtre
Fruits	Cônes ligneux, de 3-7 cm, ovoïdes, pointus, pendants, gris-brun terne ; écailles à bord large et aplati, renflées au centre
Graines	2 par écaille, 1,2-1,5 cm, ailées

Pin noir de Corse

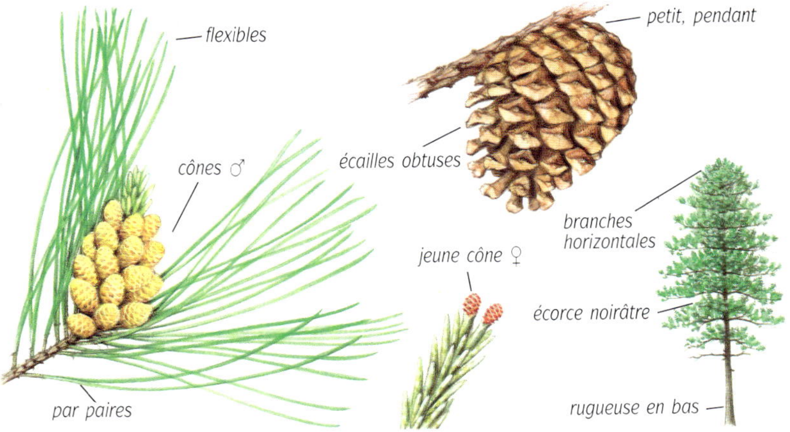

De ses forêts d'origine, ce pin a ensuite été introduit dans de nombreuses régions du nord de l'Europe. Il ressemble au Pin sylvestre, mais est pourvu d'une écorce plus sombre et de feuilles plus longues, plus flexibles et plus foncées. Dans les régions froides, il est vulnérable aux maladies. *Distribution :* originaire du centre du bassin méditerranéen ; planté pour son bois, ou pour stabiliser le sable. *Espèces similaires :* le Pin d'Autriche, arbre sombre, fortement ramifié, est pourvu de feuilles rigides, droites, se terminant en épines et régulièrement groupées autour du rameau. Le Pin de Bosnie possède un feuillage identique, mais avec de jeunes cônes pourpres.

1 Pin d'Autriche (*P. nigra* subsp. *nigra*)
2 Pin de Bosnie (*P. leucodermis*)

PIN NOIR DE CORSE

Type Conifère ; arbre persistant
Hauteur 30-50 m
Distribution Forêts, plantations
Floraison Juin
Fructification Fruits mûrs la deuxième année

TRONC ET COURONNE

Tronc Droit, rarement fourchu
Écorce Grise en haut, s'écaillant ; gris noirâtre et profondément fissurée en bas
Couronne Conique ou en colonne, devenant rarement plus large ; branches en groupes au même niveau
Rameaux Glabres, brun jaunâtre

FEUILLES

Bourgeons Coniques, pointus, résinifères
Feuilles Par paires sur les rameaux courts, de 10-18 cm, aciculaires, vrillées, souples, pointues, vert grisâtre, glabres ; sessiles
Stipules Absentes

FLEURS ET FRUITS

Fleurs Cônes ♂ et ♀ sur le même arbre
♂ Cônes en grappes, chacun de 8 mm-1,3 cm, jaunes ; écailles à extrémité pourpre
♀ Cônes ovoïdes d'environ 5 mm, roses
Fruits Cônes ligneux, de 6-8 cm, ovoïdes, ternes, brun-jaune ou brun-gris ; écailles à bord large et aplati, avec une arête horizontale et une petite épine centrale
Graines 2 par écaille, ailées

Pin maritime *Pinus pinaster*

C'est une espèce côtière caractéristique, à la couronne haute et ouverte et aux feuilles très longues. Les cônes ligneux, luisants, peuvent se maintenir fermés sur l'arbre pendant de longues années avant de s'ouvrir et de tomber. La résine prélevée sur le tronc entre dans la fabrication de la térébenthine. *Distribution :* originaire de l'ouest du bassin méditerranéen ; planté ailleurs pour son bois, pour stabiliser le sable et pour sa résine. *Espèces similaires :* le Pin d'Alep est pourvu de feuilles plus courtes et de cônes plus petits, avec des écailles arrondies et un court pédoncule recourbé vers l'arrière. Le Pin de Calabre a des feuilles identiques au Pin maritime et des cônes comme ceux du Pin d'Alep.

1 Pin d'Alep *(P. halepensis)*
2 Pin de Calabre *(P. brutia)*

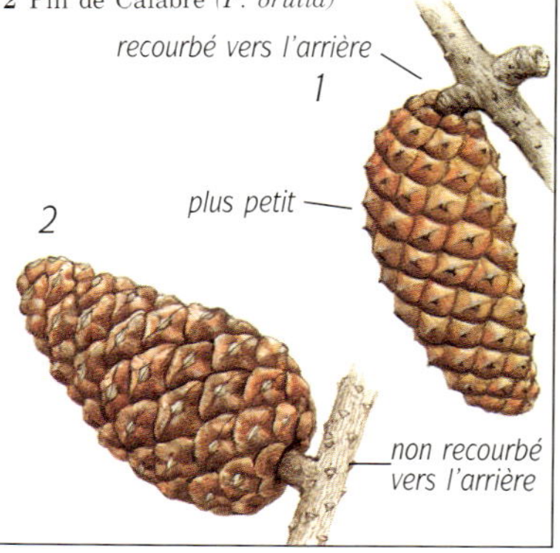

	PIN MARITIME
Type	Conifère ; arbre persistant
Hauteur	Jusqu'à 40 m
Distribution	Régions littorales au climat chaud et sec
Floraison	Juin
Fructification	Fruits mûrs la deuxième année
	TRONC ET COURONNE
Tronc	Souvent tortueux, perdant avec l'âge ses branches inférieures
Écorce	Brun rougeâtre, devenant profondément fissurée, avec de nombreuses arêtes
Couronne	Conique ou en dôme ; branches en groupes irréguliers, espacés
Rameaux	Gris ou brun-rouge, glabres
	FEUILLES
Bourgeons	1-2 cm, coniques aux deux extrémités, brun rougeâtre, non résinifères ; écailles réfléchies
Feuilles	Par paires sur les rameaux courts, de 10-25 cm, aciculaires, vrillées, rigides, pointues, vert-gris vernissé, devenant d'un vert plus profond, glabres ; sessiles
Stipules	Absentes
	FLEURS ET FRUITS
Fleurs	Cônes ♂ et ♀ sur le même arbre
♂	Cônes en grappes, de 8 mm-1 cm, jaunes
♀	Groupes de 3-5 cônes, près de l'extrémité des rameaux, chacun de 1-1,2 cm, ovoïdes, rose profond
Fruits	Cônes ligneux en petites grappes, de 8-22 cm, coniques, pointus, brun luisant ; écailles pourvues d'arêtes horizontales et souvent d'une pointe large et acérée
Graines	7-8 mm, pourvues d'une aile atteignant 30 cm

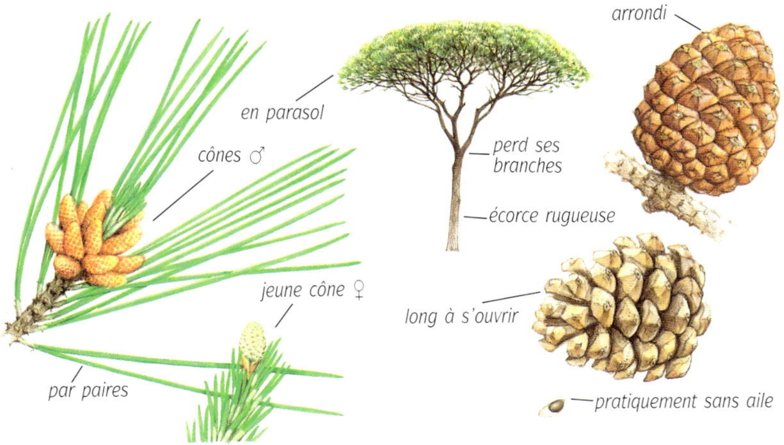

Également appelé Pin pignon, cet arbre en forme de parasol est un élément caractéristique des paysages méditerranéens ; il est précieux pour son ombre durant les longs étés caniculaires. Ses très grands cônes ligneux contiennent des semences qui diffèrent de celles des autres pins, car leurs ailes sont insignifiantes, voire inexistantes. Comestibles, ces graines sont très recherchées. *Distribution :* originaire du Portugal et du bassin méditerranéen jusqu'au littoral de la mer Noire ; souvent planté pour son ombre. *Espèce similaire :* le Pin des Canaries est planté dans le bassin méditerranéen pour son bois d'excellente qualité. Il se distingue par ses feuilles très longues, groupées par trois.

Pin des Canaries *(P. canariensis)*

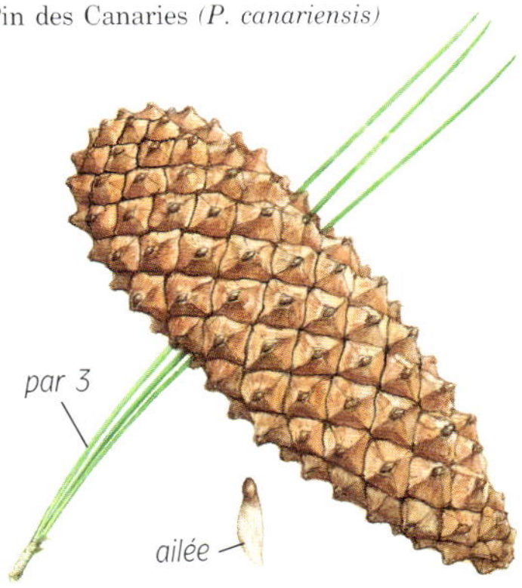

PIN PARASOL

Type Conifère ; arbre persistant
Hauteur 20-30 m
Distribution Bois, sur sols légers et sablonneux
Floraison Juin
Fructification Fruits mûrs la troisième année

TRONC ET COURONNE

Tronc Droit, largement fourchu en haut
Écorce Brun grisâtre ou tirant sur le rouge, se fissurant en plaques aplaties
Couronne Large, en forme de parasol ; branches fortes, rayonnantes
Rameaux Vert grisâtre à brun orangé, souvent arqués, glabres

FEUILLES

Bourgeons 5 mm-1,2 cm, ovales, brun rougeâtre, non résinifères ; écailles frangées de blanc, réfléchies
Feuilles Par paires, de 10-20 cm, aciculaires, plutôt épaisses, souvent vrillées, pointues, vert grisâtre, glabres ; sessiles
Stipules Absentes

FLEURS ET FRUITS

Fleurs Cônes ♂ et ♀ sur le même arbre
♂ Grappes de cônes, chacun de 1-1,4 cm, ovoïdes, brun orangé
♀ Cônes solitaires de 8 mm-1,2 cm, vert-jaune
Fruits Cônes ligneux de 8-14 cm, sphériques ou légèrement allongés, émoussés, brun luisant ; extrémité des écailles arrondie, aux rides rayonnantes
Graines De 1,5-2 cm, avec un tégument dur et une aile étroite, papyracée

Pin vrillé *Pinus contorta*

Cet arbre robuste, également appelé Pin des dunes, prospère dans les endroits balayés par les vents, sur un sol très pauvre et détrempé ; il est utile pour son bois. Ses feuilles courtes, par paires, se présentent en bouquets, et ses bourgeons sont vrillés. Les cônes se maintiennent sur l'arbre. *Distribution :* originaire de la côte pacifique d'Amérique du Nord ; largement planté en Europe centrale et du Nord pour son bois. *Espèces similaires :* deux autres espèces américaines se distinguent par leurs feuilles plus longues, réunies par trois, et par leurs cônes plus grands. Le Pin de Monterey produit des cônes fortement dissymétriques. Le Pin jaune a des cônes symétriques armés de forts piquants.

1 Pin de Monterey *(P. radiata)*
2 Pin jaune *(P. ponderosa)*

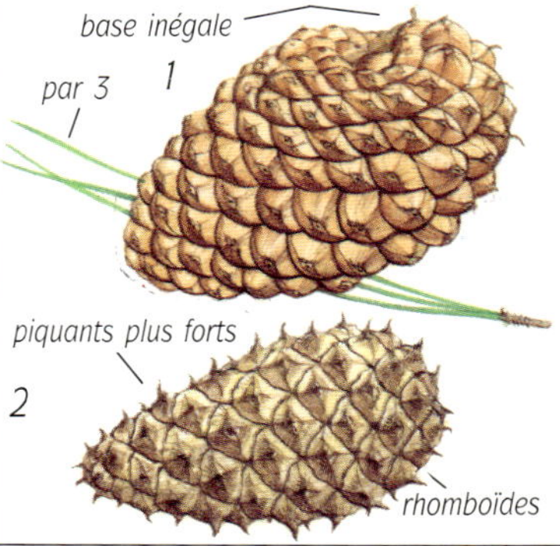

	PIN VRILLÉ
Type	Conifère ; arbre persistant
Hauteur	10-30 m
Distribution	Plantations, souvent sur sols pauvres
Floraison	Avril-mai
Fructification	Après 2 ans ou plus
	TRONC ET COURONNE
Tronc	Droit, non fourchu
Écorce	Brun foncé, s'écaillant, devenant profondément fissurée avec l'âge
Couronne	Élancée, conique ou en colonne, prenant la forme d'un dôme avec l'âge ; branches courtes, souvent tordues
Rameaux	Brun verdâtre devenant brun orangé, glabres, luisants
	FEUILLES
Bourgeons	Cylindriques, souvent vrillés, bruns, résinifères
Feuilles	Par paires, en bouquets, pointées vers l'extrémité de la branche, de 4-7 cm, aciculaires, vrillées, pointues, vert foncé, glabres ; sessiles
Stipules	Absentes
	FLEURS ET FRUITS
Fleurs	♂ et ♀ sur le même arbre
♂	Petits cônes jaunes agglutinés à la base des jeunes rameaux
♀	2-4 cônes près de l'extrémité du rameau, d'environ 6 mm, rouge foncé, coniques
Fruits	Cônes ligneux, pointés en arrière sur le rameau, de 2,5-7,5 cm, coniques, allongés, brun jaunâtre luisant ; extrémité des écailles anguleuse, avec une épine mince et fragile
Graines	4-5 mm ; aile d'environ 8 mm

Le Pin cembro est reconnaissable à ses feuilles par groupes de cinq et ses cônes courts, pourvus de fines écailles à l'apex pointu plutôt que carré. Les cônes mûrissent et tombent au bout de trois ans, les semences n'étant dispersées que si le cône est déchiqueté par un animal ou s'il se décompose. *Distribution :* originaire des montagnes d'Europe méridionale et centrale ; planté plus au nord pour son bois et comme arbre d'ornement. *Espèces similaires :* le Pin blanc et les autres pins aux feuilles réunies par cinq sont pourvus de cônes pendants, contenant des semences ailées. Le Pin du Bouthan produit des cônes droits ; chez le Pin de Macédoine, les cônes sont plus courts et incurvés.

1 Pin blanc *(P. strobus)*
2 Pin du Bouthan *(P. wallichiana)*
3 Pin de Macédoine *(P. peuce)*

PIN CEMBRO

Type Conifère ; arbre persistant
Hauteur 10-30 m
Distribution Pentes arides jusqu'à 3 000 m
Floraison Mai
Fructification La troisième année

TRONC ET COURONNE

Tronc Droit, parfois fourchu
Écorce Gris rougeâtre, lisse, avec des poches de résine ; se fissurant superficiellement avec l'âge et formant des écailles
Couronne Cylindrique à conique-large ; branches en groupes au même niveau, extrémités orientées vers le haut
Rameaux Couverts de poils orange tirant sur le brun

FEUILLES

Bourgeons Ovoïdes, pointus, brun clair ; écailles à bord blanc
Feuilles Par 5, de 5-9 cm, aciculaires, pointues, glabres, vert foncé, à face interne bleuâtre ; sessiles
Stipules Absentes

FLEURS ET FRUITS

Fleurs ♂ et ♀ sur le même arbre
♂ Grappes de cônes ovoïdes, jaunes ou pourprés
♀ Cônes à l'extrémité des rameaux, d'environ 1 cm, ovoïdes, rouge foncé
Fruits Cônes ligneux, de 5-8 cm, ovoïdes, larges, teintés de pourpre à l'état juvénile et devenant brun rougeâtre ; écailles fines, larges, pointues
Graines 2 par écaille, 1,2-1,4 cm, généralement dépourvues d'aile ; dispersées après la chute des cônes

Séquoia géant *Sequoiadendron giganteum*

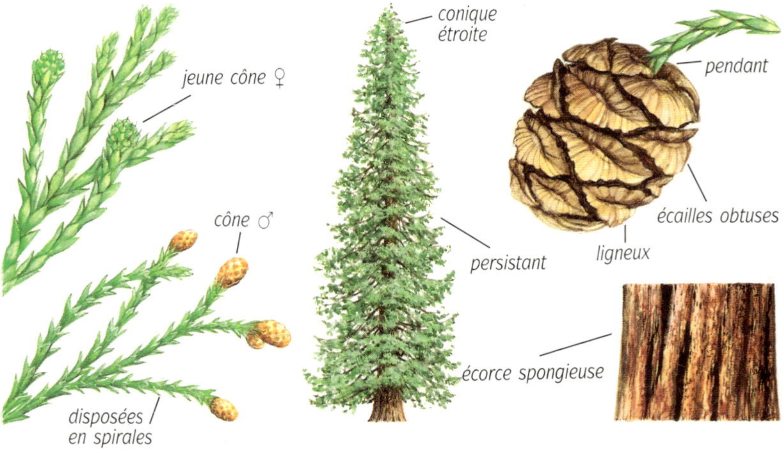

C'est un arbre massif ; cependant, les sujets plantés en Europe ne peuvent rivaliser avec les arbres géants de l'ouest de l'Amérique du Nord. Ils ont une très grande longévité — on connaît des spécimens vieux de 3 400 ans qui dépassent 90 mètres de haut et dont le tronc formant des contreforts a plus de 7 mètres de diamètre. L'écorce épaisse, fibreuse, rougeâtre, fait office de couche isolante. *Distribution :* originaire de la Sierra Nevada, en Californie ; fréquemment planté à titre ornemental. *Espèce similaire :* le Cryptomeria est pourvu de feuilles plus minces, mais il se distingue surtout par ses cônes plus petits, dont chaque écaille comporte généralement cinq épines.

Cryptomeria *(Cryptomeria japonica)*

SÉQUOIA GÉANT

Type Conifère, arbre persistant
Hauteur Jusqu'à 50 m (85 m en Amérique du Nord)
Distribution Parcs, bois d'ornement, grands jardins
Floraison Mars-avril
Fructification Fruits mûrs la deuxième année

TRONC ET COURONNE

Tronc Droit, très large et cannelé à la base
Écorce Épaisse, fibreuse, tendre, brun-rouge ou plus sombre
Couronne Conique, étroite ; extrémité des branches inférieures pendantes relevée
Rameaux Vigoureux, vert-gris, recouverts par la base des feuilles squamiformes

FEUILLES

Bourgeons Petits, sans écailles protectrices
Feuilles Disposées en spirales, de 4 mm-1,2 cm, ovales à lancéolées, plutôt squamiformes, aplaties sur le dessus, pointues, glabres ; sessiles, le limbe soudé au rameau
Stipules Absentes

FLEURS ET FRUITS

Fleurs ♂ et ♀ sur le même arbre
♂ Cônes à l'extrémité des rameaux ; jaune pâle
♀ Généralement cônes solitaires à l'extrémité des rameaux, dressés, de 8 mm-1 cm, verts, avec des épines rosées
Fruits Cônes solitaires ligneux de 5-8 cm, ovoïdes ; 25-40 écailles rhomboïdes, plissées, pourvues d'une dépression centrale garnie d'une petite épine
Graines 3-7 par écaille, ailées

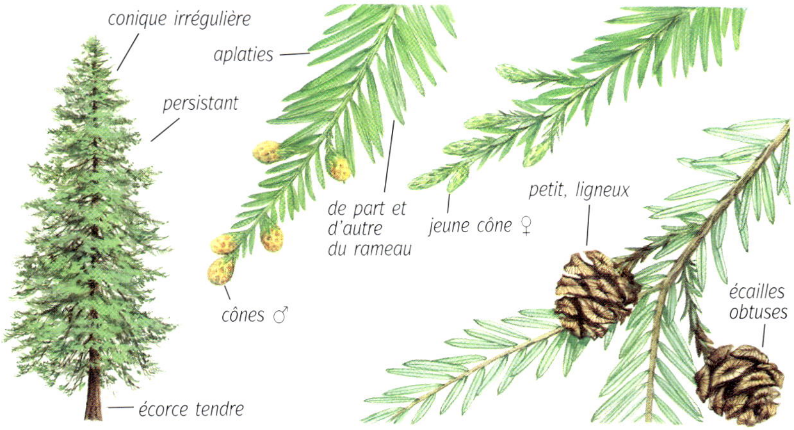

Dans son environnement d'origine, cet arbre est le plus grand du monde, avec plus de 100 mètres de haut. Un grand nombre de Séquoias toujours verts sont millénaires, et certains spécimens atteignent 2 600 ans. Frappé par la foudre, cet arbre peut se régénérer par les rejets qui poussent à sa base, formant ensuite un groupe d'arbres en faisceau. *Distribution :* originaire de l'ouest de l'Amérique du Nord ; largement planté, principalement en Europe occidentale, à titre ornemental ou pour son bois. *Espèce similaire :* le Cunninghamia est pourvu de feuilles plus longues, plus brillantes, de cônes mâles en grappes et de cônes fructifères aux écailles fines et pointues.

Cunninghamia *(Cunninghamia lanceolata)*

	SÉQUOIA TOUJOURS VERT
Type	Conifère ; arbre persistant
Hauteur	Jusqu'à 45 m (100 m en Amérique du Nord)
Distribution	Parcs, bois d'ornement
Floraison	Février-mars
Fructification	Fruits mûrs la deuxième année
	TRONC ET COURONNE
Tronc	Droit, rarement fourchu, puissant, avec des rejets à la base
Écorce	Brun rougeâtre, épaisse, spongieuse, parfois fissurée
Couronne	En colonne, avec des anneaux irréguliers de branches, les inférieures retombantes
Rameaux	Verts, cachés par la base des feuilles
	FEUILLES
Bourgeons	Environ 3 mm, pointus, pourvus d'écailles protectrices
Feuilles	Généralement sur 2 rangs, de 6-20 mm, oblongues, étroites, droites ou incurvées, aplaties, pointues, glabres, vert foncé, avec 2 bandes blanches par-dessous ; base de la lame rejoignant le rameau ; disposées en spirales sur le rameau principal, squamiformes
Stipules	Absentes
	FLEURS ET FRUITS
Fleurs	♂ et ♀ sur le même arbre
♂	Cônes à l'extrémité des rameaux latéraux, de 1,5-2 mm, blanchâtre
♀	Cônes sphériques, verts, pourvus d'écailles sétiformes
Fruits	Cônes ligneux à l'extrémité des branches, de 2-3 cm, ovoïdes, pendants, brun rougeâtre ; 15-20 écailles, rhomboïdes, avec une dépression centrale
Graines	3-5 par écaille, ailées

Cyprès chauve *Taxodium distichum*

Singulier conifère caduc, au feuillage pâle et plumeux, qui, en automne, perd non seulement ses feuilles, mais également des rameaux feuillus entiers. Planté au bord de l'eau, il émet de curieuses racines aériennes, qui forment un monticule de nœuds émergeant hors de l'eau et permettent à l'arbre de respirer. *Distribution :* originaire du sud-est de l'Amérique du Nord ; cultivé à titre ornemental en Europe occidentale et centrale. *Espèce similaire :* découvert en Chine en 1941, mais déjà connu par des fossiles vieux de plusieurs millions d'années, le Métaséquoia diffère par ses feuilles disposées par paires, ses rameaux opposés et ses écailles de cône émoussées.

Métaséquoia (*Metasequoia glyptostroboides*)

	CYPRÈS CHAUVE
Type	Conifère ; arbre caduc
Hauteur	20-30 m (50 m en Amérique)
Distribution	Généralement au bord de l'eau
Floraison	Mars-avril
Fructification	Fruits mûrs la première année
	TRONC ET COURONNE
Tronc	Droit, développant des contreforts
Écorce	Brun rougeâtre, fibreuse, s'écaillant, avec des fissures verticales ou en spirales
Couronne	Conique, à sommet arrondi
Rameaux	Brun rougeâtre ; rameaux principaux longs et minces ; rameaux latéraux courts, tombant avec les feuilles en automne
	FEUILLES
Bourgeons	Arrondis, petits, couverts d'écailles protectrices
Feuilles	Disposées en spirales sur les rameaux longs, alternes sur les rameaux courts, de 1-2 cm, plates, pointues, vert clair, avec 2 bandes grises par-dessous, virant au brun rougeâtre en automne ; sessiles
Stipules	Absentes
	FLEURS ET FRUITS
Fleurs	♂ et ♀ sur le même arbre, à l'extrémité du rameau
♂	3-4 chatons pendants, de 6-20 cm, ramifiés, minces, pourpres, devenant jaunes sous le pollen
♀	Petits cônes verts
Fruits	Cônes ligneux, de 2-3 cm, sphériques, prenant une coloration brun pourpré à maturité ; pédoncule de 2-4 mm ; apex des écailles pourvu d'une épine
Graines	2 par écailles, irrégulièrement triangulaires, avec des ailes étroites

L'If commun est un arbre typique des cimetières. Son bois robuste et souple trouve de nombreux usages. *Distribution :* originaire de la plus grande partie de l'Europe, à l'exception des régions les plus au nord et à l'est ; communément planté à titre ornemental. *Espèces similaires :* deux espèces sont pourvues de feuilles plus longues et de fruits verdâtres plus gros. Le Torreya de Californie présente des branches en anneaux, de gros bourgeons coniques, des feuilles se terminant en épines et des fruits ovoïdes. La seconde espèce, *Podocarpus andinus,* possède des feuilles plus souples, d'une couleur glauque plus claire, et des fruits aux tavelures blanches.

1 Torreya de Californie (*Torreya californica*)
2 *Podocarpus andinus*

	IF COMMUN
Type	Conifère ; arbre ou arbuste persistant
Hauteur	10-25 m
Distribution	Bois, broussailles, principalement sur sol calcaire ; planté également ailleurs
Floraison	Février-avril
Fructification	Août-septembre
	TRONC ET COURONNE
Tronc	Court, fourchu, parfois tordu, puissant et creux
Écorce	Brun clair ou rougeâtre, fine, s'écaillant et pelant
Couronne	Conique ou en dôme ; branches ascendantes ou déployées
Rameaux	Verts, cannelés
	FEUILLES
Bourgeons	Minuscules, ovoïdes, verts
Feuilles	De part et d'autre de la plupart des rameaux, en spirales sur les rameaux dressés, de 1-3 cm, aciculaires, plates, pointues, au bord retourné par-dessous, glabres, vert très foncé par-dessus, avec 2 bandes vert-jaune par dessous ; pétioles court
	FLEURS ET FRUITS
Fleurs	♂ et ♀ sur des arbres différents
♂	Cônes en grappes sous les rameaux d'un an, de 5-6 mm, sphériques, devenant jaunes sous le pollen
♀	Cônes de 1-2 mm, verts
Fruits	Baies de 8 mm-1,2 cm, solitaires, en forme de coupe, avec un arille charnu rouge enveloppant la graine ligneuse semblable à une noix
Graines	Solitaires, de 5-7 mm, allongées

Cyprès de Lawson *Chamaecyparis lawsoniana*

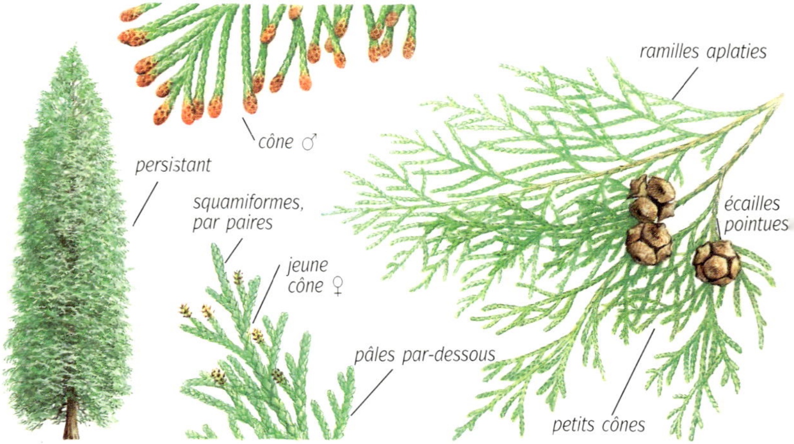

Cet arbre nord-américain est un des conifères les plus populaires parmi ceux cultivés à titre ornemental. Son feuillage dégage une odeur de persil caractéristique. Il en existe de nombreux cultivars. *Distribution :* originaire de l'ouest de l'Amérique du Nord ; planté comme arbre d'ornement, en haies et pour son bois ; parfois naturalisé. *Espèces similaires :* deux espèces japonaises portent des feuilles plus brillantes, avec des marques blanches par-dessous et dépourvues de glande. Le Cyprès Hinoki a des feuilles souvent arrondies. Le Cyprès Sawara est pourvu de feuilles pointues, aux extrémités écartées ; chez de nombreux sujets, les rameaux très minces sont pendants.

1 Cyprès Hinoki *(C. obtusa)*
2 Cyprès Sawara *(C. pisifera)*

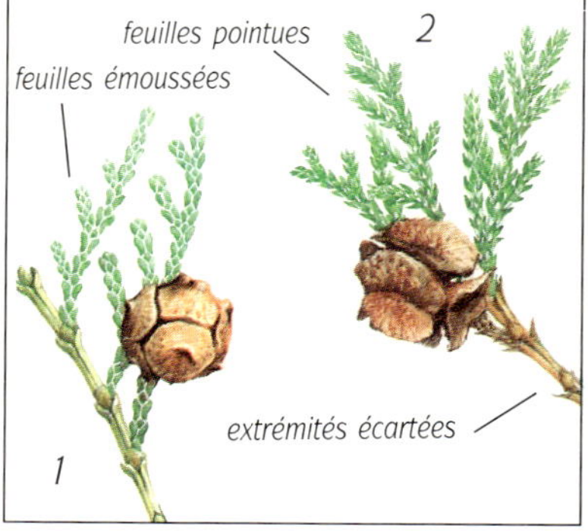

CYPRÈS DE LAWSON

Type Conifère, arbre persistant
Hauteur Jusqu'à 45 m
Distribution Plantations, parcs et jardins
Floraison Mars-avril
Fructification Septembre-octobre

TRONC ET COURONNE

Tronc Droit, parfois fourchu
Écorce Lisse, brun grisâtre, se fissurant en plaques verticales
Couronne Conique ; quelques branches fortes, parfois en anneaux irréguliers ; rameaux principaux pendants
Rameaux Formant des ramilles aplaties, souvent aux extrémités pendantes

FEUILLES

Bourgeons Minuscules, cachés par les feuilles
Feuilles Par paires, de 0,5-2 mm, squamiformes, en losange, avec une glande centrale translucide ; extrémité pointue recourbée vers l'intérieur ; glabres, vert foncé par-dessus, plus clair par-dessous ; sessiles ; parfois quelques feuilles aciculaires
Stipules Absentes

FLEURS ET FRUITS

Fleurs ♂ et ♀ sur le même arbre
♂ Cônes de 2-5 mm, à l'extrémité des rameaux ; écailles noirâtres virant au rouge, puis au jaune sous le pollen
♀ Cônes sphériques vert tirant sur le bleu
Fruits Cônes ligneux de 5-8 mm, sphériques, souvent bleuâtres, virant au brun-jaune ; écaille en 4 paires ; ridées, avec une petite épine centrale
Graines Généralement 2-4 par écaille, ailées

× *Cupressocyparis leylandii* **Cyprès de Leyland**

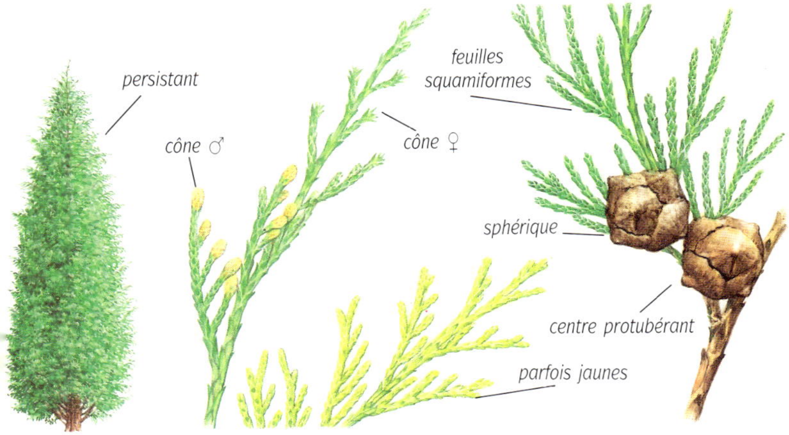

Réputé pour sa croissance rapide, ce conifère hybride est très apprécié pour l'établissement de haies. Cet arbre est un croisement entre des espèces de deux genres différents, et sa forme diffère légèrement selon que le parent femelle est un Cyprès de Nootka ou un Cyprès de Monterey. *Distribution :* d'origine horticole ; très fréquemment planté à titre ornemental. *Espèces similaires :* le Cyprès de Nootka est pourvu d'un feuillage vert terne, rugueux et dégageant une odeur d'huile ; ses petits cônes mûrissent en deux ans. Supportant bien les vents salins, le Cyprès de Monterey devient un grand arbre au feuillage en plaques et produisant de gros cônes bosselés.

1 Cyprès de Nootka *(Chamaecyparis nootkatenis)*
2 Cyprès de Monterey *(Cupressus macrocarpa)*

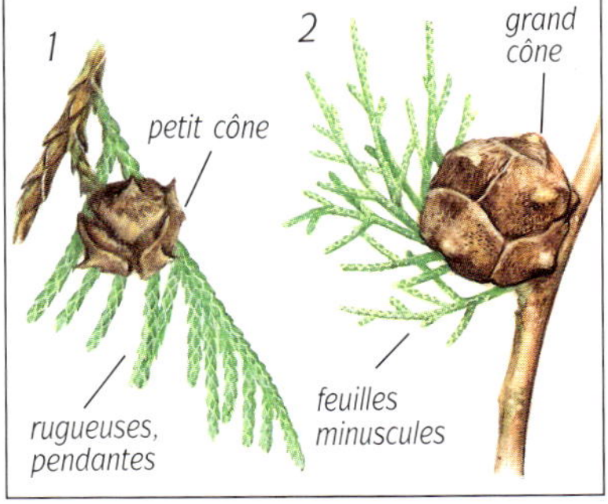

	CYPRÈS DE LEYLAND
Type	Conifère, arbre persistant
Hauteur	Jusqu'à 35 m
Distribution	Parcs, jardins et plantations
Floraison	Mars
Fructification	Octobre
	TRONC ET COURONNE
Tronc	Droit, parfois fourchu
Écorce	Brun rougeâtre, formant des fissures verticales superficielles
Couronne	En colonne étroite à conique et large ; branches nombreuses, ascendantes, rameau principal infléchi
Rameaux	Minces, pourvus de vieilles feuilles squamiformes, formant des ramilles aplaties
	FEUILLES
Bourgeons	Minuscules, cachés par les feuilles
Feuilles	Squamiformes, par paires sur 4 rangs, de 0,5-2 mm, toutes semblables, fortement serrées les unes contre les autres, pointues, glabres, vert foncé ou vert-gris par-dessus, vert jaunâtre par-dessous ; sessiles
Stipules	Absentes
	FLEURS ET FRUITS
Fleurs	♂ et ♀ sur le même arbre
♂	Cônes de 3-5 mm, verdâtres, devenant jaunes sous le pollen
♀	Petits cônes sphériques, verts
Fruits	Cônes ligneux, rares sur certains arbres, de 2-3 cm, sphériques, bruns ; quelques paires d'écailles, chacune avec une épine centrale obtuse
Graines	Rarement produites ; 2-6 par écaille

Cyprès d'Italie *Cupressus sempervirens*

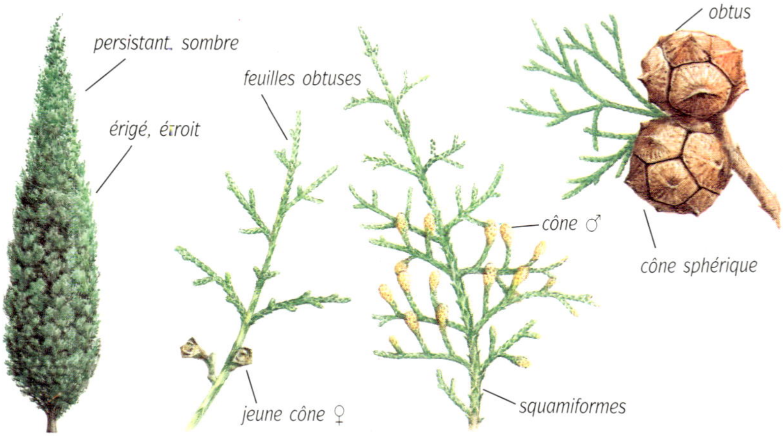

Ce conifère est très fréquemment planté à titre ornemental. La forme sauvage est, en revanche, rarement plantée, son aspect conique large et irrégulier étant moins intéressant. *Distribution :* originaire du sud-est de l'Europe ; planté pour l'ornement ou pour son bois ; souvent naturalisé. *Espèces similaires :* deux espèces à couronne large sont pourvues de cônes plus petits, comportant de six à huit écailles. Le Cyprès du Mexique possède un feuillage vert terne, à peine odorant, dont les extrémités des feuilles sont écartées et les jeunes cônes bleuâtres. Le Cyprès de l'Arizona est pourvu d'une écorce lisse, s'écaillant, et de feuilles gris-bleu, odorantes et présentant des taches de résine.

1 Cyprès du Mexique *(C. lusitanica)*
2 Cyprès de l'Arizona *(C. glabra)*

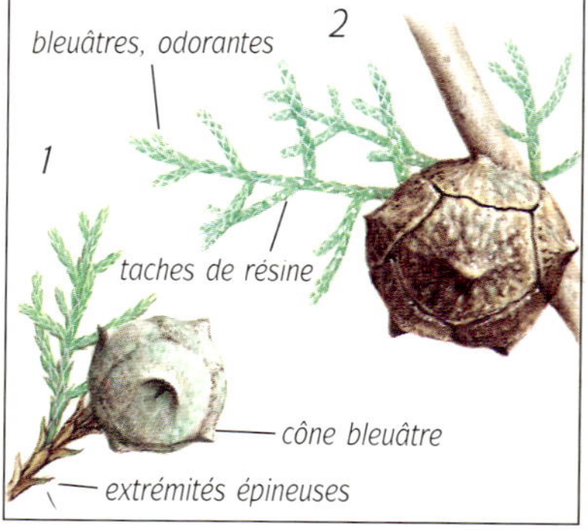

CYPRÈS D'ITALIE

Type Conifère ; arbre persistant
Hauteur 15-30 m
Distribution Le plus souvent près des habitations
Floraison Mars
Fructification Fruits mûrs la deuxième année

TRONC ET COURONNE

Tronc Droit, souvent fourchu en haut
Écorce Brun-gris, avec des fissures peu profondes et des arêtes vrillées s'écaillant
Couronne En colonne étroite avec des branches verticales, parfois conique
Rameaux Légèrement quadrangulaires, relevés aux extrémités, brun rougeâtre

FEUILLES

Bourgeons Minuscules, cachés par les feuilles
Feuilles Squamiformes, par paires sur 4 rangs, très serrées les unes contre les autres, de 0,5-1 mm, en losange, obtuses, vert foncé terne, glabres ; sessiles ; feuilles aciculaires rares sur les rameaux principaux
Stipules Absentes

FLEURS ET FRUITS

Fleurs Cônes ♂ et ♀ sur le même arbre, chacun à l'extrémité d'un petit rameau
♂ Cônes elliptiques de 4-8 mm, vert virant au jaune sous le pollen
♀ Cones oblongs de 3-4 mm
Fruits Cônes solitaires de 2,5-4 cm, oblongs, courts ou sphériques, brun rougeâtre à gris-jaune ; 4-7 paires d'écailles à bord ondulé, chacune avec une pointe large
Graines 8-20 par écaille de cône, aplaties, aux ailes étroites

Le feuillage vert foncé luisant du Thuya géant dégage un parfum fruité caractéristique, et les petits cônes oblongs sont couverts d'écailles aux extrémités armées d'épines. *Distribution :* originaire de l'ouest de l'Amérique du Nord ; communément planté pour son bois, à titre ornemental et pour l'établissement de haies. *Espèces similaires :* le Thuya du Canada porte des feuilles munies d'une glande très visible et dont le revers est dépourvu de marques blanchâtres, ainsi que des cônes aux écailles émoussées. Le Thuya de Chine possède des feuilles d'un vert uniforme, inodores, et des cônes comportant moins de paires d'écailles, chacune armée d'une forte épine incurvée.

1 Thuya du Canada *(T. occidentalis)*
2 Thuya de Chine *(T. orientalis)*

THUYA GÉANT

Type	Conifère ; arbre persistant
Hauteur	Jusqu'à 40 m (50 m en Amérique)
Distribution	Plantations, parcs et jardins
Floraison	Mars
Fructification	Octobre de la première année

TRONC ET COURONNE

Tronc	Droit ou fourchu en haut, cannelé en bas ; branches basses pouvant prendre racine, formant de nouveaux troncs
Écorce	Brun rougeâtre, tendre, épaisse, s'exfoliant en bandes étroites
Couronne	Conique ou irrégulière ; branches inférieures fléchies vers le bas ; rameaux principaux dressés
Rameaux	Brun rougeâtre, formant des brins aplatis

FEUILLES

Bourgeons	Minuscules, cachés par les feuilles
Feuilles	Squamiformes, par paires sur 4 rangs, la paire latérale plus grande, 1,5-3 mm, ovales, émoussées, pourvues d'une minuscule glande, vert profond et luisant par-dessus, plus clair par-dessous, avec des stries blanchâtres, glabres ; sessiles
Stipules	Absentes

FLEURS ET FRUITS

Fleurs	Cônes ♂ et ♀ sur le même arbre
♂	Cônes de 1-2 mm, rouge foncé virant au jaune clair sous le pollen
♀	Cônes de 2-5 mm, vert jaunâtre
Fruits	Cônes ligneux de 1-1,5 cm, elliptiques, dressés, vert virant au brun ; 5-6 paires d'écailles terminées par une épine
Graines	2-3 par écaille, ailées

Genévrier commun *Juniperus communis*

Trapu et épineux, cet arbuste est fréquent dans les basses terres, sur sol calcaire, mais il forme aussi un étage inférieur dans les pinèdes, où il atteint la taille d'un arbre. Les sujets sauvages comprennent des arbustes bas prospérant sur les falaises littorales et des arbres en colonne étroite. *Distribution :* originaire du nord-ouest de l'Europe, d'Asie et d'Amérique du Nord ; planté à titre ornemental. *Espèces similaires :* deux espèces se distinguent par leurs feuilles plus longues, pourvues de deux bandes stomatifères pâles. Le Genévrier de Syrie produit des fruits bleu-noir plus gros. Plus répandu, le Genévrier Cade porte des fruits qui mûrissent en passant du jaune au rouge.

1 Genévrier de Syrie *(J. drupacea)*
2 Genévrier Cade *(J. oxycedrus)*

GENÉVRIER COMMUN

Type Conifère ; arbuste, parfois arbre persistant
Hauteur 2-5 m, rarement jusqu'à 15 m
Distribution Herbages, broussailles, bois, sur sols calciques ou dans tourbe peu profonde
Floraison Avril-juin
Fructification Après 2-3 ans

TRONC ET COURONNE

Tronc Court, souvent tortueux ou courbe
Écorce Brun rougeâtre, pelant en lanières
Couronne Très variable, généralement irrégulièrement conique, parfois à croissance lente ou en colonne
Rameaux Brun-vert ou brun-rouge, glabres, les inférieurs conservant souvent leurs feuilles mortes

FEUILLES

Bourgeons Petits, cachés par les feuilles très pointues
Feuilles En verticilles de 3 autour du rameau, de 5 mm-2 cm, aciculaires, très pointues, glabres, avec une large bande blanche par-dessus, vert-gris par-dessous ; soudées à la base
Stipules Absentes

FLEURS ET FRUITS

Fleurs ♂ et ♀ sur des arbres différents, solitaires à la base des feuilles
♂ Cônes de 6-8 mm, jaunes
♀ Cônes de 2-3 mm, verdâtres
Fruits Cônes semblables à des baies de 6-9 mm, sphériques, solitaires à la base des feuilles, virant au noir bleuâtre
Graines 3, séparées, non ailées

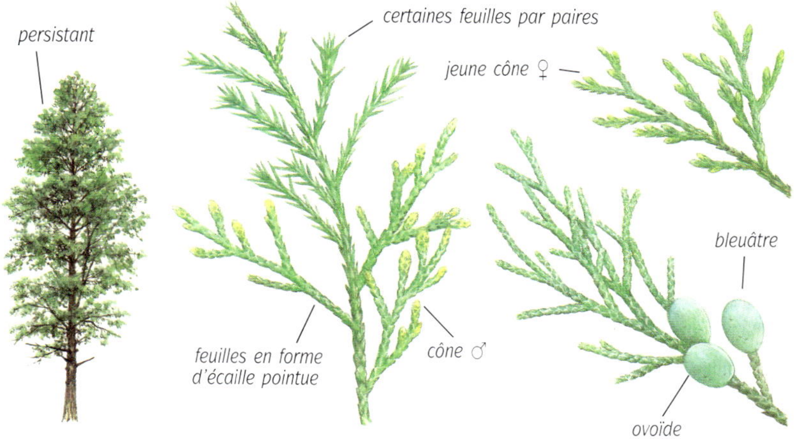

Cet arbre peut former une colonne remarquablement étroite ; il est le plus grand des genévriers fréquemment cultivés. Son feuillage dégage un parfum agréable. *Distribution :* originaire de l'est de l'Amérique du Nord ; très cultivé à titre ornemental et pour son bois en Europe centrale et méridionale. *Espèces similaires :* deux espèces possèdent un feuillage à l'odeur désagréable et des fruits sphériques. Le Genévrier de Chine est pourvu de feuilles en forme d'écaille, à bord pâle, et de fruits plus gros, sur lesquels se détachent les contours des écailles. Formant des hybrides avec le précédent, le Genévrier Sabine est un arbuste indigène, aux feuilles serrées les unes contre les autres, et à petits fruits.

1 Genévrier de Chine *(J. chinensis)*
2 Genévrier Sabine *(J. sabina)*

GENÉVRIER DE VIRGINIE

Type	Conifère ; arbre persistant
Hauteur	15-30 m
Distribution	Parcs, jardins, plantations
Floraison	Mars-avril
Fructification	En septembre de la première année

TRONC ET COURONNE

Tronc	Droit, formant des contreforts avec l'âge
Écorce	Brun rougeâtre, pelant en longues bandes étroites
Couronne	Conique ou en colonne ; branches divergeant à angle aigu
Rameaux	Très minces

FEUILLES

Bourgeons	Minuscules, cachés par les feuilles
Feuilles	Feuilles juvéniles aciculaires, par paires, de 5-6 mm, pointues, souvent à l'extrémité des rameaux ; feuilles adultes squamiformes, par paires sur 4 rangs, de 0,5-1,5 mm, avec des extrémités pointues divergentes, vert foncé ou vert bleuâtre, glabres ; sessiles
Stipules	Absentes

FLEURS ET FRUITS

Fleurs	♂ et ♀ sur des arbres différents
♂	Cônes arrondis jaunes, de 4-5 mm, à l'extrémité des rameaux
♀	Cônes verts, de 2-3 mm, à la base des feuilles
Fruits	Solitaires, semblables à des baies, de 4-6 mm, ovoïdes, violet-brun à maturité, pruineuses et bleuâtres, à court pédoncule
Graines	1-2, séparées

Genévrier méditerranéen *Juniperus phoenicea*

Le curieux feuillage ressemblant à des cordes de cette espèce méditerranéenne est constitué de très nombreuses ramifications pourvues de minuscules feuilles en forme d'écaille, étroitement serrées les unes contre les autres et à bord pâle. Ce petit arbre, parfois arbuste, a également une forme tapissante, que l'on rencontre le long des côtes. Il se distingue des autres espèces méditerranéennes par son fruit pouvant renfermer jusqu'à neuf graines. *Distribution :* originaire d'Europe méridionale ; rarement cultivé. *Espèce similaire :* originaire du sud de la France et d'Espagne, le Genévrier à encens est pourvu de feuilles allant par paires, dépourvues de bord pâle denticulé.

Genévrier à encens *(J. thurifera)*

GENÉVRIER MÉDITERRANÉEN

Type Conifère ; arbre ou arbrisseau persistant
Hauteur 2-8 m
Distribution Emplacements secs, rocailleux, littoral
Floraison Mars-avril
Fructification Fruits mûrs la deuxième année

TRONC ET COURONNE

Tronc Court, irrégulier
Écorce Squameuse, brun rougeâtre
Couronne Large, irrégulière, rarement basse ; branches déployées
Rameaux Minces, quadrangulaires, squameux

FEUILLES

Bourgeons Minuscules, cachés par les feuilles
Feuilles Adultes squamiformes, par paires, sur 4 rangs, se recouvrant étroitement, de 0,7-1 mm, ovales ou en losange, avec une glande au revers, émoussées ou légèrement pointues, vert jaunâtre, à bord blanchâtre finement dentelé ; sessiles ; juvéniles rarement présentes, aciculaires, par groupes de 3,5-14 mm, pointues, avec 2 bandes blanchâtres sur les deux faces
Stipules Absentes

FLEURS ET FRUITS

Fleurs ♂ et ♀ sur le même arbre
♂ Cônes de 4-5 mm, à l'extrémité des rameaux
♀ Cônes noirâtres de 2-3 mm, sur les petits rameaux
Fruits Semblables à des baies, de 8-14 mm, sphériques ou ovoïdes, verts et pruineux, rouge foncé à maturité
Graines 3-9, séparées

Juniperus foetidissima

Les feuilles de cet arbre dégagent une odeur forte et désagréable. L'aire de distribution de l'espèce est limitée aux montagnes de la péninsule des Balkans et aux monts de Crimée. Les rameaux quadrangulaires, irrégulièrement ramifiés, sont pourvus de feuilles en forme d'écaille, de couleur uniforme, aux extrémités pointues et écartées, qui rendent cet arbre aisément identifiable. *Distribution :* originaire du sud-est de l'Europe ; rarement cultivé ailleurs. *Espèce similaire :* souvent confondu avec *J. foetidissima*, le Genévrier de Grèce est un arbre plus grand, aux rameaux minces et arrondis ; les feuilles en forme d'écaille sont plus petites, moins pointues, serrées les unes contre les autres.

Genévrier de Grèce *(J. excelsa)*

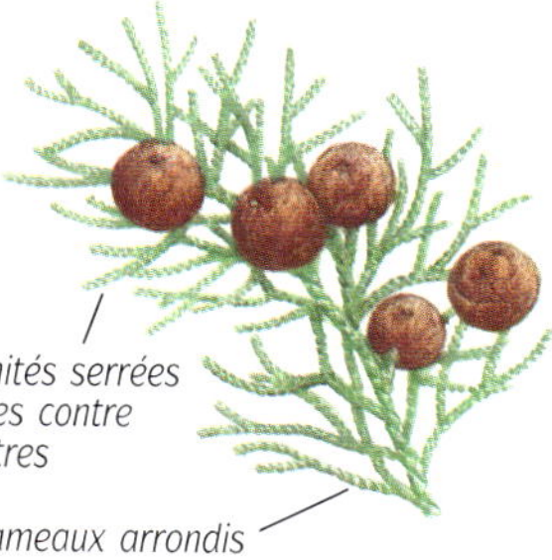

JUNIPERUS FOETIDISSIMA

Type Conifère ; arbre persistant
Hauteur Jusqu'à 17 m
Distribution Montagnes, emplacements rocailleux
Floraison Mars-avril
Fructification Fruits mûrs à la deuxième année

TRONC ET COURONNE

Tronc Droit, parfois fourchu
Écorce Brun rougeâtre, devenant grise et décolorée, s'écaillant
Couronne Conique, étroite, devenant large et irrégulière
Rameaux Environ 1 mm d'épaisseur, quadrangulaires, squameux, se ramifiant irrégulièrement

FEUILLES

Bourgeons Minuscules, cachés par les feuilles
Feuilles Adultes squamiformes, par paires, sur 4 rangs, se chevauchant, de 1,5-2 mm, ovales ou anguleuses, la plupart dépourvues de glande, pointues, leurs pointes écartées, uniformément ternes, vert-gris, au bord non décoloré, glabres, sessiles ; juvéniles par paires, rarement présentes
Stipules Absentes

FLEURS ET FRUITS

Fleurs ♂ et ♀ sur le même arbre, parfois sur des arbres différents
♂ Cônes de 4-5 mm, à l'extrémité des rameaux
♀ Cônes de 2-3 mm, sur les petits rameaux
Fruits Cônes solitaires semblables à des baies, de 7mm-1,2 cm, sphériques, cireux à l'état juvénile, brun rougeâtre sombre à presque noir à maturité
Graines Généralement 1 ou 2, séparées

Saule blanc *Salix alba*

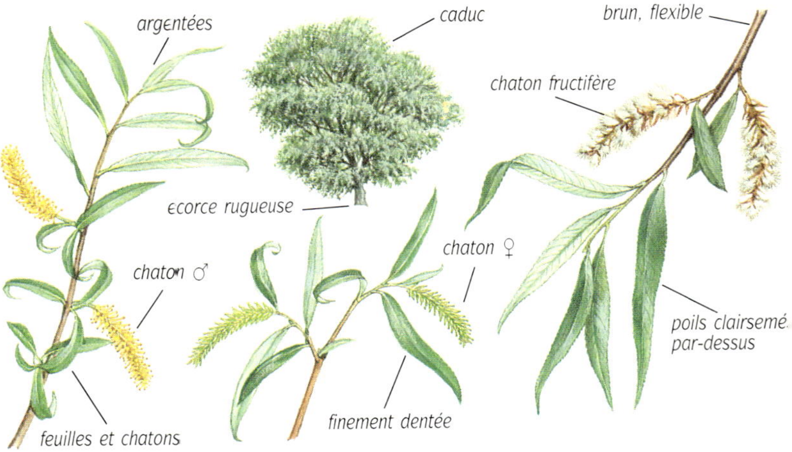

Cet arbre est aisément identifiable à ses feuilles minces, au bord très finement dentelé, d'aspect argenté et soyeux. Près des habitations, les Saules blancs sont souvent étêtés, de façon à produire régulièrement du petit bois. *Distribution :* indigène et commun dans la plus grande partie de l'Europe, mais plus rare dans les régions situées très au sud ; on le plante fréquemment à titre ornemental et pour stabiliser les berges. *Espèces similaires :* deux sous-espèces sont souvent cultivées. *S. a. coerulea* est pourvu de rameaux pourprés et de feuilles bleuâtre terne, devenant presque glabres ; *S. a. vitellina* possède des rameaux orangés ou jaunes.

1 *S. a.* subsp. *coerulea*
2 *S. a.* subsp. *vitellina*

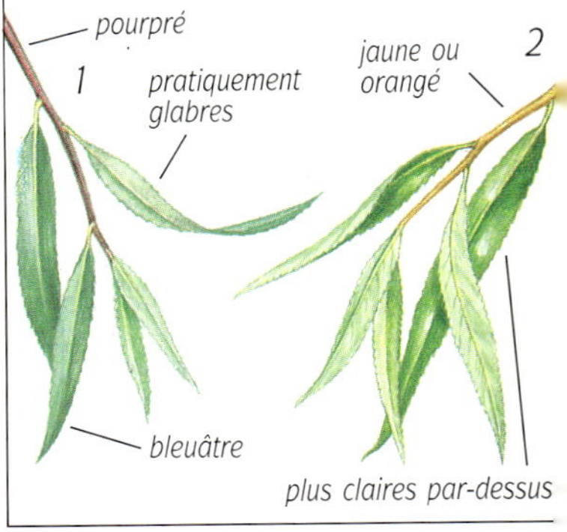

SAULE BLANC

Type Arbre caduc
Hauteur 10-25 m
Distribution Cours d'eau, sols humides ou détrempés
Floraison Avril-mai
Fructification Juillet

TRONC ET COURONNE

Tronc Généralement vertical, souvent étêté
Écorce Arêtes épaisses, brun-gris sombre
Couronne Étroite chez le jeune sujet, large chez le vieux ; branches ascendantes
Rameaux Pubescents, soyeux, devenant glabres, flexibles, brun verdâtre

FEUILLES

Bourgeons Ovoïdes, pointus, velus
Feuilles Disposées de façon alternée de part et d'autre du rameau, de 6-10 cm, lancéolées, étroites ou elliptiques, à apex pointu, pourvues de petites dents égales, elliptiques à la base, pubescentes et soyeuses par-dessus, devenant presque glabres, avec des poils feutrés et grisâtres dessous ; pétiole d'environ 5-8 mm, velu
Stipules Très fines, tombant tôt

FLEURS ET FRUITS

Fleurs Chatons ♂ et ♀ sur des arbres différents, s'ouvrant avec les feuilles
♂ Chatons cylindriques de 4-6 cm, formés de minuscules fleurs, presque verticaux
Étamines 2 par fleur ♂, séparées, jaunes
♀ Chatons de 3-4 cm
Stigmates 2, fourchus, sur un court style
Ovaire 1 par fleur ♀, sessile
Fruits Chatons de petites capsules d'environ 4 mm, libérant les graines
Graines Pourvues d'une touffe de poils cotonneux

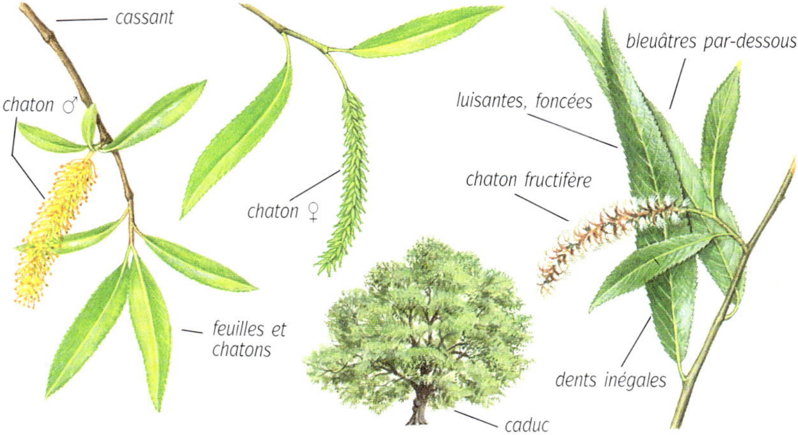

Semblable au Saule blanc, ce grand arbre se distingue par ses feuilles luisantes, irrégulièrement dentées. Dans l'eau, le Saule fragile émet de délicates petites racines rouges. *Distribution :* indigène ou planté, commun dans la plus grande partie de l'Europe. *Espèces similaires : S. × rubens,* hybride de Saule blanc et de Saule fragile, se distingue du premier par ses feuilles luisantes et les courtes écailles de ses chatons, et du second par ses rameaux rougeâtres et ses feuilles minces et finement dentées. Le Saule laurier est pourvu de feuilles larges et luisantes, gluantes et odorantes lorsqu'elles sont jeunes, et de fleurs mâles comportant cinq étamines ou plus.

1 *S. × rubens*
2 Saule laurier (*S. pentandra*)

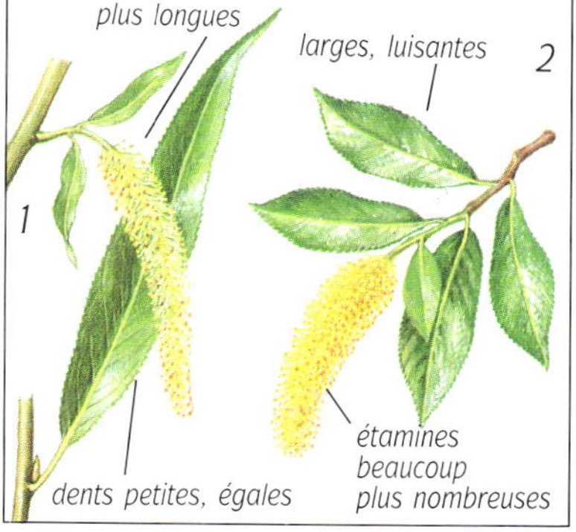

SAULE FRAGILE

Type Arbre caduc
Hauteur 10-18 m
Distribution Sols profonds, humides, près des cours d'eau
Floraison Avril-mai
Fructification Juin-juillet

TRONC ET COURONNE

Tronc Puissant, souvent étêté
Écorce Rides épaisses, gris terne
Couronne Large, conique ou en dôme, largement ramifiée
Rameaux Cassants, devenant glabres, brun-vert luisant

FEUILLES

Bourgeons Coniques, brun jaunâtre
Feuilles 9-15 cm, lancéolées étroites, avec un apex effilé, grossièrement et irrégulièrement dentelées, base cunéiforme, pourvues de poils épars tombant tôt, luisantes, vert foncé par-dessus, bleuâtres par-dessous ; pétiole de 5-15 mm
Stipules 3-8 mm, minces, tombant tôt

FLEURS ET FRUITS

Fleurs Chatons ♂ et ♀ sur des arbres différents, en grappes sur les rameaux feuillus
♂ Chatons de 4-6 cm, cylindriques ; écailles de 2-3 mm, pourvues de poils clairsemés
Étamines 2, rarement 3 par fleur ♂, séparées, jaunes
♀ Avec des écailles plus grandes que les ♂
Stigmates 2, chacun bilobé ; style court
Ovaire Unique, glabre
Fruits Chatons de capsules, chacune de 4-5 mm, ou généralement stériles, certaines libérant leurs graines
Graines Pourvues de poils cotonneux

Saule marsault *Salix caprea*

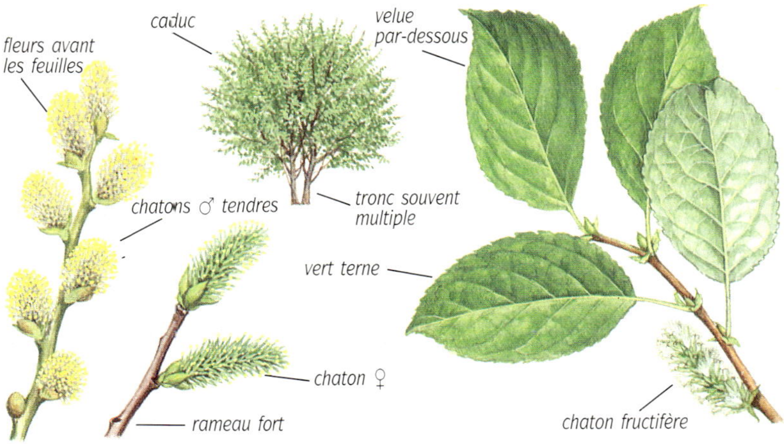

Ce saule à larges feuilles est particulièrement reconnaissable au printemps, lorsque ses rameaux non feuillus sont couverts de chatons courts et tendres. Les rameaux striés présentent des lignes proéminentes caractéristiques. *Distribution :* indigène et commun dans la plus grande partie de l'Europe. *Espèces similaires :* le Saule cendré est pourvu de rameaux brun foncé et de feuilles plus étroites et plus oblongues, gris-vert par-dessus et gris blanchâtre avec de courts poils par-dessous. Il est commun en Europe sauf dans l'Ouest, où il cède le pas à *S. cinerea* subsp. *oleifolia*. Ce dernier possède des feuilles plus rugueuses, vert foncé luisant par-dessus, avec des poils rougeâtres par-dessous.

1 Saule cendré *(S. cinerea* subsp. *cinerea)*
2 *S. cinerea* subsp. *oleifolia*

	SAULE MARSAULT
Type	Arbuste ou petit arbre caduc
Hauteur	Rarement plus de 10 m
Distribution	Haies, bois, broussailles
Floraison	Mars-avril
Fructification	Mai-juin
	TRONC ET COURONNE
Tronc	Souvent multiple
Écorce	Fissurée, brun grisâtre
Couronne	Large, branches plutôt étalées, la plupart ascendantes
Rameaux	Forts, rigides
	FEUILLES
Bourgeons	Ovoïdes, arrondis, luisants
Feuilles	5-12 cm, ovales, elliptiques ou oblongues, à apex effilé court et à bord souvent ondulé, dentelé, à base cunéiforme ou arrondie, vert terne et avec des poils épars par-dessus, vert-gris par-dessous, avec des poils épais et souples ; pétiole de 1-2,5 cm, rigide, pubescent
Stipules	8 mm-1,2 cm, semi-cordées, dentelées
	FLEURS ET FRUITS
Fleurs	Chatons ♂ et ♀ sur des arbres différents, près de l'extrémité des rameaux, avant les feuilles
♂	Chatons de 1,5-2,5 mm, ovoïdes ou cylindriques courts ; écailles ovales, larges, noirâtres, avec des poils gris argenté
Étamines	2 par fleur ♂, jaunes
♀	Chatons semblables aux ♂
Stigmates	2, chacun souvent bilobé
Ovaire	Unique, 4-5 mm, à poils denses
Fruits	Chatons de petites capsules, chacune d'environ 1 cm, éclatant pour libérer les graines
Graines	Pourvues de poils cotonneux

Saule Daphné

Salix daphnoides

Arbre d'ornement, il est pourvu de rameaux rougeâtre foncé et pruineux. Les bourgeons cramoisis s'ouvrent pour former de gros chatons à poils souples avant l'apparition des feuilles. Cette espèce est souvent cultivée pour ses couleurs hivernales. *Distribution :* indigène, répandu en Europe centrale et du Nord ; fréquemment planté à titre ornemental. *Espèces similaires : S. acutifolia* possède des rameaux plus minces et des feuilles plus étroites, dotées d'une longue pointe et de nervures plus nombreuses. L'Osier rouge, presque toujours un arbuste, est pourvu de feuilles allant pour la plupart par paires ; chaque fleur mâle comporte deux étamines rouges soudées en une. L'hybride *S.* × *callianthа*, issu du croisement du Saule Daphné et de l'Osier rouge, est un petit arbre.

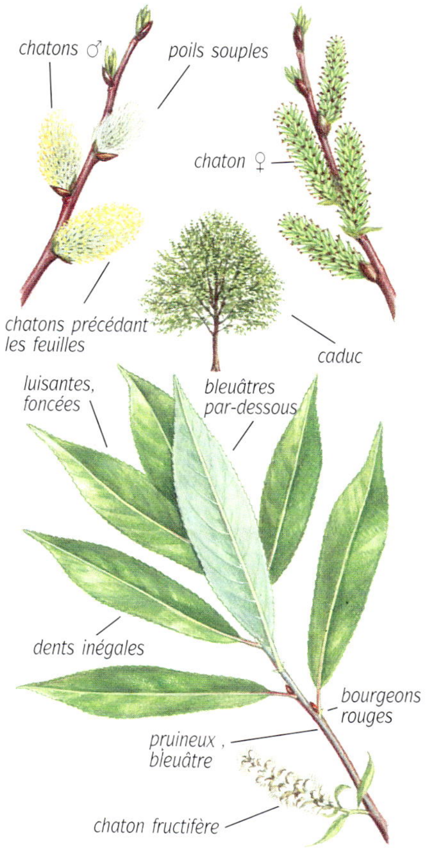

1 *S. acutifolia*
2 Osier rouge *(S. purpurea)*

SAULE DAPHNÉ

Type Arbuste ou arbre caduc
Hauteur 6-8 m (au maximum 12 m)
Distribution Emplacements humides
Floraison Février-mars
Fructification Mai-juin

TRONC ET COURONNE

Tronc Souvent multiple
Écorce Plutôt lisse, brun grisâtre
Couronne Arrondie, branches verticales ou déployées
Rameaux Luisants, brun rougeâtre sombre, couverts d'un enduit cireux bleuâtre

FEUILLES

Bourgeons Pointus, aplatis, rouge foncé
Feuilles De part et d'autre du rameau, de 7-12 cm, oblongues ou ovales, coriaces, acuminées, à bord dentelé, base cunéiforme, légèrement tomenteuses mais devenant glabres, vert foncé luisant par-dessus, bleuâtre par-dessous ; pétiole de 7-20 mm, cannelé en haut
Stipules 5-12 mm, ovales, dentelées

FLEURS ET FRUITS

Fleurs Chatons ♂ et ♀ sur des arbres différents, avant les feuilles
♂ Chatons de 2-4 cm, cylindriques, sessiles ; écailles d'environ 2 mm, ovales, noirâtres, pubescentes, soyeuses
Étamines 2, séparées ; anthères jaunes
♀ Chatons plus petits que les ♂
Stigmates 2 par fleur ♀
Ovaire 1 par fleur ♀, glabre
Fruits Chatons de petites capsules ovoïdes étroites, chacune d'environ 4 mm
Graines Pourvues d'une touffe de poils cotonneux

Osier commun *Salix viminalis*

Également appelé Saule des vanniers, cet arbre ou arbuste prospère sur les berges des fleuves et rivières. On le taille annuellement pour obtenir des rameaux tendres qui, débarrassés de leur écorce, seront utilisés en vannerie. *Distribution :* originaire principalement d'Europe centrale et de l'Ouest ; largement planté dans les autres régions. *Espèces similaires : S. elaeagnos* possède des feuilles plus étroites, au revers couvert de poils feutrés d'un blanc mat, des chatons recourbés et un ovaire glabre. Reconnaissable à ses feuilles plus larges et dentées, le Saule amandier, un arbuste odorant, est cultivé comme l'Osier commun, de même que l'hybride issu de ces deux espèces, *S. × mollissima*.

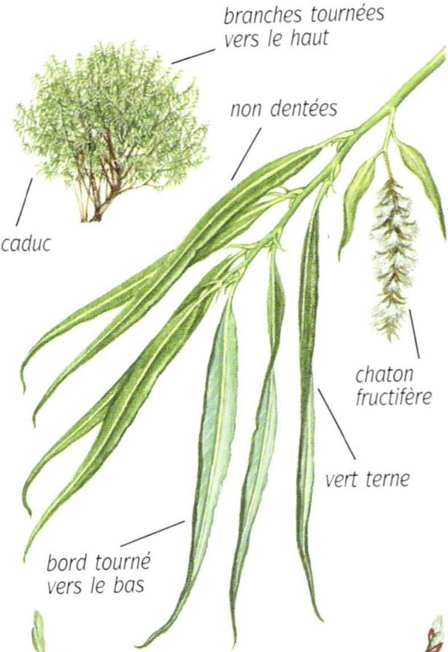

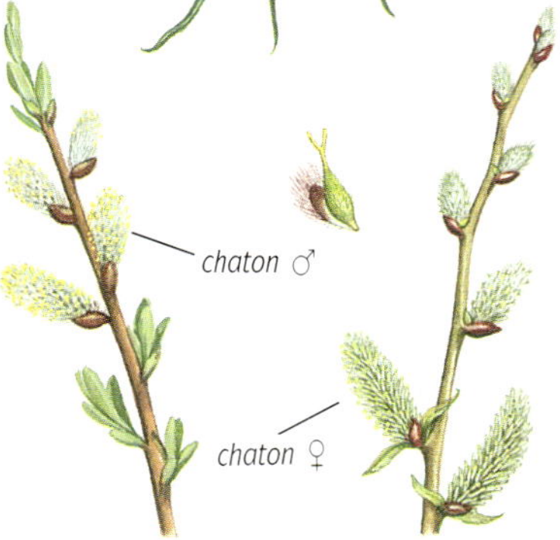

1 *S. elaeagnos*
2 Saule amandier *(S. triandra)*

OSIER COMMUN

Type Arbuste ou arbre caduc
Hauteur 3-6 m, rarement 10 m
Distribution Généralement près de l'eau
Floraison Février-avril
Fructification Mai-juin

TRONC ET COURONNE

Tronc Parfois multiple
Écorce Fissurée, brun grisâtre
Couronne Généralement étroite, arrondie au sommet ; branches pour la plupart dressées
Rameaux Longs, flexibles, velus, devenant brun-jaune luisant

FEUILLES

Bourgeons 3-7 mm, ovoïdes, souvent obtus, velus, devenant glabres
Feuilles De part et d'autre du rameau, de 10-18 cm, étroites avec un long apex, bord non dentelé mais retourné par-dessous et souvent couvert d'un enduit cireux ; base cunéiforme, vert terne avec quelques poils par-dessus, poils argentés soyeux par-dessous ; pétiole dépassant rarement 1 cm
Stipules 5 mm-1 cm, minces, tombant tôt

FLEURS ET FRUITS

Fleurs Chatons ♂ et ♀ sur des plantes distinctes, précédant les feuilles
♂ Chatons de 1,5-3 cm, ovoïdes ou cylindriques, écailles de 2 mm, ovales, brun rougeâtre, velues
Étamines 2 par fleur ♂, jaunes
♀ Chatons semblables aux ♂
Stigmates 2, non divisés ; style mince
Ovaire Unique, pourvu d'un duvet dense
Fruits Chatons de petites capsules ovoïdes, chacune atteignant 6 mm, libérant de nombreuses graines
Graines Pourvues d'une touffe de poils

Ce saule est plus souvent un arbuste bas et large qu'un petit arbre. Il appartient à un groupe d'espèces qui prospèrent principalement dans les régions septentrionales et en montagne – mais pas à haute altitude. Comme les autres saules, celui-ci nourrit les larves de beaucoup de papillons et d'artisons. *Distribution :* originaire d'Europe centrale et du Nord. *Espèces similaires : S. phylicifolia* est pourvu de rameaux d'un brun luisant généralement glabres, de feuilles plus dures, vert brillant par-dessus, de stipules plus petites et d'ovaires velus. Les chatons sont produits en même temps que les feuilles. Cette espèce forme des hybrides *(S. × tetrapla)* par croisement avec *S. myrsinifolia.*

S. phylicifolia

	SALIX MYRSINIFOLIA
Type	Arbuste ou arbre caduc
Hauteur	1-4 m
Distribution	Bords des cours d'eau et étangs de montagne
Floraison	Avril-mai
Fructification	Juillet-août
	TRONC ET COURONNE
Tronc	Souvent multiple, mince
Écorce	Légèrement fissurée, gris foncé
Couronne	Étendue, assez largement ramifiée
Rameaux	Minces, généralement avec des poils blanchâtres, vert-brun terne
	FEUILLES
Bourgeons	Arrondis, à poils courts
Feuilles	Alternées sur le rameau, de 2-6,5 cm, ovales ou elliptiques, à apex acuminé et court, irrégulièrement dentées, base cunéiforme ou arrondie, à poils épars ou glabres, ternes, vertes dessus, bleuâtres dessous ; pétiole mesurant généralement moins de 1 cm
Stipules	Plutôt grandes, semi-cordées
	FLEURS ET FRUITS
Fleurs	Chatons ♂ et ♀ sur des arbres différents, précédant les feuilles
♂	Chatons de 1,5-4 cm, cylindriques ; écailles de 1-2,5 mm, sombres, couvertes de fins poils
Étamines	2 par fleur ♂, séparées, jaunes
♀	Chatons, moins compacts que les ♂
Stigmates	2, généralement fourchus ; style mince
Ovaire	1 par fleur ♀, glabre
Fruits	Chatons de petites capsules coniques, chacune de 5-7 mm, libérant les graines
Graines	Nombreuses, pourvues de longs poils

Saule pleureur doré *Salix × sepulchralis*

Gracieux arbre pleureur, il est si communément planté qu'il apparaît parfois comme un arbre indigène. Il se distingue immédiatement des autres saules par ses rameaux pendants, jaunes et luisants, et ses feuilles vert-jaune. Il fut longtemps considéré comme une variante du Saule blanc, mais constitue en réalité un hybride entre la forme dorée de ce dernier et le Saule pleureur de Chine décrit ci-après. On multiplie par boutures cet arbre essentiellement stérile. *Distribution :* d'origine horticole ; largement cultivé à titre ornemental. *Espèce similaire :* le Saule pleureur de Chine est pourvu de rameaux bruns et de chatons courts, subsessiles. Relativement fragile et d'une longévité assez faible en Europe occidentale, il y est cultivé beaucoup moins fréquemment.

Saule pleureur de Chine *(S. babylonica)*

	SAULE PLEUREUR DORÉ
Type	Arbre caduc
Hauteur	8-22 m
Distribution	Endroits humides principalement
Floraison	Avril
	TRONC ET COURONNE
Tronc	Puissant, vertical
Écorce	Réseau de fissures et d'arêtes, brun-gris pâle
Couronne	Large, en dôme, branches généralement ascendantes
Rameaux	Minces, pleureurs, jaune-vert ; poils épars tombant tôt
	FEUILLES
Bourgeons	Minces, pointus, bruns, plus ou moins glabres
Feuilles	Alternant de part et d'autre du rameau, de 7-12 cm, lancéolées-étroites avec un apex mince, finement et régulièrement dentées, base cunéiforme, couvertes de poils épars, devenant glabres, très luisantes, vert-jaune par-dessus, plus pâle par-dessous ; pétiole atteignant 8 mm, plutôt fort
Stipules	Petites, dentelées, tombant tôt
	FLEURS ET FRUITS
Fleurs	Généralement seulement des chatons ♂, apparaissant avec les feuilles
♂	Chatons de 3-6 cm, minces, cylindriques, pendants, jaunes ; écailles d'environ 2 mm, oblongues ou ovales, couvertes de fins poils
Étamines	2 par fleur ♂, séparées
♀	Parfois quelques chatons ♀
Stigmates	2, fourchus ; style court
Ovaire	Unique, sessile, glabre
Fruits	Arbre généralement stérile

Populus trichocarpa # Peuplier baumier de l’Ouest

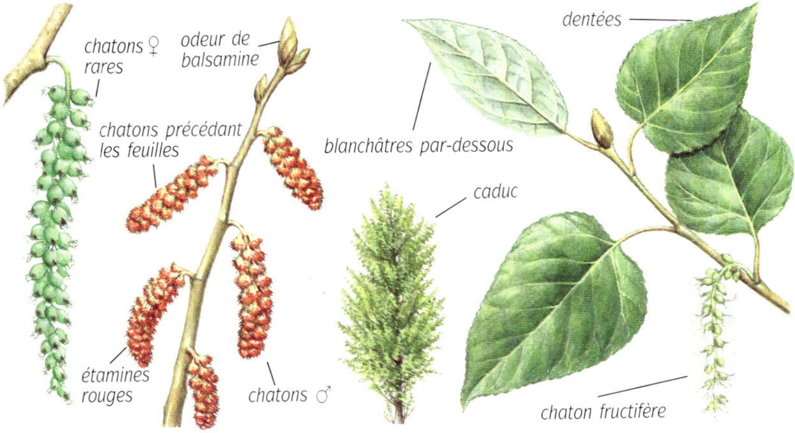

Après une averse de printemps, cet arbre dégage une forte odeur balsamique ; elle résulte d’un écoulement important de résine à l’éclosion des bourgeons. De croissance rapide, cette espèce élégante forme un précieux écran. *Distribution :* originaire du nord de l’Amérique ; largement planté comme ornement et pour son bois. *Espèces similaires :* plusieurs autres peupliers produisent des bourgeons odorants et des feuilles blanches par-dessous. Le Tacahamaca, ou Peuplier baumier, produit de nombreux drageons ; ses feuilles ovales ont une base arrondie, et leur pétiole atteint 7 centimètres de long. Le Peuplier de l’Ontario possède des feuilles à apex plus mince et à base cordée.

1 Peuplier baumier *(P. balsamifera)*
2 Peuplier de l’Ontario *(P. candicans)*

	PEUPLIER BAUMIER DE L’OUEST
Type	Arbre caduc
Hauteur	Jusqu’à 35 m (60 m en Amérique du Nord)
Distribution	Bords des routes, plantations
Floraison	Mars-avril
Fructification	Mai-juin
	TRONC ET COURONNE
Tronc	Vertical ou ascendant
Écorce	Lisse, gris-vert, brun-gris foncé en bas, fissurée
Couronne	Étroite, conique ; nombreuses branches principales ascendantes
Rameaux	Anguleux ou arrondis, devenant lisses, gris-jaune
	FEUILLES
Bourgeons	Généralement de 1-1,5 mm, ovoïdes, pointus, luisants, brun rougeâtre, très gluants, odorants
Feuilles	Alternes de part et d’autre du rameau, de 5-15 cm (maximum 23 cm), ovales, épaisses, à apex pourvu d’une courte pointe à dents obtuses, peu marquées, à base cunéiforme large ou plutôt carrée, foncées, vert luisant par-dessus, blanchâtres par-dessous ; pétiole de 1,5-4 cm, fort, cannelé en haut
	FLEURS ET FRUITS
Fleurs	Chatons ♂ et ♀ sur des arbres différents, précédant les feuilles
♂	Chatons de 5-9 cm, rouges ; écailles de 3-5 mm, frangées
Étamines	20-60 par fleur ♂
♀	Chatons de 6-10 cm, verts, rarement produits chez les sujets d’Europe occidentale
Stigmates	2, larges, irrégulièrement lobés
Ovaire	Unique, ovoïde, velu
Fruits	Chatons de 15-20 cm, constitués de capsules se fendant à maturité
Graines	Pourvues d’une touffe de poils

Peuplier blanc *Populus alba*

Cet arbre est reconnaissable à ses feuilles sombres, dont le revers produit des reflets blancs et l'écorce gris pâle de la partie supérieure de son tronc, portant de jolies marques losangiques orangées. Les feuilles des vigoureux rejets sont semblables à celles de l'Érable ; elles sont lobées, les autres feuilles étant pourvues de dents irrégulières. *Distribution :* principalement en Europe centrale et orientale ; communément planté dans les régions occidentales à titre ornemental et pour son bois. *Espèce similaire :* le Peuplier grisard est considéré comme un hybride entre le Peuplier blanc et le Tremble ; pour certains spécialistes, il constitue une espèce à part entière.

Peuplier grisard *(P. × canescens)*

PEUPLIER BLANC

Type Arbre caduc
Hauteur 15-25 m
Distribution Endroits humides principalement, parfois zones littorales sablonneuses.
Floraison Février-mars
Fructification Mai-juin

TRONC ET COURONNE

Tronc Penché, avec des rejets à la base
Écorce Brun grisâtre clair, présentant des lenticelles sombres en forme de losange ; base noirâtre fissurée
Couronne Irrégulière, atteignant sa plus grande largeur près du sommet
Rameaux Couverts de poils denses, devenant progressivement glabres et bruns

FEUILLES

Bourgeons Ovoïdes, d'environ 5 mm, pointus, velus à la base et devenant glabres
Feuilles Alternées de part et d'autre du rameau, de 3-9 cm, ovales-larges, obtuses, aux lobes irréguliers obtus, celles des rejets profondément lobées, recouvertes de fins poils et devenant glabres, vert foncé par-dessus, blanches avec des poils épais par-dessous ; pétiole de 5-6 cm, arrondi, velu

FLEURS ET FRUITS

Fleurs Chatons ♂ et ♀ sur des arbres différents, précédant les feuilles
♂ Chatons de 4-7 cm ; écailles ovales, dentelées, brun clair
Étamines 5-10 par fleur ♂, pourpres
♀ Chatons de 3-5 cm
Stigmates 2, chacun divisé en 2 lobes
Ovaire Unique, ovoïde, glabre
Fruits Chatons de 8-10 cm, constitués de petites capsules, chacune de 3 mm environ, à court pédoncule
Graines Nombreuses, pourvues de poils cotonneux

Cet arbre est extrêmement répandu, de l'ouest de l'Europe au Japon, ainsi que de la limite des arbres de la toundra jusqu'au bassin méditerranéen. *Distribution :* indigène dans la plus grande partie de l'Europe. *Espèces similaires :* deux espèces nord-américaines sont cultivées. *P. grandidentata* est pourvu de feuilles à base plutôt carrée ou cunéiforme et à grandes dents plus acérées, ainsi que de poils grisâtres sur les bourgeons, les jeunes rameaux et le revers des nouvelles feuilles. Le Tremble américain possède des feuilles finement dentées et une écorce d'un jaune plus prononcé ; son hybride, issu du croisement avec le Tremble, est parfois cultivé.

1 *P. grandidentata*
2 Tremble américain *(P. tremuloides)*

TREMBLE

Type Arbre caduc
Hauteur Jusqu'à 20 m
Distribution Près de l'eau, souvent en montagne
Floraison Février-mars
Fructification Mai

TRONC ET COURONNE

Tronc Mince, souvent multiple
Écorce Lisse, brun-gris en haut ; plus sombre, fissurée vers la base
Couronne En général large, très ramifiée
Rameaux Pourvus de cicatrices foliaires proéminentes, brun-gris, devenant glabres

FEUILLES

Bourgeons La plupart d'environ 5 mm, les boutons de fleurs plus gros, ovoïdes, glabres, brun luisant, gluants
Feuilles Alternes, de 1,5-8 cm, rarement jusqu'à 15 cm, ovales à suborbiculaires, obtuses, à dents irrégulières, elles-memes obtuses, à base plutôt carrée à pratiquement cordiforme, vert foncé, plus clair par-dessous, virant au jaune clair en automne ; pétiole de 4-7 cm, aplati

FLEURS ET FRUITS

Fleurs Chatons ♂ et ♀ sur des arbres différents, précédant les feuilles
♂ Chatons de 5-8 cm, cylindriques ; écailles de 5-6 mm, larges, frangées, brun foncé avec des poils blancs
Étamines 5-12 par fleur ♂, pourpres
♀ Chatons comme les ♂
Stigmates 2, divisés en lobes irréguliers
Ovaire Unique, ovoïde, rugueux
Fruits Chatons atteignant 12 cm, constitués de petites capsules, chacune d'environ 4 mm, à court pédoncule.
Graines Nombreuses, pourvues de poils cotonneux

Peuplier noir *Populus nigra*

Typiquement large et arrondi, cet arbre est plus connu sous sa variante en forme de colonne étroite, le Peuplier d'Italie. Il est pourvu de feuilles triangulaires ou en forme d'as de pique. *Distribution :* originaire d'Europe centrale et méridionale ; largement planté comme arbre d'alignement et pour son bois. *Espèces similaires :* le Peuplier d'Italie possède une couronne très mince ; les sujets typiques sont mâles ; ceux portant des chatons femelles ou pourvus d'une couronne plus large sont vraisemblablement des croisements avec le Peuplier noir. Le Peuplier de Berlin, un hybride entre celui d'Italie et *P. laurifolia*, possède des rameaux anguleux et des feuilles au revers plus blanc.

1 Peuplier d'Italie (*P. nigra* cv. 'Italica')
2 Peuplier de Berlin (*P.* × *berolinensis*)

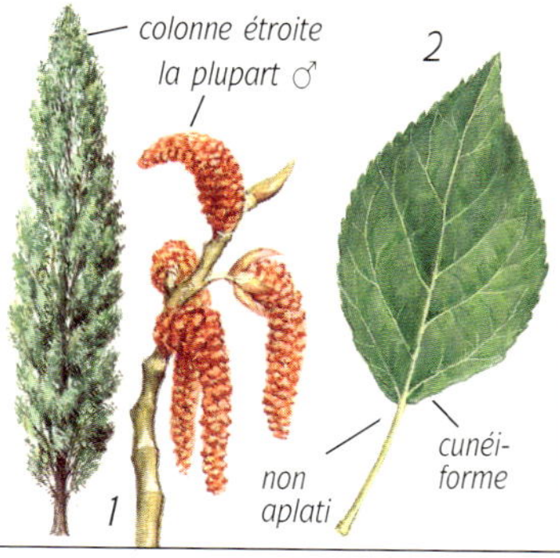

PEUPLIER NOIR

Type Arbre caduc
Hauteur 20-35 m
Distribution Sols détrempés des vallées fluviales ; cultivé au bord des routes et dans des plantations
Floraison Mars-avril
Fructification Mai-juin

TRONC ET COURONNE

Tronc Souvent bosselé et avec des broussins
Écorce Brun-gris, grossièrement fissurée
Couronne Irrégulière, large ; branches souvent recourbées vers le bas
Rameaux Plus ou moins glabres, arrondis, brun-jaune

FEUILLES

Bourgeons Jusqu'à 1 cm, ovoïdes, pointus, brun luisant, gluants
Feuilles De part et d'autre du rameau, de 4-10 cm, triangulaires ou ovales et larges, avec un apex effilé, bord pourvu de petites dents arrondies, à base plutôt carrée ou cunéiforme large, glabres, sombres, vert luisant par-dessus, plus clair par-dessous ; pétiole de 3-7 cm, aplati

FLEURS ET FRUITS

Fleurs Chatons ♂ et ♀ sur des arbres différents, précédant les feuilles
♂ Chatons de 3-5 cm, cylindriques ; écailles de 1-2 mm, frangées, vertes ou brunâtres, tombant tôt
Étamines 12-30 par fleur ♂, rouges
♀ Chatons plus minces que les ♂
Stigmates 2 par fleur ♀, bilobés
Ovaire Unique, ovoïde, glabre
Fruits Chatons de 9-15 cm, constitués de capsules, chacune de 5-6 mm,
Graines Nombreuses, pourvues d'une touffe de poils cotonneux

Populus × canadensis Peuplier noir hybride

Ce grand hybride à croissance rapide tend à supplanter le Peuplier noir ; ce dernier, croisé avec des espèces américaines, a donné de nombreux hybrides dont 'Serotina', représenté ici. *Distribution :* d'origine horticole, utilisé comme arbre d'alignement et pour la pâte à papier. *Espèces similaires :* le Peuplier de Virginie est le parent américain de cet arbre. Ses feuilles sont velues et pourvues de petites glandes, avec des dents acérées ; les fleurs mâles possèdent jusqu'à soixante étamines. Deux hybrides femelles sont largement cultivés : pourvu de ramifications plus amples et d'une couronne arrondie, le Peuplier du Maryland produit de nombreuses graines cotonneuses. *P. × canadensis* cv. 'Regenerata' produit des fruits stériles.

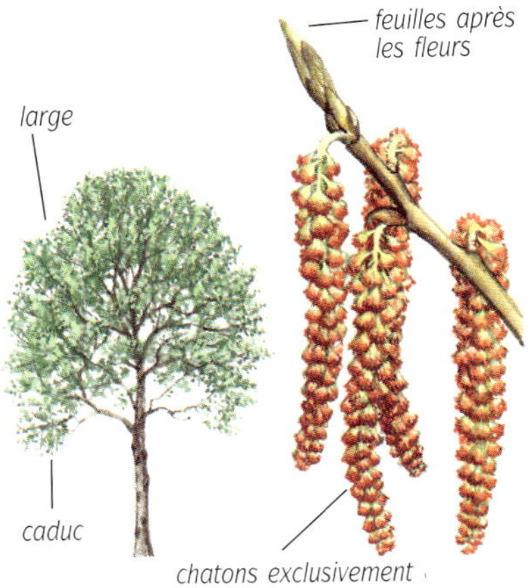

1 Peuplier de Virginie (*P. deltoides*)
2 Peuplier du Maryland (*P. × canadensis* cv. 'Marilandica')
3 *P. × canadensis* cv. 'Regenerata'

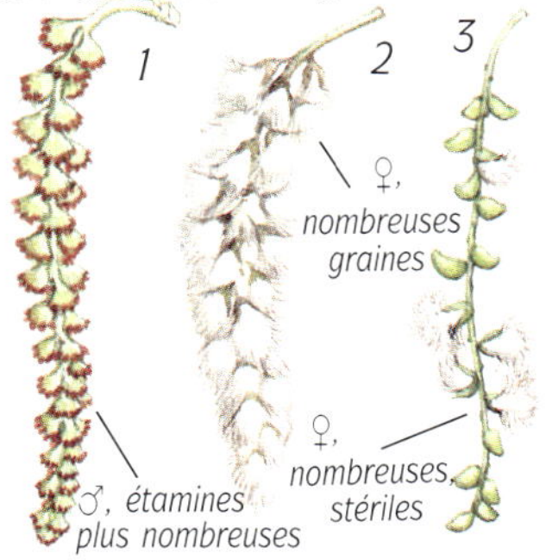

PEUPLIER NOIR HYBRIDE

Type Arbre caduc
Hauteur Souvent plus de 30 m
Distribution Bords des routes, parcs, plantations
Floraison Mars-avril

TRONC ET COURONNE

Tronc Généralement à base longue et non ramifiée
Écorce Grossièrement fissurée, sans bosses, brun grisâtre
Couronne D'une largeur maximale à la partie supérieure, à sommet aplati ; branches inférieures fortes, ascendantes, divergeant plutôt à angle aigu
Rameaux Lisses, gris-vert luisant, souvent anguleux

FEUILLES

Bourgeons 1-2 cm, ovoïdes-étroits, coniques à pointe effilée, brun-vert luisant, gluants
Feuilles De part et d'autre du rameau, de 6-10 cm, presque triangulaires, à pointe acérée, avec des dents bien marquées, obtuses, à base plutôt carrée ou légèrement cordiforme, parfois arrondie, glabres, luisantes, vert luisant par-dessus, plus clair par-dessous ; juvéniles brun-rouge ; pétiole de 4-10 cm, aplati latéralement

FLEURS ET FRUITS

Fleurs Chatons ♂, précédant les feuilles
♂ Chaton de 3-6 cm, cylindrique ; écailles de 4-5 mm, larges, frangées, à l'apex violacé
Étamines 20-25 par fleur ♂ ; anthères rouge foncé
Fruits Arbre stérile

Aulne glutineux *Alnus glutinosa*

Arbre des bords de l'eau, il est reconnaissable à ses chatons fructifères ligneux, en forme de cône, qui se maintiennent sur l'arbre la plus grande partie de l'année. L'Aulne glutineux possède la capacité rare de convertir l'azote de l'air en précieux nutriments végétaux, grâce aux nodules de ses racines, qui contiennent des bactéries. *Distribution :* originaire de la plus grande partie de l'Europe ; quelquefois planté. *Espèces similaires :* dépourvu de rameaux gluants, l'Aulne blanc possède une écorce grise, lisse, des feuilles pointues grises par-dessous et des chatons femelles sessiles. L'Aulne à feuilles cordées d'Italie est pourvu de feuilles aux dents arrondies et peu marquées, ainsi que de fleurs femelles solitaires ou, rarement, réunies en grappes de trois.

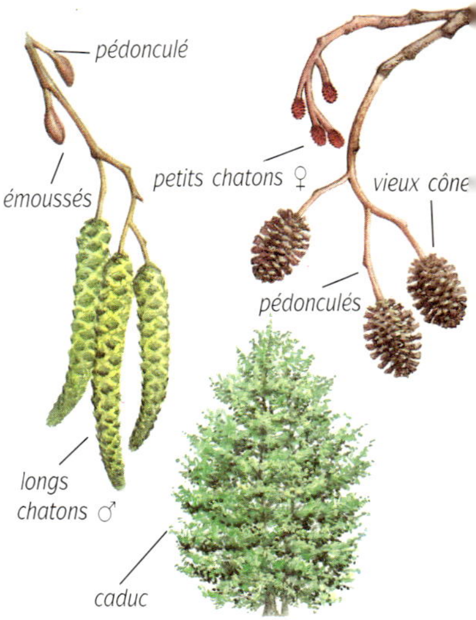

1 Aulne blanc (*A. incana*)
2 Aulne à feuilles cordées d'Italie (*A. cordata*)

AULNE GLUTINEUX

Type Arbre caduc
Hauteur Jusqu'à 20 m (rarement 35 m)
Distribution Emplacements humides
Floraison Février-mars
Fructification Octobre-novembre

TRONC ET COURONNE

Tronc Souvent multiple
Écorce Brun foncé, fissurée
Couronne Conique ou arrondie, ouverte
Rameaux Gluants à l'etat juvénile, glabres, virant au brun violacé

FEUILLES

Bourgeons 5-7 mm, arrondis, pédonculés
Feuilles De part et d'autre du rameau, de 4-10 cm, elliptiques à suborbiculaires, obtuses ou échancrées, doublement dentées, à base cunéiforme ou arrondie, 5-8 paires de nervures, glabres aux endroits où les nervures principales divergent, vert foncé ; pétiole de 2-3,5 cm
Stipules Tombant tôt

FLEURS ET FRUITS

Fleurs ♂ et ♀, précédant les feuilles
♂ 3-6 chatons en inflorescences, chacun de 2-6 cm, jaunes à l'intérieur ; 3 fleurs sur chaque bractée
Étamines 4 par fleur ♂
♀ Inflorescence de 3-5 chatons, chacun de 5-7 mm, violacés, pédonculés ; 2 minuscules fleurs sur chaque bractée
Stigmates 2 par fleur ♀
Ovaire 1 par fleur ♀
Fruits Inflorescences de 3-5 chatons coniques, ligneux, chacun de 1-3 cm, ovoïdes, verts, virant au brun ; pédonculés ; écailles à 5 lobes
Graines Akènes pourvus d'une aile étroite

Cet arbuste atteint rarement la taille d'un arbre ; il est généralement beaucoup plus petit que l'espèce européenne, plus répandue. Commun dans les Alpes, l'Aulne vert forme souvent de grands fourrés. L'espèce est variable et l'on distingue parfois plusieurs sous-espèces d'après les caractéristiques des feuilles. *Distribution :* originaire des montagnes du centre et du sud-est de l'Europe ; planté ailleurs. *Espèce similaire : A. rugosa* est un autre petit aulne, originaire d'Amérique du Nord et souvent naturalisé ; il produit des chatons précédant les feuilles et possède des rameaux gluants — chaque grappe réunissant jusqu'à dix chatons fructifères, ceux de la partie supérieure étant sessiles.

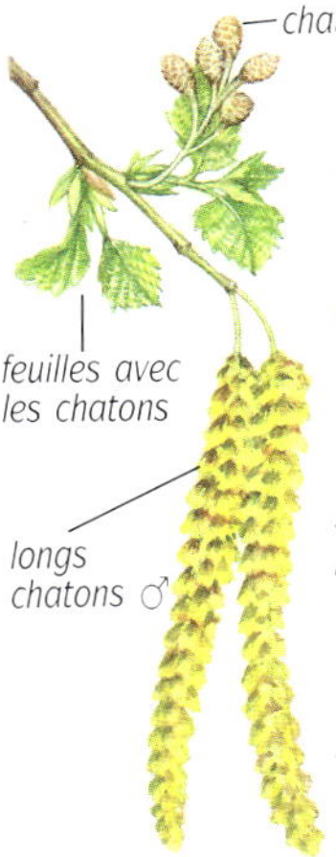

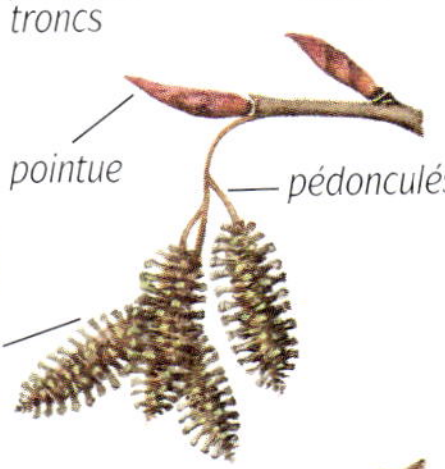

AULNE VERT

Type	Arbre ou arbuste caduc
Hauteur	1-5 m
Distribution	Emplacements humides
Floraison	Mars-avril
Fructification	Septembre-octobre

TRONC ET COURONNE

Tronc	Souvent multiple
Écorce	Rugueuse, brune
Couronne	Irrégulière, arrondie
Rameaux	Brun-vert ou brun-rouge, parfois couverts de minuscules poils

FEUILLES

Bourgeons	1,2-1,5 cm, coniques, pointus, brun rougeâtre luisant ; sessiles
Feuilles	De part et d'autre du rameau, gluantes à l'état juvénile, de 3-9 cm, elliptiques à suborbiculaires, à apex variable, doublement dentées, à dents aiguës, à base cunéiforme ou échancrée, généralement avec des touffes de poils par-dessous ; pétiole de 8-12 mm
Stipules	Petites, tombant tôt

FLEURS ET FRUITS

Fleurs	♂ et ♀ ensemble, en même temps que les feuilles
♂	Petites inflorescences de longs chatons, chacun de 5-12 cm, jaunâtres
Périanthe	Généralement à 4 lobes
Étamines	4 par fleur ♂
♀	Inflorescences de 3-5 chatons, chacun de 6-10 mm, rougeâtres, pédonculés
Stigmate	1 par fleur ♀
Ovaires	2 par fleur ♀
Fruits	Inflorescences de 3-5 chatons ligneux, semblables à des cônes, chacun de 8-15 mm, ovoïdes, pédonculés, noirâtres
Graines	Pourvues d'une aile membraneuse

Bouleau verruqueux *Betula pendula*

Cette espèce pionnière, qui colonise les étendues dépourvues d'arbres, joua un rôle important dans l'établissement des forêts du nord de l'Europe après la dernière grande glaciation. *Distribution :* originaire de la plus grande partie du continent européen ; à usage ornemental. *Espèces similaires :* le Bouleau pubescent est pourvu de rameaux plus rigides, velus, de feuilles aux dents plus égales, de chatons aux écailles dotées de lobes latéraux orientés vers l'avant et de petits fruits aux ailes étroites. Le Bouleau à papier possède une écorce papyracée, blanc crème ou rose, des feuilles plus grandes aux dents inégales et des chatons aux écailles dotées de lobes divergeant à angle aigu.

1 Bouleau pubescent *(B. pubescens)*
2 Bouleau à papier *(B. papyrifera)*

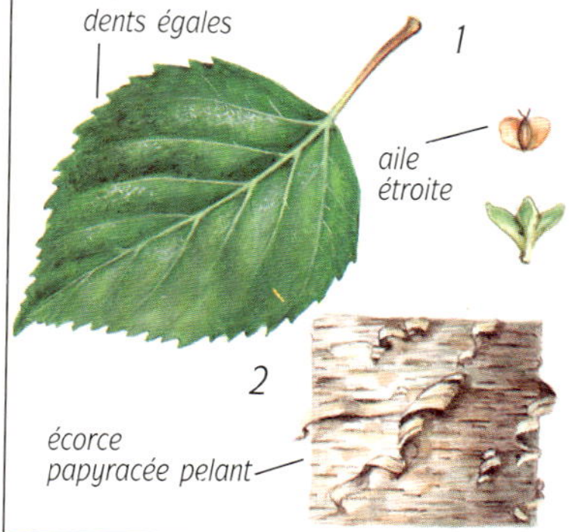

BOULEAU VERRUQUEUX

Type Arbre caduc
Hauteur Jusqu'à 30 m
Distribution Sols légers, souvent dans les emplacements où la forêt a été éclaircie ou sur les terres incultes
Floraison Avril-mai
Fructification Juillet-août

TRONC ET COURONNE

Tronc Mince, fourchu à la partie supérieure
Écorce Lisse, blanc argenté, lenticelles noires en haut, pelant souvent, noirâtre et fissurée en bas
Couronne Étroite ou large, peu dense ; branches s'arquant vers le bas
Rameaux Minces, pendants, bruns, avec des glandes de résine

FEUILLES

Bourgeons Longs, pointus, non gluants
Feuilles Alternes le long du rameau, de 2-7 cm, triangulaires, fines, pointues, doublement dentées, avec des dents aiguës, à base plutôt carrée, jaunes en automne, presque glabres ; pétiolées
Stipules Petites, tombant tôt

FLEURS ET FRUITS

Fleurs ♂ et ♀ sur le même arbre
♂ 2-4 chatons à l'extrémité du rameau, de 3-6 cm, brun violacé, devenant jaunes sous le pollen
Étamines 2 par fleur ♂
♀ Chatons à la base des feuilles, brunâtres
Stigmates 2 par fleur ♀
Ovaire 1 par fleur ♀, à 2 cellules
Fruits Chatons de 1,5-3,5 cm ; écailles trilobées, lobe central étroit, lobes latéraux réfléchis et tournés vers l'extérieur
Graines Samares semblables à des graines, pourvues de 2 ailes.

Le Noisetier commun est du plus bel effet vers la fin de l'hiver, lorsqu'il est couvert de chatons jaune vif. Il est souvent utilisé comme bois de taille. Ses grosses noisettes comestibles sont très appréciées des écureuils, souris, geais et faisans. *Distribution :* originaire de la plus grande partie de l'Europe, sauf de l'extrême nord ; planté pour l'établissement de haies, pour ses fruits ou à titre ornemental. *Espèces similaires :* le Noisetier de Byzance, en général un arbre, est pourvu de feuilles plus nettement lobées, et l'involucre qui enveloppe la partie basse de la noisette possède des lobes plus étroits et à pointes aiguës. Le Noisetier franc est cultivé pour ses noisettes comestibles plus grosses.

1 Noisetier de Byzance *(C. colurna)*
2 Noisetier franc *(C. maxima)*

NOISETIER COMMUN

Type Arbuste, parfois arbre caduc
Hauteur 2-6 m (rarement 8 m)
Distribution Bois, haies, broussailles
Floraison Janvier-mars
Fructification Septembre-octobre

TRONC ET COURONNE

Tronc Souvent multiple
Écorce Brune, lisse, pelant légèrement
Couronne Large, branches minces
Rameaux Vert terne ou bruns, avec des poils rougeâtres, glanduleux

FEUILLES

Bourgeons Environ 4 mm, ovoïdes, arrondis
Feuilles Disposées de façon alternée sur la tige, de 5-12 cm, pratiquement orbiculaires, se terminant en une pointe étroite, doublement dentées, parfois légèrement lobées, à base échancrée, avec 6-8 paires de nervures, légèrement velues, surtout par-dessous ; pétiole de 8-15 mm, aux poils gluants
Stipules Oblongues, arrondies, tombant tôt

FLEURS ET FRUITS

Fleurs ♂ et ♀, précédant les feuilles
♂ Minces chatons pendants, de 2-8 cm, jaunis par le pollen ; 1 fleur par bractée
Étamines 3-5 par fleur ♂
♀ En petits bouquets, en forme de bourgeon, de 4-5 mm
Stigmates 2 par fleur ♂, rouge vif
Ovaire 1 par fleur ♀, à 2 cellules
Fruits 1-4 noisettes arrondies, brunes, à écorce ligneuse, chacune de 1,5-2 cm, dans une cupule verdâtre pratiquement aussi grande que la noisette, découpée jusqu'au milieu en lobes irrégulièrement dentelés

Charme commun *Carpinus betulus*

C'est un arbre gracieux, à l'écorce lisse et grise, aux branches ascendantes et aux feuilles sombres, dentées ; il est aisément reconnaissable à ses bractées trifides caractéristiques, dans la grappe de fruits. Dans les haies, il réagit bien à la taille et garde ses feuilles en hiver, tout comme le hêtre. Il est parfois étêté ou soumis à la taille ; son bois est dur et à grain fin. *Distribution :* indigène ; très répandu, à l'exception d'une grande partie du nord et de l'ouest du bassin méditerranéen ; planté pour son bois, en haies ou à titre ornemental. *Espèce similaire :* le Charme oriental, du sud-est de l'Europe, est un arbre plus petit ; la bractée qui enserre la noisette est dentée au lieu d'être lobée.

Charme oriental *(C. orientalis)*

CHARME COMMUN

Type Arbre caduc
Hauteur Jusqu'à 30 m
Distribution Forêts, haies ; planté dans les rues et les parcs
Floraison Mars-mai
Fructification Octobre-novembre

TRONC ET COURONNE

Tronc Souvent tortueux, cannelé en bas
Écorce Brun grisâtre, lisse, devenant profondément fissurée en bas
Couronne Large, conique en haut ; branches sinueuses, ascendantes
Rameaux Minces, velus, brun-gris

FEUILLES

Bourgeons 6-7 mm, minces, à pointe acérée, bruns, velus, serrés contre le rameau
Feuilles Disposées de part et d'autre de la tige, de 4-10 cm, ovales, pointues, doublement dentées et à dents aiguës, à base arrondie, velues par-dessous sur les nervures, vert foncé, virant au jaune en automne, avec environ 15 paires de nervures ; pétiole d'environ 1 cm, rougeâtre
Stipules Petites, tombant tôt

FLEURS ET FRUITS

Fleurs ♂ et ♀ sur le même arbre
♂ Chatons de 2,5-5 cm, jaunâtres ; écailles à apex rouge
♀ Chatons pendants de 2-3 cm, avec 2 fleurs par bractée trilobée, verts avec des stigmates roses
Fruits Samares de 6-8 mm, 1-2 à la base de chaque bractée trilobée, d'environ 3,5 cm de long, en grappes de 5-15 cm de long
Graines 1 par fruit, non libérée

Ostrya carpinifolia Charme-houblon

C'est un petit arbre caduc, aux feuilles vernissées et nervurées. Il se distingue aisément des autres arbres indigènes par ses fruits blanchâtres, semblables au houblon. Le Charme-houblon est parfois planté à titre ornemental et, en Europe méridionale, on utilise son bois dur.
Distribution : originaire des régions centrales et orientales d'Europe méridionale ; planté ailleurs à titre ornemental.
Espèce similaire : O. virginiana est originaire de l'est de l'Amérique du Nord ; cependant, il est parfois cultivé en Europe comme arbre d'ornement. Il se distingue par ses feuilles plus grandes, moins nettement nervurées, pubescentes par-dessous et aux pétioles velus ; les rameaux sont pourvus de poils terminés par des glandes, et les fruits possèdent des pédoncules plus longs et plus velus.

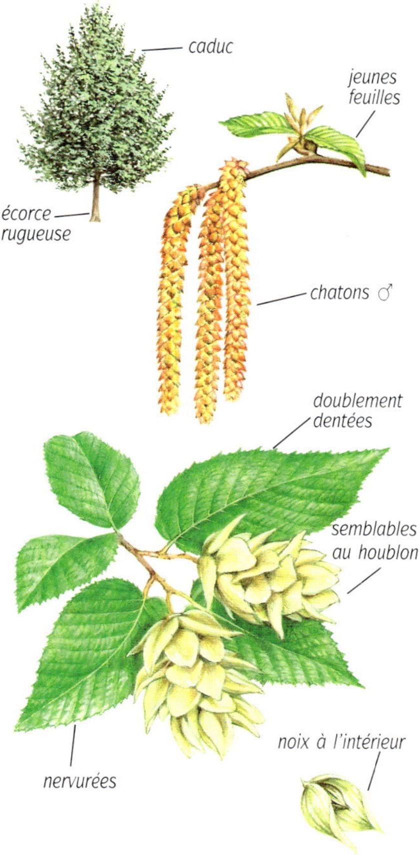

O. virginiana

CHARME-HOUBLON

Type Arbre caduc
Hauteur 15-18 m
Distribution Bois, haies, parcs
Floraison Avril
Fructification Septembre-octobre

TRONC ET COURONNE

Tronc Parfois multiple
Écorce Brune, avec des écailles tombant et laissant de légères taches ; lisse, se fissurant
Couronne Conique, devenant arrondie ; branches ascendantes
Rameaux Brun rougeâtre, velus, avec de minuscules pores

FEUILLES

Bourgeons Ovoïdes, pointus, luisants
Feuilles De part et d'autre du rameau, de 5-12 cm, ovales, pointues, doublement dentées et à dents aiguës, à base cunéiforme, velues, devenant glabres, vert foncé luisant par-dessus, plus clair par-dessous, 12-15 paires de veines ; pétiole de 3-4 mm, à poils souples
Stipules Petites, tombant tôt

FLEURS ET FRUITS

Fleurs ♂ et ♀ sur le même arbre
♂ Chatons de 3,5-10 cm, pendants, jaunes ; 1 fleur par bractée
♀ Chatons ♀ de 2-3 cm, retombants ; 2 fleurs verdâtres à la base de la bractée
Fruits Noix d'environ 5 mm, à la base de chaque bractée, en inflorescences pendantes, blanches ou brun clair, de 3-5 cm de long ; bractées elliptiques, de 1,5-2 cm, velues, pointues
Graines 1 par fruit, non libérée

Hêtre commun *Fagus sylvatica*

Les rais du soleil traversant la voûte de feuillage et se reflétant sur les gros troncs gris et lisses et les rameaux arqués font régner sous un groupe de Hêtres communs adultes une ambiance de cathédrale. Dans l'ombre, les bulbes à floraison printanière prospèrent dans la litière constituée par les feuilles et les fruits tombés des arbres. *Distribution :* originaire principalement d'Europe occidentale et centrale ; planté à titre ornemental, comme brise-vent et pour son bois. *Espèces similaires : F. s.* cv. 'Purpurea' est une variété commune, au feuillage pourpre intense. Le Hêtre du Levant, d'Europe orientale, possède des feuilles plus grandes, comportant jusqu'à douze paires de nervures.

1 *F. s.* cv. 'Purpurea'
2 Hêtre du Levant *(F. orientalis)*

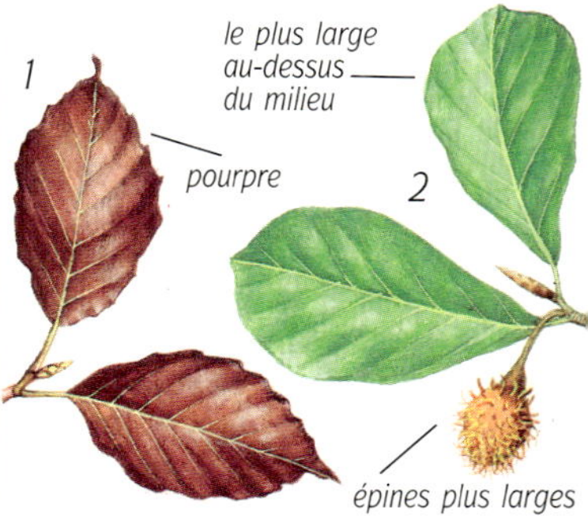

	HÊTRE COMMUN
Type	Arbre caduc
Hauteur	20-30 m (rarement 50 m)
Distribution	Sols bien drainés, en particulier sur les coteaux calcaires
Floraison	Avril-mai
Fructification	Septembre-octobre
	TRONC ET COURONNE
Tronc	Puissant en bas, fourchu en haut
Écorce	Lisse, grise
Couronne	Large, arrondie, dense
Rameaux	Gris-brun
	FEUILLES
Bourgeons	1-2 cm, minces, pointus aux deux extrémités, brun-rouge
Feuilles	De part et d'autre du rameau, de 4-9 cm, elliptiques ou ovales, pointues, à bord non denté, souvent ondulé, portant de fins poils, à base cunéiforme ou arrondie, avec 5-9 paires de veines, vert clair devenant vert foncé luisant et virant à l'orange ou au brun en automne ; pétiole de 5-15 mm ; les jeunes plantes gardent souvent leurs feuilles mortes pendant l'hiver
Stipules	Brunes, membraneuses, tombant tôt
	FLEURS ET FRUITS
Fleurs	♂ et ♀ sur la même plante
♂	Minuscules, nombreuses, en panicules terminales sur une tige de 5-6 cm de long
Périanthe	En forme de clochette, à 4-7 lobes
Étamines	8-16 par fleur ♂
♀	Généralement 2, renfermées dans un involucre à 4 lobes
Stigmates	3 par fleur ♀
Ovaire	1 par fleur ♀
Fruits	Faînes triangulaires de 1,2-1,8 cm, brunes ; 1-2 dans une cupule ligneuse et épineuse éclatant en 4

Nothofagus obliqua

Originaire d'Amérique du Sud, ce lointain parent du Hêtre commun devient recherché en tant qu'arbre d'ornement et pour son bois. Le groupe des Hêtres de l'hémisphère Sud, auquel il appartient, comprend pour l'essentiel des arbres persistants ; mais quelques-uns sont caducs. *Distribution :* originaire du Chili et d'Argentine ; planté en Europe occidentale à titre ornemental et pour son bois. *Espèces similaires :* le Raoul est pourvu de rameaux plus forts, avec des bourgeons plus longs et pointus, de feuilles finement dentées comportant quatorze à dix-huit paires de veines, et d'une écorce aux fissures verticales. *N. antarctica* est un arbre plus petit, aux feuilles également plus petites et comportant généralement quatre paires de veines.

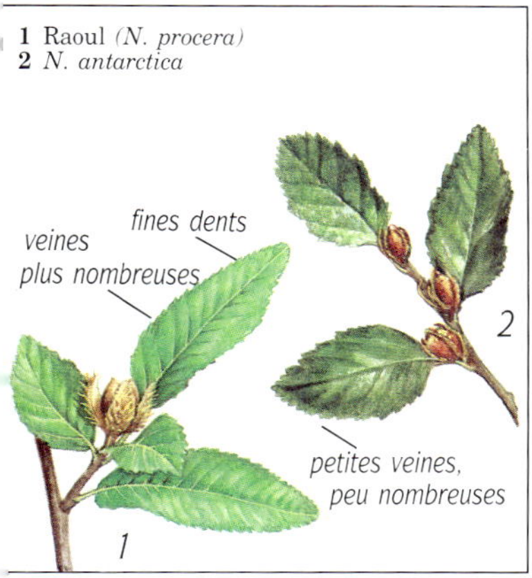

NOTHOFAGUS OBLIQUA

Type arbre caduc
Hauteur 20-30 m
Distribution Cultivé dans petites plantations ; également dans parcs et jardins
Floraison Mai
Fructification Septembre

TRONC ET COURONNE

Tronc Fourchu en haut
Écorce Gris verdâtre, lisse, se fissurant en petites plaques
Couronne Plutôt étroite, ouverte ; branches arquées vers l'extérieur
Rameaux Minces, avec des poils courts et clairsemés, se ramifiant régulièrement de part et d'autre

FEUILLES

Bourgeons 4-6 mm, ovoïdes, arrondis, brun clair, serrés contre le rameau
Feuilles De part et d'autre du rameau, de 5-8 cm, ovales à pratiquement oblongues, émoussées, irrégulièrement dentelées et à dents aiguës, à base légèrement inégale, 7-11 paires de veines, non velues, vert foncé par-dessus, plus clair par-dessous, virant au jaune ou au rouge en automne ; pétiole de 4-7 mm
Stipules Ridées, tombant tôt

FLEURS ET FRUITS

Fleurs ♀ et ♂ sur la même plante
♂ Solitaires, pédonculées
Étamines Les ♂ en comptent 30-40
♀ Minuscules, vert clair, à la base de la feuille
Stigmates 3 par fleur ♀
Ovaire 1 par fleur ♀
Fruits Faînes de 5-10 mm ; 3 dans une cupule pourvue de courtes épines et éclatant en 4 lobes

Chêne vert *Quercus ilex*

Caractéristique du bassin méditerranéen, cet arbre a été importé dans de nombreux pays, car il résiste au gel et conserve son feuillage en hiver. Comme les petits lauriers, il est pourvu de feuilles très variables ; celles des rejets sont identiques aux feuilles de houx. L'écorce, riche en tanin, était utilisée dans l'Antiquité par les Grecs et les Romains pour le tannage du cuir. *Distribution :* originaire du bassin méditerranéen ; largement planté ailleurs à titre ornemental et pour son bois. *Espèces similaires :* le Chêne-liège possède des feuilles dentées pourvues d'une côte centrale sinueuse et d'écailles plus longues sur la cupule enserrant le gland. Le Chêne de Provence est doté de feuilles à dents épineuses, glabres, et d'écailles épineuses sur la cupule du gland.

1 Chêne-liège *(Q. suber)*
2 Chêne de Provence *(Q. coccifera)*

	CHÊNE VERT
Type	Arbre persistant
Hauteur	Jusqu'à 25 m
Distribution	Forêts, terres boisées ; dans les champs pour faire de l'ombre ; arbre de rue
Floraison	Mai-juin
Fructification	Septembre-octobre
	TRONC ET COURONNE
Tronc	Puissant
Écorce	Gris foncé, se détachant par petites plaques
Couronne	Large, en dôme, dense
Rameaux	Couverts de poils gris, devenant glabres
	FEUILLES
Bourgeons	Ovoïdes, velus
Feuilles	2-9 cm, variables, ovales à oblongues, épaisses, bord entier ou pourvu de dents épineuses sur les rejets, à base conique ou arrondie, nervure centrale droite avec 7-11 paires de veines, luisantes, vert foncé par-dessus, à poils grisâtres par-dessous ; pétiole de 6-15 mm
Stipules	Étroites, velues, tombant tôt
	FLEURS ET FRUITS
Fleurs	♂ et ♀ sur la même plante
♂	Chatons pendants de 3-5 cm
Périanthe	Minuscule, avec 4-7 lobes pointus
Étamines	6-12 par fleur ♂
♀	Épis de 1-4 fleurs
Stigmates	3-4 par fleur ♀
Ovaire	1 par fleur ♀, à 3 cellules
Fruits	Glands ovoïdes mûrissant la première année, de 2-4 cm ; cupule à poils grisâtres, couvrant moins de la moitié du fruit ; écailles ovales, serrées les unes contre les autres

Quercus cerris **Chêne chevelu**

Arbre robuste et imposant, pourvu de grandes feuilles lobées, d'une écorce profondément fissurée et de glands fixés sur la partie non feuillue du rameau. *Distribution :* originaire d'Europe centrale et méridionale ; planté dans d'autres régions comme arbre d'ornement. *Espèces similaires : Q. macrolepis* est pourvu de feuilles lisses aux lobes à pointes cassantes, et la cupule enserrant le gland est plus grande, dotée d'écailles longues et larges. Le Chêne de Macédoine possède des feuilles vernissées, à pétioles courts, et la cupule du gland est pourvue de courtes écailles rayonnantes. *Q.* × *hispanica*, un hybride horticole du Chêne vert et du Chêne-liège, ressemble au précédent, mais son feuillage est généralement persistant et son écorce plus épaisse.

1 *Q. macrolepis*
2 Chêne de Macédoine *(Q. trojana)*
3 *Q.* × *hispanica*

	CHÊNE CHEVELU
Type	Arbre caduc
Hauteur	20-35 cm
Distribution	Principalement sur sols acides
Floraison	Mai
Fructification	Septembre-octobre
	TRONC ET COURONNE
Tronc	Puissant, fourchu en haut
Écorce	Gris foncé, profondément fissurée
Couronne	Large, en dôme ; branches fortes
Rameaux	Bruns, rugueux, aux poils épars
	FEUILLES
Bourgeons	Ovales, arrondis, pourvus de courts poils
Feuilles	Alternes le long du rameau, variables, de 5-10 cm, oblongues ou ovales, pointues, avec 7-9 paires de lobes inégaux ovales, obtus, couverts de poils grisâtres devenant d'un vert terne, pratiquement glabres mais rugueuses par-dessus, plus claires par-dessous, avec des poils minuscules ; pétiole de 8-25 mm
Stipules	Jusqu'à 25 cm ; très minces, proéminentes, persistantes
	FLEURS ET FRUITS
Fleurs	♂ et ♀ sur le même arbre
♂	Chatons de 5-8 cm
Périanthe	Minuscule, 4-7 lobes
Étamines	4 par fleur ♂
♀	Inflorescences comportant jusqu'à 5 fleurs
Stigmates	4 styles par fleur ♀
Ovaire	1 par fleur ♀, à 3 cellules
Fruits	Glands ovoïdes mûrissant la deuxième année, de 2-3,5 cm, rarement 5 cm, oblongs, brun rougeâtre, à moitié couverts par la large cupule ; écailles atteignant 1 cm, minces, déployées ou réfléchies ; pédoncule atteignant 2 cm

Chêne pédonculé *Quercus robur*

Réputé dans toute l'Europe pour sa robustesse et sa grande longévité, ce chêne peut vivre un millier d'années. Son bois, dur, brun clair, au grain serré et argenté, est d'une grande valeur commerciale ; il était autrefois exploité en charpenterie et pour la construction des navires. *Distribution :* originaire de la plus grande partie de l'Europe, excepté les régions situées à l'extrême nord et certaines parties du bassin méditerranéen ; planté pour son bois et à titre ornemental. *Espèce similaire :* originaire du sud-est de l'Europe, *Q. pedunculiflora* diffère par ses feuilles glauques au revers pourvu d'un tomentum gris-jaune, ainsi que par les cupules verruqueuses de ses glands.

Q. pedunculiflora

CHÊNE PEDONCULÉ

Type Arbre caduc
Hauteur 20-35 m (rarement 45 m)
Distribution Terres boisées, en particulier en plaine, sur sols lourds, fertiles
Floraison Avril-mai
Fructification Septembre-octobre

TRONC ET COURONNE

Tronc Puissant, souvent court, couvert de broussins
Écorce Fissurée, gris-brun
Couronne Généralement large, branches fortes, largement déployées, souvent sinueuses
Rameaux Gris-brun, généralement glabres

FEUILLES

Bourgeons 2-5 mm, ovales, arrondis, glabres
Feuilles De part et d'autre de la tige, de 5-12 cm, plus ou moins oblongues, obtuses, avec 4-7 paires de lobes inégaux, obtus, la base avec 2 lobes auriculés, vert terne, glabres par-dessus, plus claires et habituellement glabres par-dessous ; pétiole de 1-5 mm
Stipules Minces, tombant tôt

FLEURS ET FRUITS

Fleurs ♂ et ♀ sur le même arbre
♂ Grappes de chatons de 2-4 cm
Périanthe Minuscule, à 4-7 lobes
Étamines 6-8, rarement 12 par fleur ♂
♀ 1-5 fleurs en capitules pédonculés
Stigmates 3 par fleur ♀
Ovaire 1 par fleur ♀, à 3 cellules
Fruits Glands ovoïdes mûrissant la première année, de 1,5-4 cm, oblongs ou elliptiques, bruns ; la cupule, de 1,5-2 cm de large, couvre entre le tiers et la moitié du gland ; écailles petites, ovales, plates, se chevauchant étroitement, pourvues de courts poils ; pétiole de 2-8 cm

Arbre majestueux, il est souvent confondu avec le Chêne pédonculé, dont il se distingue par ses glands sessiles. Moins vulnérables aux insectes, ses feuilles sombres, vernissées, au pétiole bien marqué, ont un caractère plus ornemental. *Distribution :* indigène, sauf dans l'Extrême-Nord et le bassin méditerranéen ; planté pour son bois, comme abri et à titre ornemental. *Espèces similaires :* originaire du sud-est de l'Europe, *Q. dalechampii* est pourvu de feuilles glabres et de glands dotés d'une cupule verruqueuse, grisâtre, pratiquement glabre. Le Chêne de Hongrie a des rameaux velus et des feuilles comportant jusqu'à dix lobes profondément découpés et à bord ondulé.

1 *Q. dalechampii*
2 Chêne de Hongrie (*Q. frainetto*)

CHÊNE ROUVRE

Type Arbre caduc
Hauteur 20-40 m
Distribution Terres boisées, principalement sur sols acides
Floraison Avril-mai
Fructification Septembre-octobre

TRONC ET COURONNE

Tronc Puissant, souvent droit et non ramifié à la partie basse
Écorce Gris-brun, fissurée
Couronne En dôme plutôt étroit
Rameaux Glabres

FEUILLES

Bourgeons 5-6 mm, à écailles nombreuses, velus
Feuilles Alternes le long du rameau, de 7-12,5 cm, ovales, d'une largeur maximale en haut, 5-8 paires de lobes arrondis, à base conique, plutôt luisantes, vert foncé par-dessus, pourvues de fins poils au revers, avec des touffes brunâtres à la base des veines ; pétiole de 1,8-2,5 cm, cannelé
Stipules Tombant tôt

FLEURS ET FRUITS

Fleurs ♂ et ♀, avec les feuilles
♂ Grappes de chatons pendants
Périanthe Minuscule, à 4-7 lobes, généralement 6
Étamines 6-12 par fleur ♂
♀ Semblables à des boutons, enveloppées d'écailles velues
Stigmates 3 par fleur ♀, sessiles
Ovaire 1 par fleur ♀, à 3 cellules
Fruits 2-6 glands ovoïdes, mûrissant la première année, de 1,5-3 cm, oblongs ; cupules à écailles ovales, se chevauchant étroitement, pourvues de fins poils ; pratiquement sessiles

Chêne pubescent *Quercus pubescens*

Arbre identifiable à ses feuilles gris-vert, aux lobes peu profonds, couvertes de poils veloutés lorsqu'elles sont jeunes. Les bourgeons d'hiver et les cupules des glands sont velus. *Distribution :* originaire d'Europe méridionale et occidentale ; rarement planté à titre ornemental. *Espèces similaires :* deux espèces sont pourvues de pétioles foliaires plus longs, et les cupules de leurs glands portent des écailles plus lâches. Limité à la moitié orientale du bassin méditerranéen, *Q. virgiliana* possède des feuilles à lobes larges, souvent à bord ondulé, et les écailles de la cupule du gland sont dotées d'une pointe mince et dressée. Chez le Chêne tauzin, ou des Pyrénées, la cupule du gland porte des écailles plus étroites.

1 *Q. virgiliana*
2 Chêne tauzin *(Q. pyrenaica)*

	CHÊNE PUBESCENT
Type	Arbre ou grand arbuste caduc
Hauteur	15-25 m
Distribution	Sols secs, généralement calciques
Floraison	Mai
Fructification	Octobre
	TRONC ET COURONNE
Tronc	Parfois très court
Écorce	Gris foncé, finement et profondément fissurée, formant des plaques rugueuses
Couronne	En dôme ; branches renflées à la jonction avec le tronc
Rameaux	Bruns, à forte pubescence grise
	FEUILLES
Bourgeons	4-7 mm, brun rougeâtre, velus
Feuilles	Alternes le long du rameau, de 4-13 cm, variables, avec 4-8 paires de lobes larges, peu profondément découpés, orientés vers l'avant, à base arrondie ou conique et large, gris-vert, très tomenteuses à l'état juvénile, devenant glabres par-dessus ; pétiole de 2-15 mm
Stipules	Tombant tôt
	FLEURS ET FRUITS
Fleurs	♂ et ♀, avec les feuilles
♂	Grappes de chatons
Étamines	6-12 par fleur ♂
Périanthe	Minuscule, à 4-7 lobes
♀	1-3, chacune renfermée dans une cupule d'écailles
Stigmates	3 par fleur ♀, rouge profond
Ovaire	1 par fleur ♀, à 3 cellules
Fruits	Glands ovoïdes de 2-4 cm, mûrissant la première année ; cupule de 1-1,5 cm de large, couvrant un quart à un tiers du gland, écailles ovales, généralement obtuses, serrées les unes contre les autres, pourvues d'un duvet gris ; sessiles ou à court pédoncule

Cet arbre est spectaculaire en automne, lorsqu'un coup de froid teinte ses feuilles de lueurs orangées et cramoisies. Il est pourvu de feuilles relativement grandes, aux lobes et aux dents pointus. *Distribution :* originaire de l'est de l'Amérique du Nord ; communément planté comme arbre d'ornement, pour son bois et comme abri. *Espèces similaires :* deux espèces américaines présentent des feuilles plus profondément divisées et des glands courts, écrasés. Les feuilles vernissées du Chêne écarlate sont dépourvues de poils au revers, à la base des veines. Le Chêne des marais possède des feuilles au revers doté de touffes de poils, et les cupules des glands sont étroites.

1 Chêne écarlate *(Q. coccinea)*
2 Chêne des marais *(Q. palustris)*

CHÊNE ROUGE

Type Arbre caduc
Hauteur 20-35 m
Distribution Planté sur la plupart des sols
Floraison Avril-mai
Fructification Octobre

TRONC ET COURONNE

Tronc Droit à la partie inférieure
Écorce Gris argenté, lisse en haut
Couronne En dôme large, branches droites
Rameaux Forts, brun-rouge, glabres

FEUILLES

Bourgeons 5-7 mm, ovales, brun-rouge
Feuilles Alternes, de 12-25 cm, ovales ou elliptiques, variables, divisées à mi-longueur en 7-11 paires de lobes, avec quelques dents aux pointes sétiformes et seulement quelques poils aux angles des veines par-dessous, jaunes, devenant vert terne, virant à l'orange, au rouge ou au brun en automne ; pétiole de 2,5-3 cm
Stipules Tombant tôt

FLEURS ET FRUITS

Fleurs ♂ et ♀, avec les feuilles
♂ Chatons de 5-8 cm, jaunes
Périanthe Minuscule, avec 4-7 lobes
Étamines 6-12 par fleur ♂
♀ Minuscules, à la base des feuilles, rouges
Stigmates 3 ou 4 par fleur ♀
Ovaire 1 par fleur ♀, à 3 cellules
Fruits Glands ovoïdes mûrissant la deuxième année, de 2-3 cm, oblongs, brun-rouge ; cupule de 2-2,5 cm de large, écailles ovales, serrées étroitement les unes contre les autres, finement velues ; pédoncule de 8-10 mm

Châtaignier commun *Castanea sativa*

Ce bel arbre est pourvu de feuilles glabres et dentées, de bouquets de longs chatons jaune pâle et d'un tronc robuste, profondément fissuré, présentant souvent un curieux dessin en spirale. D'une grande longévité, il a un tronc pouvant atteindre 13 mètres de circonférence ou plus, alors que la couronne aura été déformée par la foudre, ou que des branches auront été arrachées par la tempête. Il est cultivé pour ses châtaignes comestibles. *Distribution :* originaire d'Europe méridionale ; largement planté et naturalisé dans d'autres régions. *Espèce similaire : Chrysolepis chrysophylla,* espèce ornementale de l'ouest de l'Amérique du Nord, est un arbre persistant aux feuilles coriaces, non dentées, dorées par-dessous, et dont les fruits mûrissent en deux ans.

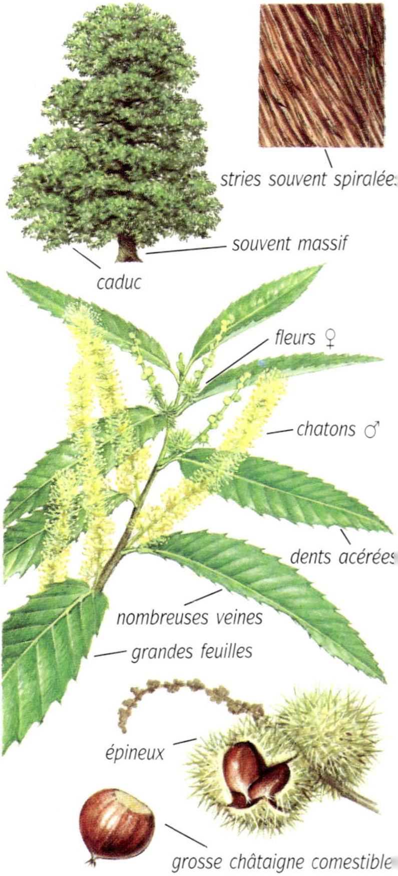

Chrysolepis chrysophylla

CHÂTAIGNIER COMMUN

Type	Arbre caduc
Hauteur	20-30 m
Distribution	Sols bien drainés, bois
Floraison	Juin-juillet
Fructification	Septembre-octobre

TRONC ET COURONNE

Tronc	Souvent massif et noueux
Écorce	Brune, fissurée et striée verticalement ou en spirale
Couronne	Large, irrégulière ; vieilles branches fortes diminuant de façon brusque
Rameaux	Brun verdâtre, parfois cannelés, avec des lenticelles

FEUILLES

Bourgeons	4-5 mm, ovoïdes
Feuilles	De part et d'autre du rameau, de 10-25 cm, ovales, étroites et oblongues, pointues, régulièrement dentées, dents orientées vers l'avant et pourvues d'une pointe effilée, à base conique ou arrondie, environ 20 paires de veines, vert foncé luisant par-dessus, plus clair par-dessous, virant au jaune ou au brun en automne ; pétiole de 0,5-3 cm
Stipules	Membraneuses, tombant tôt

FLEURS ET FRUITS

Fleurs	♂ et ♀ sur la même plante
♂	Chatons de 12-30 cm, jaune pâle
Étamines	10-20 par fleur ♂
♀	2 ou 3 en bractées épineuses, en chaton ♀ court ou sous un chaton ♂
Stigmates	7-9 par fleur ♀
Ovaire	1 par fleur ♀, à 6 cellules
Fruits	1-3 noix dans une bogue hérissée d'épines saillantes, éclatant en 2-4 lobes ; noix de 2-3,5 cm, hémisphérique ou anguleuse, brun-rouge brillant

Arbuste ou petit arbre fortement odorant, il est apparenté à l'espèce frutescente *M. gale*, du nord-ouest de l'Europe. Le Cirier prospère principalement dans les forêts d'arbres à larges feuilles persistantes des îles de l'ouest de l'Atlantique, vestige d'un type de forêts très répandues dans le bassin méditerranéen trente millions d'années avant notre ère. *Distribution :* originaire des Açores, de Madère et des îles Canaries ; cultivé et naturalisé en Europe méridionale ; vraisemblablement indigène au Portugal. *Espèce similaire : M. caroliniensis* est un arbuste caduc atteignant rarement la taille d'un arbre, pourvu de feuilles couvertes de glandes jaunes et brillantes, de chatons non ramifiés et de petits fruits.

M. caroliniensis

	CIRIER
Type	Arbre ou arbuste persistant
Hauteur	2-10 m
Distribution	Terres boisées, broussailles
Floraison	Avril-mai
Fructification	Septembre
	TRONC ET COURONNE
Tronc	Court, fourchu
Écorce	Lisse, brune
Couronne	Arrondie, irrégulière
Rameaux	Pourvus d'une fourrure de poils rougeâtres
	FEUILLES
Bourgeons	Ovoïdes, pointus
Feuilles	De part et d'autre du rameau; de 4-12 cm, lancéolées, largeur maximale au-dessus du milieu, bord entier, retourné vers le bas, à base cunéiforme, glabres ; sessiles
Stipules	Absentes
	FLEURS ET FRUITS
Fleurs	Chatons ♂ et ♀ sur des plantes différentes, parmi les feuilles
♂	En chatons ramifiés sur les pousses de l'année
♀	Généralement en chatons non ramifiés, chaque fleur comportant 2 écailles ou plus à la base
Périanthe	Absent
Étamines	2-16 par fleur ♂
Stigmates	2, longs, sur un court style
Ovaire	Unique, à 1 cellule
Fruits	Drupes légèrement charnues, rougeâtres à noires, à la surface cireuse et rugueuse

Orme champêtre *Ulmus procera*

Cet arbre domine le paysage, avec sa couronne ondoyante formée par les masses de feuillage en dôme portées par chaque branche maîtresse. Les racines émettent souvent des surgeons, de sorte qu'un vieil arbre est régulièrement entouré de jeunes descendants. Ces dernières années, des millions d'Ormes champêtres ont succombé au chancre de l'Orme de Hollande ; cependant, beaucoup de rejets ont survécu, permettant d'espérer une régénération. *Distribution :* originaire d'Europe occidentale et méridionale ; planté comme arbre d'ornement ou d'alignement et pour son bois. *Espèce similaire :* originaire d'Europe centrale et du Sud-Est, l'Orme diffus est pourvu de fleurs et de fruits aux longs pédoncules. Les feuilles peuvent présenter des poils longs et souples par-dessous.

Orme diffus *(U. laevis)*

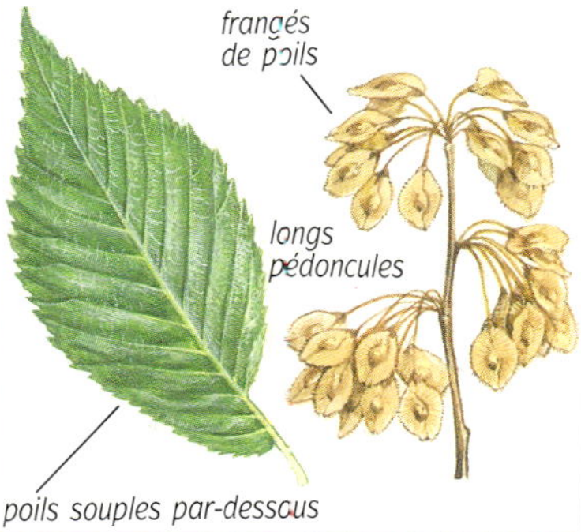

ORME CHAMPÊTRE

Type Arbre caduc
Hauteur 20-35 m
Distribution Terres boisées, haies
Floraison Février-mars
Fructification Avril-juin

TRONC ET COURONNE

Tronc Droit, fourchu en haut, avec des rejets autour de la base
Écorce Brune, rugueuse, fissurée
Couronne En dôme irrégulier ; souvent avec quelques grosses branches déployées
Rameaux Plutôt vigoureux, couverts de poils courts

FEUILLES

Bourgeons Petits, pointus, bruns, velus
Feuilles Alternes, de 4,5-9 cm, ovales à suborbiculaires, pointues, doublement dentées, à base inégale, le côté le plus long arrondi, ne recouvrant pas le court pétiole, vert foncé virant au jaune en automne, rugueuses avec des poils raides, à presque glabres par-dessus ; 10-12 paires de veines
Stipules Petites, tombant tôt

FLEURS ET FRUITS

Fleurs ♂ précédant les feuilles, de 5-9 mm, en grappes, verdâtres
Périanthe 4 ou 5 lobes soudés, en forme de clochette
Étamines 4 ou 5, rouge pourpre
Stigmate Unique, fourchu
Ovaire Unique, aplati
Fruits Samares, rarement produites, avec une aile circulaire échancrée à l'extrémité, de 1-1,7 cm ; graine au-dessus du milieu
Graine 1 par fruit, non libérée

Ulmus carpinifolia **Orme à feuilles lisses**

Espèce commune en Europe continentale, bien qu'elle ait été décimée par le chancre de l'Orme de Hollande. Cet arbre se distingue des autres ormes communs par ses feuilles lisses, luisantes, et son fruit elliptique dont la graine est située au-dessus du cœur. *Distribution :* originaire de la plus grande partie de l'Europe ; planté pour son bois, comme arbre d'alignement et d'ornement. *Espèces similaires : U. canescens* est pourvu de jeunes rameaux couverts d'une dense toison de poils blancs, et ses feuilles présentent un duvet gris luisant sur la face inférieure. L'Orme de Chine est une espèce ornementale plantée pour ses délicates feuilles vert foncé nettement plus petites.

1 *U. canescens*
2 Orme de Chine *(U. parvifolia)*

	ORME A FEUILLES LISSES
Type	Arbre caduc
Hauteur	15-30 m
Distribution	Haies, terres boisées
Floraison	Février-mars
Fructification	Mai-juillet
	TRONC ET COURONNE
Tronc	Droit, avec des rejets autour de la base
Écorce	Brun grisâtre, fissurée
Couronne	En dôme ou conique ; branches principales peu nombreuses
Rameaux	Minces, souvent pendants, brun clair, devenant lisses
	FEUILLES
Bourgeons	Environ 5 mm, ovoïdes, rouges, pubescents
Feuilles	Alternes le long du rameau, de 6-8 cm, ovales, atteignant leur largeur maximale vers le mince apex, doublement dentées, à dents acérées, à base inégale, le côté long, plutôt carré, ne chevauchant pas le pétiole, vert foncé luisant, virant au jaune en automne, glabres par-dessus, avec des touffes duveteuses au revers, à 7-12 paires de veines ; pétiole d'environ 5 mm, pubescent
Stipules	Petites, tombant tôt
	FLEURS ET FRUITS
Fleurs	♂ précédant les feuilles, en grappes, de 5-8 mm, pourprées
Périanthe	4 ou 5 lobes soudés, en forme de clochette
Étamines	4 ou 5, anthères pourpres
Stigmate	Unique, fourchu, blanc
Ovaires	Solitaires, aplatis
Fruits	Samares pourvues d'une aile elliptique encochée, de 7-18 mm ; graine au-dessus du milieu
Graines	1 par fruit, non libérée

Orme de montagne *Ulmus glabra*

Arbre pourvu de grandes feuilles cassantes et asymétriques dont la base comporte un lobe arrondi qui recouvre généralement le court pétiole. Des formes pleureuses, aux branches pendantes et tordues, sont cultivées. Les fruits sont au centre d'une aile large et ovale. *Distribution :* originaire de la plus grande partie de l'Europe, sauf de certaines régions du bassin méditerranéen ; souvent planté en bordure des champs et dans les parcs. *Espèces similaires :* les hybrides issus du croisement avec *U. minor* sont aussi à grandes feuilles, et ils se distinguent de l'Orme de montagne par leurs feuilles lisses. L'Orme de Hollande présente des bourrelets de liège sur ses surgeons tortueux. *U.* × *hollandica* var. *vegeta* possède des surgeons droits, très peu liégeux.

1 Orme de Hollande (*U.* × *hollandica* var. *hollandica*)
2 *U.* × *hollandica* var. *vegeta*

ORME DE MONTAGNE

Type Arbre caduc
Hauteur 25-40 m
Distribution Souvent au bord de l'eau
Floraison Février-mars
Fructification Mai-juin

TRONC ET COURONNE

Tronc Puissant, avec des rejets
Écorce Gris à brun, lisse, se craquelant et se ridant
Couronne Arrondie, dense ; branches ascendantes, tordues, parfois rabattues vers le sol
Rameaux Forts, à courts poils raides, devenant lisses

FEUILLES

Bourgeons Vigoureux, à poils rougeâtres
Feuilles Alternes le long du rameau, de 8-18 cm, larges, suborbiculaires à ovales, à longue pointe, doublement dentées et à dents aiguës, à base inégale, le côté le plus long, arrondi, chevauchant le pétiole, couvertes de poils courts et raides, vert foncé par-dessus, plus clair par-dessous, avec 12-18 paires de veines ; pétiole de 2-5 mm, épais, velu
Stipules Petites, tombant tôt

FLEURS ET FRUITS

Fleurs ⚥ précédant les feuilles, en bouquets, chacune de 7-8 mm, rouge pourpre
Périanthe 4-5 lobes soudés, en forme de clochette
Étamines 4-5, anthères rouge pourpre
Stigmates Avec 2 styles
Ovaire Unique, aplati
Fruits Samares au centre d'une aile ovale ou elliptique, échancrée, de 1,5-2,5 cm ; pédoncule de 2-3 mm
Graine 1 par fruit, non libérée

C'est un arbre décoratif, aux feuilles vert foncé bordées de grandes dents arrondies. L'écorce, lisse et s'écaillant, révèle des plaques rondes, orangées. Certains arbres cultivés sont pourvus de nombreuses branches fortes, presque dressées, naissant près de la base et formant une dense couronne ovale. *Distribution :* originaire du Caucase ; rarement planté à titre ornemental. *Espèces similaires :* le Zelkova du Japon est un arbre d'ornement aux feuilles pourvues de dents acérées et qui virent au jaune, au rouge ou à l'orange. *Z. abelicea* est une espèce peu commune, originaire des montagnes de Crète, parfois cultivée. Elle se distingue par ses petites feuilles comportant quelques dents arrondies et ses fleurs blanches, odorantes.

1 Zelkova du Japon (*Z. serrata*)
2 *Z. abelicea*

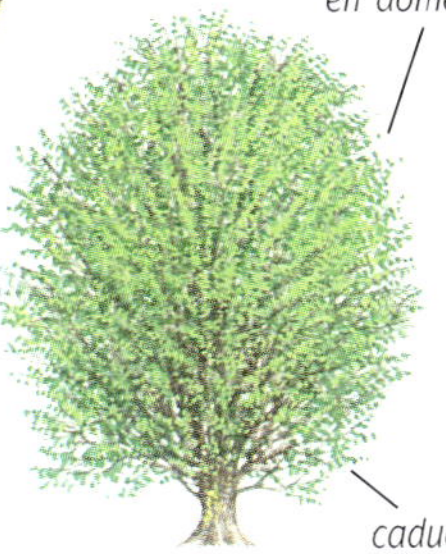

ORME DU CAUCASE

Type Arbre caduc
Hauteur 20-35 m
Distribution Parcs, jardins, rarement en haies
Floraison Avril-mai
Fructification Août-septembre

TRONC ET COURONNE

Tronc Souvent court, formant des contreforts avec l'âge ; rejets à la base
Écorce Gris-jaune, lisse, s'écaillant en plaques laissant des taches orangées
Couronne En dôme étroit ; branches ascendantes
Rameaux Minces, brun grisâtre, pubescents

FEUILLES

Bourgeons Petits, arrondis, rougeâtres, pubescents
Feuilles Alternes le long du rameau, de 5-10 cm, ovales ou elliptiques, pointues et à dents arrondies, à base arrondie ou plutôt carrée, légèrement inégales, vert foncé par-dessus, virant au brun orangé en automne, ternes ou luisantes, souvent avec des poils raides clairsemés, 6-12 paires de veines ; pétiole de 1-2 mm
Stipules Petites, tombant tôt

FLEURS ET FRUITS

Fleurs ♂ et ♀ sur des plantes différentes, avec les feuilles
♂ Sur la partie basse du rameau
♀ Solitaires à la base de la feuille
Périanthe 5 lobes soudés
Étamines 5, jaunes, verticales
Stigmates 2 sur de longs styles
Fruits Semblables à des noix, solitaires, de 4-5 mm, arrondis, ridés
Graine Unique, non libérée

Micocoulier de Provence *Celtis australis*

Cet arbre gracieux se distingue des ormes apparentés par ses feuilles étroites, pourvues d'une longue pointe effilée. Les fruits, semblables à des baies, ont une saveur douce, et leur cœur, une sorte de noix, est comestible. *Distribution :* originaire d'Europe méridionale ; planté ailleurs pour son ombre et à titre ornemental. *Espèces similaires :* le Micocoulier de Tournefort est un arbuste ou un petit arbre indigène, pourvu de feuilles ovales, aux dents émoussées. Le fruit possède un noyau à quatre arêtes, semblable à une noix. *C. occidentalis,* une espèce horticole de l'est de l'Amérique du Nord, présente une écorce rugueuse et des feuilles comportant seulement quelques longues dents barbues. Le fruit mûr, orange ou pourpre, est doté d'un pédoncule plus court.

1 Micocoulier de Tournefort *(C. tournefortii)*
2 *C. occidentalis*

MICOCOULIER DE PROVENCE

Type Arbre caduc
Hauteur 10-25 m
Distribution Terres boisées, broussailles, bords des routes
Floraison Mai
Fructification Août

TRONC ET COURONNE

Tronc Droit en bas, fourchu en haut
Écorce Brun-gris, lisse, avec des rangées de lenticelles, certaines fissurées
Couronne En dôme
Rameaux Minces, pubescents, brun rougeâtre

FEUILLES

Bourgeons Petits, pubescents
Feuilles Alternes le long du rameau, de 4-15 cm, ovales-étroites, avec une pointe longue et fine, parfois tordue, bord souvent ondulé, aux dents aiguës, à base arrondie ou pourvue d'une échancrure peu profonde, vert foncé virant au jaune en automne, avec des poils raides par-dessus, une pubescence blanche dessous, 3 veines principales partant de la base ; pétiole de 1-3,5 cm
Stipules Petites, tombant tôt

FLEURS ET FRUITS

Fleurs ♂ et ⚥ sur le même arbre, avec les feuilles, de 0,7-1 cm, jaunâtres, à long pédoncule
Périanthe 4-5 lobes disjoints
Étamines 4-5, jaunes
Stigmates 2, sur des styles minces
Ovaire Unique, arrondi
Fruits Sortes de baies solitaires, de 9-12 mm, sphériques, lisses, brun noirâtre, à long pédoncule
Graines Favéolées ; le cœur du fruit renferme une seule graine

ʼet arbre, large et noueux, est cultivé n Europe pour ses fruits acidulés epuis l'époque gréco-romaine. L'origine xacte de cette espèce est inconnue, du ıit que tous ses représentants semblent tre des arbres soit cultivés, soit naturaısés par la culture. *Distribution :* vraiemblablement introduit d'Asie centrale ; ırgement cultivé pour ses fruits en urope méridionale, souvent naturalisé. *'spèce similaire :* originaire de Chine, le Iûrier blanc constitue la nourriture des ers à soie ; c'est donc un élément essenel de cette industrie textile. Il se disngue du Mûrier noir par ses feuilles ernissées, presque glabres, et ses fruits édonculés, blancs ou pourpre clair.

Mûrier blanc (*M. alba*)

MÛRIER NOIR

Type Arbre caduc
Hauteur 3-16 m
Distribution Champs, jardins
Floraison Avril-mai
Fructification Août-septembre

TRONC ET COURONNE

Tronc Court, souvent penché
Écorce Brun orangé sombre, rugueuse, s'écaillant, fissurée, avec des broussins
Couronne Basse, en dôme ; branches fortes, rugueuses, tordues
Rameaux Vigoureux, devenant brun rougeâtre

FEUILLES

Bourgeons Gros, coniques, brun luisant
Feuilles Alternes le long du rameau, de 6-20 cm, ovales-larges ou cordiformes, à pointe aiguë, parfois profondément lobées, à base échancrée, vert foncé, grossièrement velues par-dessus, plus claires et pubescentes par-dessous ; pétiole de 1,5-2,5 cm, fort, velu
Stipules Tombant tôt

FLEURS ET FRUITS

Fleurs ♂ et ♀ sur le même arbre, en petits épis
♂ 2-2,5 cm, vert jaunâtre
Étamines 4, jaunes
♀ 1-1,5 cm
Périanthe 4 lobes, soudés à la base
Stigmates 2, longs
Ovaires 1 par fleur ♂
Fruits A la base des feuilles, de 2-2,5 cm, formés de nombreuses petites baies soudées les unes aux autres, rouge profond à pourpre noirâtre, pratiquement subsessiles, au goût s'adoucissant à maturité
Graines 1 par petite baie

Oranger des Osages *Maclura pomifera*

Ce petit arbre épineux est immédiatement identifiable à ses fruits jaunâtres, de la grosseur d'une orange, à la pulpe d'un blanc laiteux et non comestible. Taillé, cet arbre forme une haie impénétrable, et il est planté pour cet usage en Europe méridionale. *Distribution :* originaire d'Amérique du Nord ; planté à titre ornemental et en haies ; naturalisé en Europe méridionale. *Espèce similaire :* le Mûrier à papier est pourvu de feuilles velues et dentées, parfois profondément lobées. Les fleurs mâles se présentent en chatons pendants ; les fleurs femelles forment des inflorescences sphériques et tomenteuses, qui se transforment en fruits sphériques et armés de pointes. Originaire de l'Est asiatique, cet arbre est naturalisé en Europe méridionale.

Mûrier à papier *(Broussonetia papyrifera)*

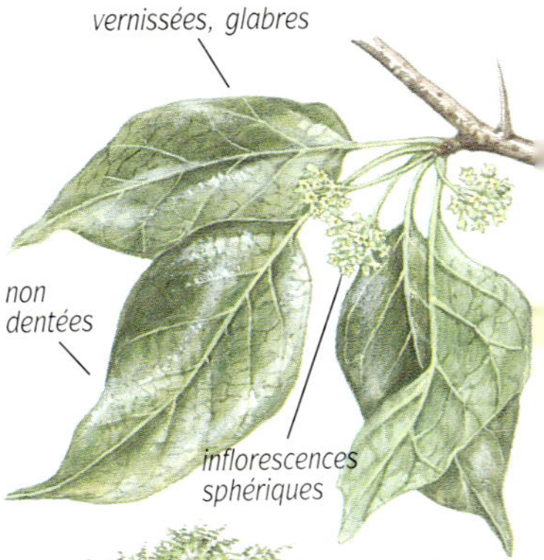

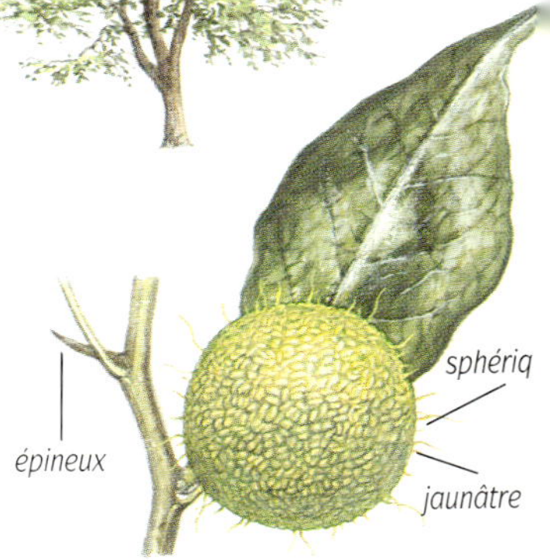

	ORANGER DES OSAGES
Type	Arbre caduc
Hauteur	Jusqu'à 14 m
Distribution	Haies, rues, parcs
Floraison	Juin
Fructification	Octobre-novembre
	TRONC ET COURONNE
Tronc	Souvent fourchu, mince
Écorce	Rugueuse, brun orangé
Couronne	Irrégulière, en dôme, branches tordues
Rameaux	Épineux, pubescents devenant glabres
	FEUILLES
Bourgeons	Petits, bruns
Feuilles	Alternes le long de la tige, de 5-12 cm, ovales, pointues, à bord entier, à base cunéiforme ou arrondie, vert foncé luisant, glabres par-dessus, plus claires par-dessous ; pétiole de 5-8 mm, à poils courts
Stipules	Tombant tôt
	FLEURS ET FRUITS
Fleurs	♂ et ♀ sur des arbres différents
♂	Jaune verdâtre, en bouquets denses et pédonculés, de 1,5-2,5 cm
Étamines	4, jaunâtres
♀	Nombreuses, en grappes sphériques, de 2-2,5 cm, vertes
Périanthe	A 4 lobes
Stigmates	2, sur des styles minces
Ovaire	1 par fleur ♂
Fruits	10-14 cm, sphériques, verts, virant au jaune ou à l'orange, à chair blanche, filandreuse
Graines	Non libérées

l est largement cultivé dans le bassin néditerranéen pour ses fruits. Mais les igues comestibles constituent une exception ; la plupart des espèces de figuiers ont pollinisées par de minuscules ;uêpes qui pénètrent par un trou au ommet du fruit et pondent leurs œufs ans des fleurs spécialisées. *Distribution :* originaire d'Europe méridionale ; ultivé pour ses fruits, comme ornement t pour son ombre. *Espèces similaires :* eux espèces persistantes, aux feuilles oriaces, cultivées comme arbre d'alignement dans le Sud, possèdent de urieuses racines émises par leurs ranches. Le Caoutchouc, pourvu de euilles oblongues, est cultivé comme lante en pot dans le nord de l'Europe. '. *benghalensis* présente des feuilles irges, à bord ondulé.

1 Caoutchouc (*F. elastica*)
2 *F. benghalensis*

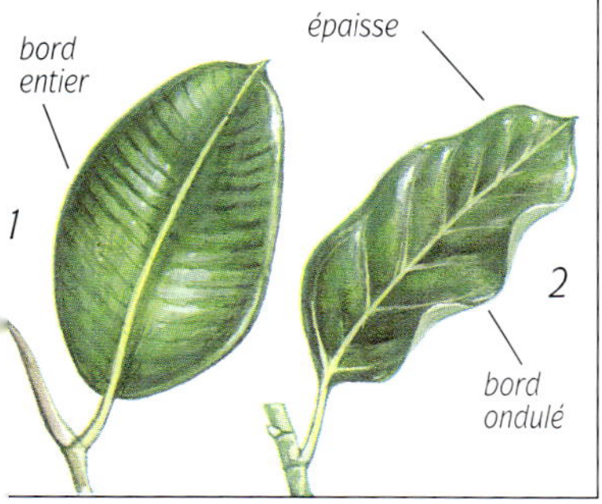

	FIGUIER
Type	Arbre ou arbuste caduc
Hauteur	Jusqu'à 10 m
Distribution	Champs, vergers, parcs, jardins, naturalisé au bord des routes
Floraison	Septembre-novembre
Fructification	Juillet-octobre de l'année suivante
	TRONC ET COURONNE
Tronc	Généralement court, souvent fourchu
Écorce	Gris clair avec des stries plus sombres, lisse ou irrégulière
Couronne	En dôme, largement étalée ; branches tordues
Rameaux	Vigoureux, avec de grandes cicatrices foliaires
	FEUILLES
Bourgeons	Coniques, pointus
Feuilles	Alternes le long du rameau, de 7-30 cm, la plupart avec 3-5 lobes profondément découpés et obtus, épaisses, coriaces, irrégulièrement dentées, à base encochée, vert foncé luisant, grossièrement velues ; pétiole fort, de 5-10 cm
Stipules	Larges, tombant tôt, laissant une cicatrice circulaire autour du rameau
	FLEURS ET FRUITS
Fleurs	♂ et ♀ minuscules, renfermées dans un réceptacle qui formera le fruit
Périanthe	2-6 petits segments
Étamines	4 sur les fleurs ♂
Stigmates	2 sur les fleurs ♀, minces
Ovaire	1 par fleur ♂
Fruits	5-8 cm, en forme de poire, vert à pourpre-brun ; réceptacle creux contenant chaque petit fruit
Graines	Conservées dans les petits fruits

Copalme d'Amérique *Liquidambar styraciflua*

Cet arbre est magnifique en automne, lorsque la couronne tout entière se pare de nuances vives, rouges, pourpres ou jaunes. Semblable à un érable, cette espèce est aisément identifiable à ses feuilles alternes et ses fruits sphériques et armés de pointes. Dans les régions d'Amérique du Nord, dont elle est originaire, elle produit une résine odorante, et son bois à grain fin est utilisé pour la fabrication des meubles. *Distribution :* originaire d'Amérique du Nord ; fréquemment planté en Europe du Nord comme arbre d'ornement, surtout pour ses couleurs d'automne. *Espèce similaire :* le Liquidambar oriental, du Sud-Ouest asiatique, est pourvu de feuilles vert terne, plus petites, plus profondément lobées, aux dents plus grosses et irrégulières.

Liquidambar oriental *(L. orientalis)*

	COPALME D'AMÉRIQUE
Type	Arbre caduc
Hauteur	5-30 m (45 m en Amérique du Nord)
Distribution	Parcs, jardins, rues
Floraison	Mai
Fructification	Octobre-novembre
	TRONC ET COURONNE
Tronc	Généralement court et large
Écorce	Gris clair à brun, rugueuse
Couronne	Conique ou en dôme large ; branches largement déployées
Rameaux	Minces, pubescents, devenant glabres
	FEUILLES
Bourgeons	Coniques, vert luisant
Feuilles	Alternes le long de la tige, de 8-15 cm, avec 3-7 lobes, pointues, finement dentelées, vert luisant par-dessus, virant au rouge, au pourpre ou à l'orange en automne, avec des touffes de poils rougeâtres par-dessous ; pétiole de 10-15 cm, cannelé
Stipules	Petites, tombant tôt
	FLEURS ET FRUITS
Fleurs	♂ et ♀ sur des plantes différentes
♂	Têtes jaunes, sphériques, réunies en épis, de 5-10 cm
♀	En têtes sphériques de 1-1,5 cm, solitaires, parfois par paires
Étamines	Nombreuses dans la tête ♂
Stigmate	1 par fleur ♀
Ovaire	1 par fleur ♀
Fruits	Têtes sphériques, épineuses, de 2-3,5 cm, comportant de nombreuses capsules minces, chacune de 6-8 mm ; pédoncule de 4-6 cm
Graines	Chaque capsule contient 1-2 graines

Cette espèce ornementale qui fleurit au cœur de l'hiver est appréciée pour les couleurs et le parfum de ses fleurs. *H. mollis* est la plus commune des espèces cultivées ; elle forme généralement un arbuste, bien que certains cultivars et espèces produisent de petits arbres. Un extrait d'Hamamélis sert à traiter les hématomes et les inflammations. *Distribution :* originaire de Chine ; communément planté à titre ornemental. *Espèces similaires : H. virginiana,* d'Amérique du Nord, fleurit en automne. L'Arbre de fer, ou Parrotie de Perse, est un petit arbre aux feuilles à peine dentées, aux fleurs pourpres et à l'écorce lisse, grise, s'écaillant pour révéler des taches roses ou jaunes.

1 *H. virginiana*
2 Arbre de fer *(Parrotia persica)*

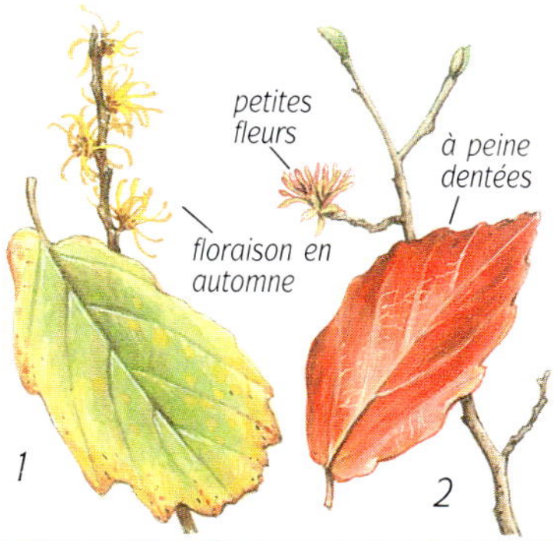

	HAMAMÉLIS
Type	Arbrisseau caduc, atteignant rarement la taille d'un arbre
Hauteur	2-4 m
Distribution	Parcs, bords des routes, à proximité des villes
Floraison	Décembre-mars
Fructification	Août-septembre
	TRONC ET COURONNE
Tronc	Souvent multiple, fourchu
Écorce	Lisse, brun grisâtre
Couronne	Large, irrégulière ; branches ascendantes, tordues
Rameaux	Minces, gris clair
	FEUILLES
Bourgeons	Coniques, pointus
Feuilles	Alternes le long du rameau, de 7-12 cm, ovales-larges ou arrondies, se terminant en longues pointes, doublement dentées, à base arrondie ou cunéiforme, pourvues de poils souples, jaunes ou orange en automne ; pétiole court
Stipules	Grandes, tombant tôt
	FLEURS ET FRUITS
Fleurs	⚥ précédant les feuilles, formant une grappe compacte peu garnie, à court pédoncule, de 3-4 cm de long, jaune profond
Pétales	4, longs et étroits ; 4 sépales arrondis, rougeâtres
Étamines	4, pourprées
Ovaires	Solitaires
Fruits	Capsules oblongues, se fendant dans le sens de la longueur
Graines	2, noires, luisantes

Platane à feuilles d'érable *Platanus × hybrida*

Supportant bien la pollution, cet arbre est commun dans les villes d'Europe méridionale et occidentale. De croissance rapide, il devient un très grand arbre pourvu de feuilles lobées, de fruits sphériques et armés de pointes, et d'une écorce qui s'écaille pour révéler de grandes taches blanc crème. D'origine inconnue, il est considéré comme un hybride entre le Platane d'Orient et le Platane d'Amérique du Nord. *Distribution :* espèce horticole ; cet arbre est largement planté comme ornement, pour son ombre et pour son bois. *Espèce similaire :* le Platane d'Orient possède des feuilles plus profondément lobées, à base plus étroite, et des infrutescences réunies par grappes de trois à six.

Platane d'Orient *(P. orientalis)*

PLATANE A FEUILLES D'ÉRABLE

Type	Arbre caduc
Hauteur	Jusqu'à 45 m
Distribution	Parcs, bords des routes
Floraison	Avril-mai
Fructification	Février-avri

TRONC ET COURONNE

Tronc	Long, droit
Écorce	Brun-gris, s'écaillant, laissant des plaques jaune blanchâtre, devenant fissurée à la base
Couronne	En dôme ; branches souvent tordues
Rameaux	Minces, souvent pendants

FEUILLES

Bourgeons	6-8 mm, brun rougeâtre
Feuilles	Alternes le long du rameau, de 8-24 cm, à 5 lobes variables, pointues, irrégulièrement dentées, à base plutôt carrée ou échancrée, vernissées, vert vif par-dessus, plus clair par-dessous, veines couvertes d'un duvet cotonneux ; pétiole long, à large base
Stipules	Ovales, dentelées, tombant généralement

FLEURS ET FRUITS

Fleurs	♂ et ♀ sur le même arbre, en têtes sphériques
♂	2-6 têtes jaunâtres, en grappes de 4-8 cm de long
Périanthe	4-6 lobes
Étamines	4-6 par fleur ♂
♀	2-5 têtes rougeâtres sur le pédoncule
Ovaires	3-6 par fleur ♀, entourés par de longs poils à la base
Fruits	Généralement 2 têtes sphériques sur le pédoncule, éclatant en segments, chacun pourvu d'une touffe de poils
Graines	1 par segment, non libérée

Ce curieux arbre ressemble, de loin, à une sorte de cyprès ; cependant, ses rameaux très minces et ses feuilles en forme d'écaille évoquent plutôt une Prêle *(Equisetum)*. Originaire de Nouvelle-Galles du Sud, il est remarquablement résistant à la sécheresse et supporte bien le sel, ce qui en fait un arbre idéal pour stabiliser les dunes de sable. Son bois dur est si dense qu'il ne flotte pas sur l'eau. *Distribution :* originaire d'Australie ; planté dans le bassin méditerranéen comme arbre d'ornement, en haies ou pour stabiliser le sable. *Espèce similaire : C. stricta* est pourvu de têtes florales mâles nettement plus longues et de têtes fructifères plus grandes. Il supporte mieux les gelées.

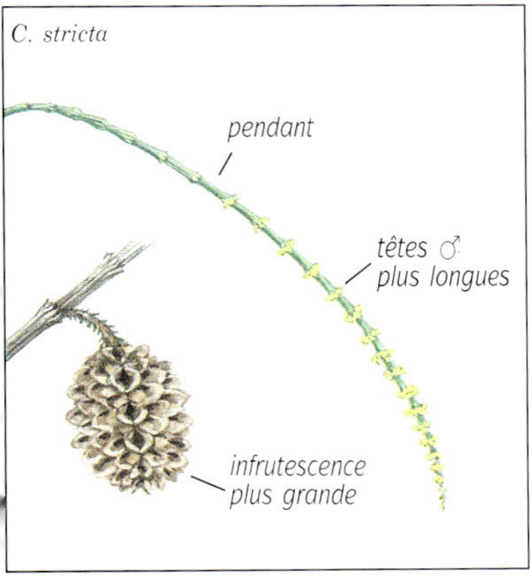

	FILAO
Type	Arbre persistant
Hauteur	5-20 m
Distribution	Sols légers, bien drainés
Floraison	Février-mars
Fructification	Septembre-octobre
	TRONC ET COURONNE
Tronc	Vertical, fourchu en haut
Écorce	Brun-gris, pelant en longues lanières
Couronne	Conique ou en colonne, branches minces, ascendantes
Rameaux	Très minces, filiformes, ridés, tombants
	FEUILLES
Bourgeons	Minuscules
Feuilles	En couronnes de 6-8 autour du rameau, squamiformes, à pointe aiguë, à bord entier, à base large, glabres, vert-gris ; sessiles
Stipules	Absentes

	FLEURS ET FRUITS
Fleurs	♂ et ♀ sur le même arbre, insignifiantes, réunies en têtes à l'extrémité des rameaux
♂	En épis denses, de 1-1,5 cm de long, brunâtres, chaque fleur formée d'une étamine
Étamine	1 par fleur ♂
♀	Têtes rougeâtres, compactes, de 3-4 mm
Stigmates	2, sur un court style
Ovaire	1 par fleur ♀
Fruits	Têtes en forme de cônes, de 1-1,5 cm, cylindriques, constituées de minuscules écailles ligneuses ; fruits semblables à des noix, avec 1 aile courte
Graines	1 par fruit, non libérée

Pterocarya du Caucase *Pterocarya fraxinifolia*

Cette espèce impressionnante est pourvue de très grandes feuilles composées de folioles appariées. Les drageons à la base peuvent produire de nouveaux arbres, formant un groupe dense et impénétrable si on ne le taille pas. L'arbre portant ses fruits est aisément identifiable à ses longues grappes de noix aux larges ailes. *Distribution :* originaire du Sud-Ouest asiatique ; cultivé en Europe surtout comme arbre d'ornement. *Espèces similaires : P. stenoptera* se distingue par ses rameaux velus et ses feuilles comportant une aile aplatie de part et d'autre du pétiole central. Un hybride entre ces deux espèces est également cultivé ; il présente des feuilles de taille intermédiaire et un port très vigoureux.

P. stenoptera

PTEROCARYA DU CAUCASE

Type Arbre caduc
Hauteur Jusqu'à 35 m
Distribution Bois, parcs, souvent au bord de l'eau
Floraison Avril-mai
Fructification Septembre-octobre

TRONC ET COURONNE

Tronc Souvent massif, avec des rejets
Écorce Brun-gris, fissurée, ridée
Couronne En dôme ; branches déployées
Rameaux Forts, lisses

FEUILLES

Bourgeons Pédonculés, longs, non squameux
Feuilles Alternes le long de la tige, jusqu'à 60 cm, avec 5-15 paires de folioles oblongues, pointues, aux dents aiguës, se chevauchant fréquemment, et une foliole à l'apex, vert luisant par-dessus, plus clair par-dessous, virant au jaune en automne ; côte centrale arrondie
Stipules Absentes

FLEURS ET FRUITS

Fleurs Chatons ♂ et ♀ sur le même arbre, avec les feuilles
♂ Sur les rameaux d'un an, de 5-12 cm, épaisses, pendantes, nombreuses, vert-jaune
Étamines Nombreuses
♀ Sur les nouvelles pousses, de 10-15 cm, pendantes ; nombreuses fleurs verdâtres
Stigmates 2 sur un style simple, roses
Ovaire 1 par fleur ♀
Fruits Noix pourvues d'une aile arrondie ou oblongue d'environ 2 cm de large, en grappes de 25-50 cm de long
Graines 1 par noix, non libérée

Juglans regia Noyer commun

C'est un très bel arbre au tronc gris bosselé et aux grandes feuilles odorantes comportant des folioles opposées. Le gros fruit est surtout connu sous l'aspect qu'il présente une fois enlevé le tégument extérieur spongieux. Le bois est dur et porte de belles marques qui apparaissent surtout lorsqu'on taille les broussins. *Distribution :* originaire du nord-est de l'Europe ; souvent planté pour ses fruits, son bois ou à titre ornemental ; largement naturalisé. *Espèce similaire :* le Noyer noir est une espèce nord-américaine cultivée principalement pour son bois. C'est un arbre pourvu de nombreuses folioles aux dents acérées et de fruits portant de courts poils et renfermant une noix ridée très dure.

Noyer noir *(J. nigra)*

	NOYER COMMUN
Type	Arbre caduc
Hauteur	Jusqu'à 30 m
Distribution	Terres boisées, champs, parcs
Floraison	Mai-juin
Fructification	Septembre-octobre
	TRONC ET COURONNE
Tronc	Puissant, souvent court
Écorce	Grise, lisse chez le jeune sujet, devenant profondément fissurée et ridée
Couronne	Large, en dôme, branches étalées, tordues
Rameaux	Vigoureux, glabres, moelle cloisonnée
	FEUILLES
Bourgeons	Environ 6 mm, larges, squameux, noirâtres
Feuilles	Alternes le long du rameau, la plupart avec 3-4 paires de folioles ovales ou elliptiques, avec une foliole à l'extrémité, chaque foliole de 6-15 cm, pointue, bord pratiquement entier, pubescentes à l'état juvénile, devenant glabres ; pétiolées
Stipules	Absentes
	FLEURS ET FRUITS
Fleurs	♂ et ♀ sur le même arbre
♂	Chatons sur les rameaux d'un an, de 5-15 cm, pendants, verts
Étamines	Nombreuses dans les fleurs ♂
♀	Peu de fleurs, sur les nouvelles pousses
Stigmates	2 sur un style simple
Ovaire	1 par fleur ♀
Fruits	Solitaires ou peu nombreux, de 4-5 cm, sphériques, verts, glabres, avec une paroi spongieuse enveloppant une grosse noix ridée
Graines	1 par noix, non libérée

Carya amer *Carya cordiformis*

Ce grand arbre en dôme étroit possède des feuilles semblables à celles du Noyer commun, auquel il est apparenté, mais des fruits différents, pourvus d'un fin péricarpe qui se fend pour libérer une noix amère et non comestible. En hiver, il se couvre de bourgeons jaune vif très caractéristiques. Le Carya amer et plusieurs espèces voisines sont cultivés en Amérique du Nord et en Europe pour leur bois très robuste mais souple. *Distribution :* originaire de l'est de l'Amérique du Nord ; planté à titre ornemental et pour son bois. *Espèces similaires : C. glabra* a des bourgeons sombres, aux écailles plus nombreuses, des folioles moins abondantes et des fruits légèrement arrondis. *C. orata* possède une écorce s'écaillant fortement, des bourgeons plus gros et de grandes feuilles.

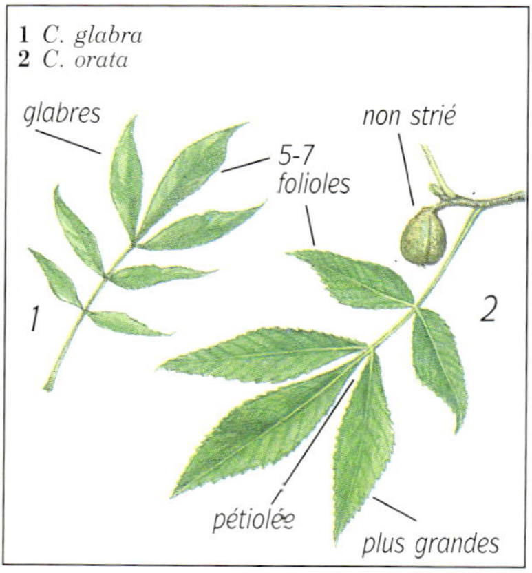

	CARYA AMER
Type	Arbre caduc
Hauteur	Jusqu'à 30 m
Distribution	Parcs, jardins, plantations
Floraison	Mai-juin
Fructification	Octobre
	TRONC ET COURONNE
Tronc	Puissant, généralement droit
Écorce	Gris-brun, lisse, devenant écailleuse et fissurée
Couronne	Conique ou en dôme étroit ; branches ascendantes
Rameaux	Plutôt minces, glabres
	FEUILLES
Bourgeons	Jaune vif, minces ; 4-6 écailles
Feuilles	Alternes le long du rameau, de 20-30 cm, généralement avec 4 paires de folioles ovales, chacune de 5-15 cm ; foliole terminale sessile ; folioles pointues, aux dents aiguës, pubescentes par-dessous à l'état juvénile, devenant glabres, jaune d'or en automne
Stipules	Absentes
	FLEURS ET FRUITS
Fleurs	♂ et ♀ sur le même arbre
♂	Chatons à 3 ramifications, de 5-7,5 cm, pendants, verts
♀	2 ou 3, minuscules, sur les nouvelles pousses
Étamines	Nombreuses
Stigmates	2 sur un style simple
Ovaire	1 par fleur ♀
Fruits	2-4 cm, subsphériques, à 4 ailes, couverts de poils courts ; péricarpe dur, renfermant la noix
Graines	1 par noix, non libérée

Faux Oranger

Pittosporum undulatum

Couramment cultivé en Europe méridionale comme arbre d'ornement ou pour l'établissement de haies, le Faux Oranger est pourvu de feuilles robustes qui résistent au fort soleil de la Méditerranée, et le parfum de ses fleurs blanches embaume l'air du soir. *Distribution :* originaire du sud-est de l'Australie ; largement planté à titre ornemental dans le bassin méditerranéen et en Europe occidentale ; parfois naturalisé. *Espèces similaires : P. crassifolium* possède des feuilles épaisses, obtuses, et des fleurs rouges. Le Pittosporum *(P. tenuifolium)* présente des pétioles noirâtres, de fines feuilles vernissées et froissées, et des fleurs pourprées, au parfum de miel. On l'utilise communément pour ses fleurs coupées.

1 *P. crassifolium*
2 Pittosporum *(P. tenuifolium)*

FAUX ORANGER

Type Arbre persistant ou grand arbuste
Hauteur Jusqu'à 20 m
Distribution Parcs, jardins, bords des routes
Floraison Mai-juin
Fructification Septembre

TRONC ET COURONNE

Tronc Généralement court, fourchu
Écorce Gris-brun, lisse, devenant fissurée
Couronne Pyramidale ou en dôme ; branches étalées
Rameaux Verts, plutôt forts

FEUILLES

Bourgeons Petits, peu visibles
Feuilles Alternes le long du rameau, de 7-20 cm, ovales ou ovales-étroites, aiguës, entières, légèrement ondulées, à base cunéiforme, glabres, vert foncé brillant ; pétiole court
Stipules Absentes

FLEURS ET FRUITS

Fleurs ⚥ réunies en cymes peu garnies, blanches, odorantes
Pétales 5, égaux, ovales, pointus ; 5 sépales minces
Étamines 5, jaunes
Stigmate Unique
Fruits Capsules subsphériques, de 1-1,2 cm, orange à maturité, glabres, coriaces, se fendant en deux valves et libérant les graines
Graines Nombreuses, contenues dans une substance ligneuse

Magnolia à grandes fleurs *Magnolia grandiflora*

Cette espèce est spectaculaire, avec ses grandes feuilles vernissées et ses énormes fleurs blanches, du diamètre d'une assiette. La floraison s'effectue de façon échelonnée, sur une longue période ; par la suite, les fleurs endommagées par les gelées se couvrent de taches brunes. *Distribution :* originaire du sud-est de l'Amérique du Nord ; communément cultivé en Europe occidentale, à titre ornemental. *Espèces similaires :* le Magnolia de Campbell, arbre plus grand fleurissant au printemps, avant l'apparition des feuilles, produit des fleurs rose profond, se décolorant progressivement. L'hybride *Magnolia* × *soulangiana* est plus court, avec des fleurs plus petites, blanches à l'intérieur et teintées de pourpre à l'extérieur.

1 Magnolia de Campbell *(M. campbellii)*
2 *M.* × *soulangiana*

MAGNOLIA A GRANDES FLEURS

Type Arbre ou arbuste persistant
Hauteur Jusqu'à 10 m (30 m en Amérique du Nord)
Distribution Parcs, grands jardins
Floraison Juin-octobre
Fructification Septembre-novembre

TRONC ET COURONNE

Tronc Généralement court, fourchu
Écorce Lisse, gris sombre
Couronne Étroite ; branches étalées
Rameaux Forts, au duvet rougeâtre

FEUILLES

Bourgeons 8-15 mm, coniques
Feuilles Alternes le long du rameau, de 8-16 cm, elliptiques ou ovales, d'une largeur maximale au-dessus du milieu, épaisses, coriaces, à bord entier, parfois ondulées, glabres, vert profond et brillant par-dessus, au revers couvert d'un duvet brun rougeâtre dense ; pétiole de 2-2,5 cm, vigoureux
Stipules Grandes, tombant tôt

FLEURS ET FRUITS

Fleurs ⚥, solitaires à l'extrémité de la pousse, de 20-25 cm, en forme de coupe, blanc crème, odorantes
Pétales Subégaux, séparés à la base, épais ; pas de sépales distincts
Étamines Nombreuses, disposées en spirale
Stigmate 1 par ovaire
Ovaires Nombreux, en cône étroit
Fruits 4-6 cm, coniques, composés de carpelles séparés et charnus
Graines Chaque carpelle porte une grosse graine sur un mince axe

Cet arbre spectaculaire à maturité est pourvu d'un tronc massif, droit, coiffé d'une couronne haute et étroite. Les feuilles à quatre lobes sont très caractéristiques, et les curieuses fleurs en forme de coupe, vert et orange, évoquent vaguement les tulipes. On ne connaît que deux espèces de Tulipier, l'une en Amérique du Nord, l'autre en Asie. *Distribution :* originaire de l'est de l'Amérique du Nord ; largement planté comme arbre d'ornement et pour son bois. *Espèce similaire :* le Tulipier chinois est pourvu de feuilles cuivrées lorsqu'elles se déploient, dont le limbe, étroitement lobé, est plus profondément divisé et dont le pétiole est rougeâtre.

Tulipier chinois (*L. chinense*) . *chinense*)

TULIPIER DE VIRGINIE

Type Arbre caduc
Hauteur Jusqu'à 40 m (60 m en Amérique du Nord)
Distribution Parcs, jardins, plantations
Floraison Juin-juillet
Fructification Septembre

TRONC ET COURONNE

Tronc Droit, formant des contreforts chez les sujets les plus âgés
Écorce Grise, lisse, se ridant
Couronne Étroite ; la plupart des branches sont ascendantes ; branches inférieures infléchies vers le bas
Rameaux Lisses, verts ou brun-rouge

FEUILLES

Bourgeons 5-12 mm, oblongs, aplatis
Feuilles Alternes le long du rameau, de 7-16 cm, larges, avec 2 ou 4 lobes ovales ou triangulaires, à l'apex plutôt carré ou échancré, glabres, vert brillant dessus, plus clair dessous, virant au jaune ou à l'orange en automne ; pétiole de 5-10 cm
Stipules Larges, oblongues ou elliptiques, émoussées, finissant par tomber

FLEURS ET FRUITS

Fleurs ⚥ à l'extrémité du rameau, en forme de coupe, de 6-8 cm de diamètre, vert blanchâtre, avec des marques orange à l'intérieur
Périanthe 6 segments pétaloïdes, de 4-5 cm, égaux, séparés ; 3 segments sépaloïdes plus petits, réfléchis
Étamines Nombreuses, longues, en spirale
Stigmate 1 par ovaire
Ovaires Nombreux, en un épi central
Fruits Touffe de fruits bruns sortant de chaque fleur, chacun de 4-5 cm, étroit, aplati, pourvu d'une aile
Graines 1 par fruit, non libérée

Laurier noble *Laurus nobilis*

Ce petit arbre ou arbuste persistant a des feuilles coriaces qui dégagent un magnifique parfum quand on les presse légèrement. Une fois séchées, elles sont utilisées pour aromatiser les aliments. Les lauriers des villes sont souvent taillés et mis en forme. *Distribution :* originaire du bassin méditerranéen ; largement cultivé comme arbre d'ornement, de haies, ou comme aromate ; souvent naturalisé. *Espèce similaire :* planté dans le bassin méditerranéen, l'Avocatier est pourvu de feuilles plus grandes et de grappes de fleurs allongées, chacune ayant un périanthe comportant six lobes. Son gros fruit comestible, l'avocat, est en forme de poire ; sa chair tendre, veloutée et jaunâtre, est enveloppée d'une peau granuleuse.

Avocatier *(Persea americana)*

	LAURIER NOBLE
Type	Arbre ou arbuste persistant
Hauteur	2-20 m
Distribution	Terres boisées, broussailles, parcs
Floraison	Avril-juin
Fructification	Septembre-octobre
	TRONC ET COURONNE
Tronc	Habituellement court, fourchu
Écorce	Grise, lisse ou fissurée en bas
Couronne	Conique large ; branches ascendantes
Rameaux	Minces, glabres, verts ou rougeâtres
	FEUILLES
Bourgeons	2-3 mm, coniques, brun-rouge
Feuilles	5-10 cm, ovales, étroites ou oblongues, dures, pointues, à bord ondulé, vert foncé par-dessus, parsemées de glandes, glabres, plus claires par-dessous ; pétiole de 4-6 mm, rouge
Stipules	Absentes
	FLEURS ET FRUITS
Fleurs	♂ et ♀ sur le même arbre
♂	Réunies en une inflorescence compacte, à court pédoncule, de 0,7-1 cm chacune, jaune blanchâtre terne
♀	2-6 en inflorescences, blanc verdâtre, avec 2-4 staminodes
Périanthe	A 4 lobes pétaloïdes
Étamines	8-12 par fleur ♂
Stigmate	Unique, sur un court style
Ovaire	1 par fleur ♀
Fruits	Petites grappes de baies plus ou moins sphériques, chacune de 8-15 mm, noire, sur un pédoncule de 3-4 mm
Graines	1 par fruit

Les vieux sujets de cette espèce ont ceci de particulier que, dans la zone de jonction entre les racines et le tronc, ce dernier apparaît fortement renflé au niveau du sol. Ce renflement peut atteindre 1 mètre de large, ou plus, sur tout le pourtour du tronc ; il est d'autant plus marqué sur une berge ou dans un endroit où la terre a été emportée par l'eau. Les fruits succulents du Phytolacca, semblables à des baies, pendent en longues grappes. Les espèces apparentées que l'on rencontre en Europe sont toutes des plantes herbacées, et on les utilise parfois pour leurs jeunes feuilles comestibles ou leurs baies. *Distribution :* originaire d'Amérique du Sud ; planté dans le bassin méditerranéen comme arbre d'ornement et pour son ombre ; naturalisé par endroits. *Espèce similaire :* aucune.

	PHYTOLACCA
Type	Arbre persistant
Hauteur	3-8 m
Distribution	Villes, bords des routes
Floraison	Juin-août
Fructification	Septembre-octobre
	TRONC ET COURONNE
Tronc	Court, puissant, à base large
Écorce	Lisse, gris-brun
Couronne	En dôme large ; branches fortes, étalées
Rameaux	Vigoureux, plutôt succulents, glabres
	FEUILLES
Bourgeons	Petits, verts
Feuilles	Alternes le long du rameau, de 5-12 cm, ovales ou elliptiques, pointues, entières, base cunéiforme, vert brillant, glabres, pétiolées
Stipules	Absentes

	FLEURS ET FRUITS
Fleurs	♂ et ♀ sur des arbres différents, en grappes pendantes, la plupart à l'extrémité du rameau
♂	Grappes de 8-15 cm, blanc verdâtre, sur un pédoncule de 1-1,5 cm
♀	Légèrement plus grandes que les ♂
Périanthe	5 lobes oblongs, pétaloïdes
Étamines	Nombreuses sur chaque fleur ♂
Stigmate	1 par ovaire
Ovaires	7-10 par fleur ♀
Fruits	En longues grappes, chacune formée de baies sphériques, de 5-7,5 mm, pourpre-noir
Graines	1 seule graine dans chaque baie

Cognassier *Cydonia oblonga*

Introduit d'Asie dans l'Antiquité, le Cognassier est aujourd'hui répandu dans toute l'Europe. Dans les régions du Nord et de l'Est, il est le plus souvent planté comme arbuste d'ornement. Dans les régions méridionales, en revanche, il est cultivé pour ses fruits comestibles, qui ont un parfum délicieux, mais sont extrêmement durs. *Distribution :* originaire d'Asie centrale et du Sud-Ouest ; cultivé et naturalisé dans la plus grande partie de l'Europe. *Espèces similaires :* deux espèces aux fruits semblables sont des arbustes largement cultivés, aux feuilles dentées et aux fleurs rouges. *Chaenomeles speciosa* possède des fleurs et des feuilles plus grandes que le Cognassier du Japon.

1 *Chaenomeles speciosa*
2 Cognassier du Japon (*Chaenomeles japonica*)

COGNASSIER

Type	Arbre ou arbuste caduc
Hauteur	Jusqu'à 8 m
Distribution	Haies et taillis
Floraison	Avril-mai
Fructification	Septembre

TRONC ET COURONNE

Tronc	Mince, généralement court
Écorce	Gris-brun, lisse
Couronne	Souvent très large, déployée
Rameaux	Cotonneux, devenant lisses, épineux

FEUILLES

Bourgeons	2-3 mm, brun rougeâtre, velus
Feuilles	Alternes, de 5-10 cm, ovales, émoussées, vertes et lisses par-dessus, grisâtres et cotonneuses par-dessous ; sessiles
Stipules	Petites, tombant généralement très tôt

FLEURS ET FRUITS

Fleurs	⚥, solitaires aux aisselles des feuilles, de 3,8-5 cm, en forme de bol, roses, rarement blanches
Pétales	5, larges, obtus ou légèrement échancrés à l'apex, coniques à la base ; 5 sépales plus petits, fortement velus, persistant sur le fruit, dentelés
Étamines	15-25
Stigmates	5, styles cotonneux vers la base
Ovaire	Unique, à la base de la fleur
Fruits	Charnus mais très durs, de 2,5-3,5 cm, rarement jusqu'à 12 cm, sphériques ou piriformes, jaunes à maturité, très parfumés.
Graines	Nombreuses, brun à noirâtre

Cet arbre extrêmement répandu est un hybride d'origine mal connue. Les Poiriers sauvages produisent de petits fruits aigres ; ceux des vergers, qui donnent les grosses poires de saveur douce que nous connaissons, appartiennent à la variété *culta*. Les sujets que l'on voit souvent dans les haies ou en bordure des champs peuvent être les vestiges d'anciens vergers. *Distribution :* cultivé dans toute l'Europe, souvent à vaste échelle, sauf dans les régions les plus au nord ou au sud. *Espèce similaire :* le Poirier à feuilles en cœur est originaire du littoral atlantique de l'Europe. Il est pourvu de larges feuilles et de petits fruits mouchetés, rouges à maturité et dépourvus de sépales.

Poirier à feuilles en cœur *(P. cordata)*

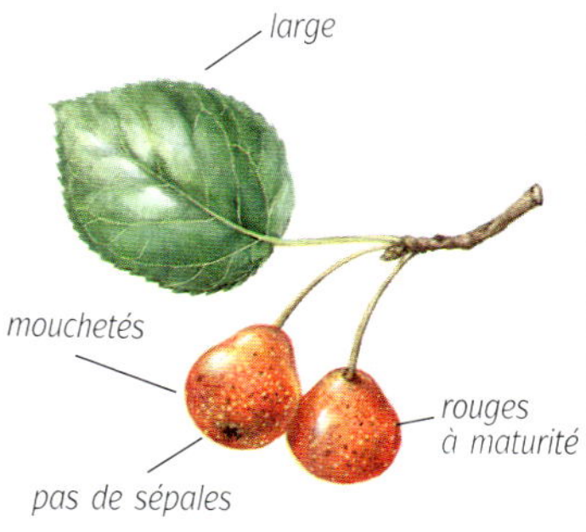

	POIRIER COMMUN
Type	Arbre caduc
Hauteur	Jusqu'à 20 m
Distribution	Vergers, haies ; souvent comme arbre isolé
Floraison	Avril-mai
Fructification	Septembre-octobre
	TRONC ET COURONNE
Tronc	Droit, souvent drageonnant
Écorce	Noirâtre, se craquelant en petites plaques
Couronne	Pyramidale, large ; branches ascendantes sur les jeunes sujets, s'étalant sur les vieux
Rameaux	Forts, brun rougeâtre, devenant bientôt lisses et luisants, souvent épineux
	FEUILLES
Bourgeons	5 mm, brun-jaune, lisses, ovoïdes, pointus
Feuilles	Alternes, de 5-8 cm, ovales à elliptiques, pointues, à base arrondie, finement dentées, velues, devenant lisses ; sessiles
Stipules	Tombant tôt
	FLEURS ET FRUITS
Fleurs	⚥, 5-9, en grappes avec les feuilles, blanches, sur des pédoncules atteignant 1 cm
Pétales	5, de 1,2-1,4 cm, ovales, larges, diminuant brusquement à la base ; 5 sépales, de 6-8 mm, étroits, persistant sur le fruit
Étamines	20-30, rouges
Stigmates	5, libres, souvent velus à la base
Ovaire	Unique, à la base de la fleur
Fruits	Charnus, fermes, graveleux, de 6-16 cm, en forme de poire, oblongs ou sphériques, devenant verts ou jaunâtres à maturité
Graines	Plusieurs graines noires

Pyrus pyraster

Souvent confondu avec le Poirier commun, cet arbre se distingue par son aspect plus buissonnant et épineux, ainsi que par ses fruits nettement plus petits, durs et au goût âcre. *Distribution :* originaire de pratiquement toute l'Europe, mais absent de quelques îles de la Méditerranée et de certaines régions les plus septentrionales. *Espèces similaires :* il existe deux espèces à feuilles plus étroites : le Poirier à feuilles de sauge, d'Europe centrale, et le Poirier à feuilles d'amandier, de France et d'Espagne, ou plus à l'est. Le premier est pourvu de feuilles au bord entier et de fruits plus gros. Le second présente généralement quelques dents vers l'apex de la feuille.

1 Poirier à feuilles de sauge *(P. salvifolia)*
2 Poirier à feuilles d'amandier *(P. amygdaliformis)*

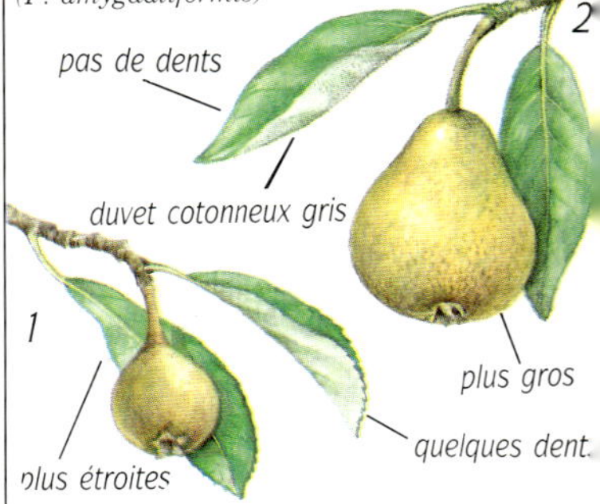

	PYRUS PYRASTER
Type	Arbre caduc
Hauteur	8-20 m
Distribution	Fourrés, bois couverts
Floraison	Avril-mai
Fructification	Septembre-octobre
	TRONC ET COURONNE
Tronc	Droit, court
Écorce	Rugueuse, craquelée
Couronne	Ronde au sommet ; branches étalées ou ascendantes
Rameaux	Gris à brun, généralement épineux
	FEUILLES
Bourgeons	Petits, bruns, 5-8 écailles
Feuilles	Alternes, de 2,5-7 cm, elliptiques, ovales ou orbiculaires, pointues, à base cunéiforme, arrondie ou cordiforme, finement dentelées, velues mais devenant bientôt lisses ; sessiles

Stipules	Tombant tôt
	FLEURS ET FRUITS
Fleurs	⚥, en grappes, blanches
Pétales	5, de 1-1,7 cm, elliptiques à orbiculaires, légèrement ridés, diminués à la base ; 5 sépales de 3-8 mm, persistant sur le fruit
Étamines	20-30, rouges
Stigmates	5, styles souvent velus à la base
Ovaire	Unique, à 5 loges, à la base de la fleur
Fruits	1-3,5 cm, charnus, fermes, graveleux, sphériques ou en pointe, devenant jaunes, bruns ou noirs à maturité, couverts de lenticelles
Graines	Plusieurs graines noires

Sa forme mince, élégante, et son feuillage argenté font du Poirier à feuilles de saule un arbre attrayant des parcs et jardins ; le cultivar pleureur 'Pendula' est commun. Les petits fruits ne se développent pas toujours complètement et sont impropres à la consommation. *Distribution :* originaire d'Asie, des montagnes du Caucase et de l'Iran à la Sibérie ; largement cultivé en Europe. *Espèces similaires :* deux espèces sont pourvues de feuilles plus larges, dentées vers l'apex. *P. elaeagrifolia,* du sud-est de l'Europe, présente des feuilles cotonneuses et des styles velus jusqu'au milieu. Le Poirier des neiges possède des feuilles devenant glabres sur le dessus, ainsi que des fruits plus gros.

1 *P. elaeagrifolia*
2 Poirier des neiges *(P. nivalis)*

	POIRIER A FEUILLES DE SAULE
Type	Arbre caduc
Hauteur	Jusqu'à 10 m
Distribution	Bois de feuillus
Floraison	Avril
Fructification	Octobre
	TRONC ET COURONNE
Tronc	Mince, droit
Écorce	Gris argenté sombre, lisse
Couronne	En dôme ; branches principales horizontales
Rameaux	Pendants, densément recouverts d'un duvet laineux blanc
	FEUILLES
Bourgeons	4-6 mm, de forme pyramidale, bruns, pubescents
Feuilles	Alternes, de 3,5-9 cm, étroites, pointues, gris-vert et argentées, pubescentes sur les deux faces, devenant lisses et d'un vert luisant par-dessus ; sessiles
Stipules	Tombant tôt
	FLEURS ET FRUITS
Fleurs	⚥, en grappes serrées, blanches, s'ouvrant avec l'apparition des feuilles ; pédoncules pubescents
Pétales	5, d'environ 1 cm, arrondis ou échancrés à l'apex, diminués à la base ; 5 sépales cotonneux, persistant sur le fruit
Étamines	15-30, rouges
Stigmates	2-5, styles cotonneux à la base
Ovaire	Unique, à la base de la fleur
Fruits	2,5 cm, charnus, fermes, graveleux, aigres, en forme de poire, en pointe ou cylindriques, bruns à maturité ; pédoncule blanc, cotonneux
Graines	Plusieurs

Pommier paradis *Malus sylvestris*

Cet arbre était jadis cultivé pour ses fruits acides. Les sujets sauvages sont épineux et possèdent des fleurs blanches. Les descendants des arbres acclimatés retournés à l'état sauvage sont dépourvus d'épines et ont des fleurs teintées de rose. *Distribution :* originaire de la plus grande partie de l'Europe et de l'ouest de l'Asie. *Espèces similaires : M. dasyphylla*, aux jeunes rameaux couverts d'un duvet cotonneux, pousse dans la péninsule des Balkans, ainsi que dans le bassin du Danube. Le Pommier de culture est un hybride aux feuilles velues dessous et aux gros fruits de saveur douce. C'est l'arbre de verger le plus largement planté, avec plus d'un millier de cultivars recensés.

1 *M. dasyphylla*
2 Pommier de culture (*M. domestica*)

POMMIER PARADIS

Type Arbre caduc
Hauteur 2-10 m
Distribution Bois, haies, dans les zones montagneuses calcaires
Floraison Avril-juin
Fructification Septembre-octobre

TRONC ET COURONNE

Tronc Court, souvent ramifié très bas
Écorce Brune, se craquelant
Couronne Déployée, souvent dense ; branches fortes et tordues
Rameaux Brun-rouge, nombreuses pousses courtes, parfois épineux

FEUILLES

Bourgeons 4 mm, rougeâtres, velus
Feuilles Alternes, de 3-11 cm, ovales, elliptiques ou suborbiculaires, pointues, cunéiformes ou arrondies à la base, finement dentelées, velues, mais devenant bientôt glabres ; sessiles
Stipules Tombant tôt

FLEURS ET FRUITS

Fleurs ⚥, en grappes peu garnies, de 3-4 cm, blanc teinté de rose pâle
Pétales 5, ovales, d'une largeur maximale au-dessus du milieu, diminués à la base ; 5 sépales de 3-7 mm, velus sur la face interne, persistant sur le fruit
Étamines 15-50, jaunes
Stigmates 2-5, styles soudés et parfois velus à la base
Ovaire Unique, à la base de la fleur
Fruits Charnus, fermes, de 2,5-3 cm, sphériques, devenant vert-jaune teinté de rouge à maturité, acides
Graines Plusieurs, brun à noirâtre

Au printemps, les branches de ce petit arbre se couvrent d'une profusion de fleurs rose et blanc. C'est depuis toujours l'une des espèces ornementales les plus recherchées ; à l'origine, il s'agissait probablement d'un hybride horticole, créé au Japon, d'où il fut par la suite exporté dans de très nombreux pays. *Distribution :* vraisemblablement originaire du Japon ; planté en Europe comme arbre d'ornement. *Espèces similaires :* deux espèces ornementales originaires de Chine sont largement cultivées : le Pommier sauvage de Sibérie, aux fleurs blanches et aux fruits rouges, et le Pommier pourpre hybride, création horticole aux fleurs et aux fruits pourpres.

1 Pommier sauvage de Sibérie *(M. baccata)*
2 Pommier pourpre hybride *(M. × purpurea)*

	POMMIER DU JAPON
Type	Arbre caduc
Hauteur	6-9 m
Distribution	Parcs et jardins
Floraison	Avril-mai
Fructification	Octobre
	TRONC ET COURONNE
Tronc	Court, droit, conique
Écorce	Gris-brun
Couronne	Arrondie, dense, branches nombreuses
Rameaux	Rougeâtres à l'état juvénile, tombants, velus
	FEUILLES
Bourgeons	2-4 mm, rouge-brun sombre, pointus
Feuilles	Alternes, de 4-8 cm, oblongues à ovales, pointues, nettement dentées, parfois lobées, pubescentes par-dessous mais devenant lisses ; sessiles
Stipules	Petites, tombant tôt
	FLEURS ET FRUITS
Fleurs	⚥, 4-7 en grappes, de 2,5-3 cm de diamètre, rose profond dans le bourgeon, rose pâle à l'éclosion, se décolorant et virant au blanc, odorantes
Pétales	5, de 1,3-1,5 cm, oblongs, émoussés, base diminuant brusquement ; 5 sépales courts, triangulaires, velus à l'intérieur, tombant tôt
Étamines	15-50, jaunes, roses à la base
Stigmates	2-5, styles soudés à la base
Ovaire	Unique, à la base de la fleur
Fruits	Charnus, fermes, de 2,5 cm, sphériques, jaune vif à maturité
Graines	Plusieurs, brunes

Sorbier des oiseleurs *Sorbus aucuparia*

Petit arbre attrayant, pourvu de folioles disposées par paires et de grosses inflorescences de fleurs blanches, suivies de baies rouges ; dans les régions froides, il se pare de belles couleurs automnales. Les baies sont très recherchées par les oiseaux fructivores et, riches en vitamine C, peuvent être préparées en gelée. Le cultivar 'Beissneri' est planté pour son écorce orange-rose et ses teintes d'automne plus vives. *Distribution :* indigène, commun dans la plus grande partie de l'Europe ; planté à titre ornemental dans les rues et les parcs. *Espèces similaires :* le Sorbier de Hupeh est une espèce ornementale chinoise qui se distingue par ses fruits blancs ou pourpres. Le Cormier est un arbre plus grand, pourvu de fruits vert-brun nettement plus gros.

1 Sorbier de Hupeh *(S. hupehensis)*
2 Cormier *(S. domestica)*

SORBIER DES OISELEURS

Type	Arbre caduc
Hauteur	Jusqu'à 20 m
Distribution	Zones montagneuses, en plaine sur sols légers
Floraison	Mai-juin
Fructification	Août-septembre

TRONC ET COURONNE

Tronc	Mince, parfois fourchu
Écorce	Lisse, parfois légèrement striée, brun grisâtre
Couronne	Irrégulièrement arrondie, ouverte
Branches	Ascendantes
Rameaux	Glabres devenant lisses, brun pourpré

FEUILLES

Bourgeons	1-1,7 cm de long, étroits, ovoïdes, incurvés à la pointe, pourpres, velus
Feuilles	De part et d'autre du rameau, jusqu'à 25 x 12 cm ; 5-9 paires de folioles oblongues de 3-6 cm de long, pointues, avec des dents acérées, velues, devenant lisses, vert foncé par-dessus, plus clair par-dessous, virant au jaune ou au rouge en automne ; pétiole de 2-4 mm
Stipules	Petites, tombant tôt

FLEURS ET FRUITS

Fleurs	⚥, nombreuses, en têtes ramifiées, de 8-10 mm, blanc crème
Pétales	5, d'environ 3,5 mm, égaux ; 5 sépales triangulaires, velus
Étamines	Nombreuses
Stigmates	3-4
Ovaires	3-4, à la base de la fleur
Fruits	Nombreux, réunis en une grosse grappe, semblables à des baies subsphériques, chacune de 6-9 mm, rouge vif à maturité
Graines	Plusieurs, non libérées

Alisier torminal

Sorbus torminalis

Parent du Sorbier des oiseleurs et de l'Alisier blanc, pourvu de feuilles semblables aux feuilles d'Érable et de fruits bruns et couverts de lenticelles, proches de ceux du Sorbier. Comme chez certains érables, le feuillage vire au rouge profond en automne. Acides jusqu'à ce qu'ils soient très mûrs, les fruits peuvent être consommés. *Distribution :* indigène dans la plus grande partie de l'Europe, sauf dans certaines régions du Nord ; parfois planté à titre ornemental. *Espèces similaires :* deux espèces apparentées sont souvent considérées comme des hybrides. L'Alisier de Fontainebleau est pourvu de feuilles légèrement lobées, couvertes de poils gris en dessous. Le Sorbier de Laponie offre des fruits rouges.

1 Alisier de Fontainebleau (*S. latifolia*)
2 Sorbier de Laponie (*S. hybrida*)

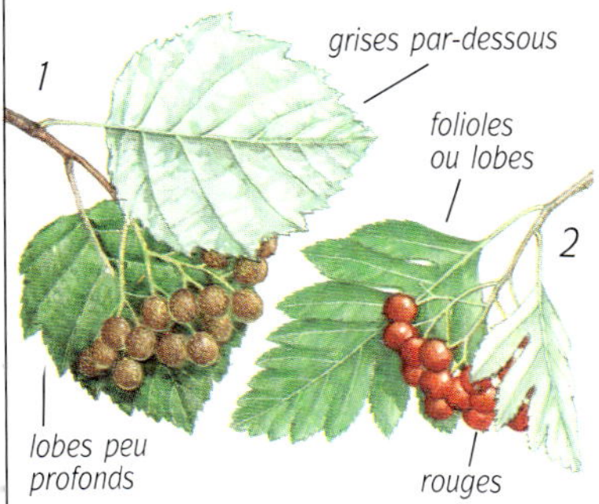

ALISIER TORMINAL

- **Type** Arbre caduc
- **Hauteur** Jusqu'à 25 m
- **Distribution** Bois, souvent sur les sols calcaires
- **Floraison** Mai-juin
- **Fructification** Septembre

TRONC ET COURONNE

- **Tronc** Mince, parfois fourchu
- **Écorce** Fissurée superficiellement, formant des écailles plus ou moins carrées, brun-gris sombre
- **Couronne** Conique à largement arrondie
- **Branches** Étalées
- **Rameaux** Cotonneux, devenant bientôt lisses, brun foncé

FEUILLES

- **Bourgeons** 4-5 mm, sphériques, verts, lisses
- **Feuilles** De part et d'autre du rameau, de 5-9 cm, ovales, avec 3-5 paires de lobes triangulaires, pointues, aux dents aiguës, à base arrondie ou cordiforme, vertes sur les deux faces, virant au rouge pourpre en automne, velues par-dessous et devenant lisses, avec 4-6 paires de veines ; pétiole de 1,5-4 cm
- **Stipules** Petites, tombant tôt

FLEURS ET FRUITS

- **Fleurs** ⚥, en corymbes lâches, ramifiés, de 1-1,5 cm, blanches ; pédoncules velus
- **Pétales** 5, égaux, ronds ; 5 sépales, triangulaires, velus
- **Étamines** Nombreuses
- **Stigmates** 2
- **Ovaires** 2, à la base de la fleur
- **Fruits** Semblables à des baies ovoïdes à globulaires, de 1,2-1,8 cm, bruns, tachetés
- **Graines** Plusieurs, non libérées

Alisier blanc *Sorbus aria*

D'un blanc argenté lorsqu'elles se déploient au printemps, les feuilles de cet arbre virent au vert sur la face supérieure ; le revers de la feuille reste couvert d'un duvet dense. C'est un arbre caractéristique des plaines calcaires. *Distribution :* originaire de la plus grande partie de l'Europe ; plusieurs cultivars sont communément plantés comme arbres d'alignement. *Espèces similaires :* deux espèces plutôt frutescentes possèdent des fruits plus ou moins sphériques. *S. graeca* a des feuilles coriaces, couvertes d'un duvet cotonneux verdâtre dessous et pourvues de dents arrondies ; les fruits ont des taches blanches. *S. rupicola* présente des feuilles aux dents symétriques et des fruits tachetés.

1 *S. graeca*
2 *S. rupicola*

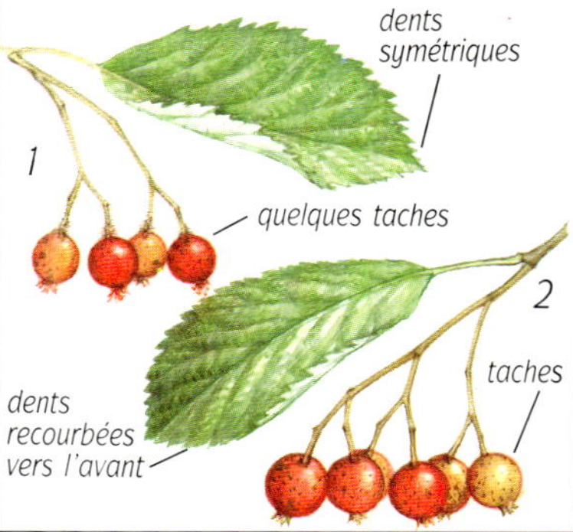

ALISIER BLANC

Type	Arbre caduc
Hauteur	Jusqu'à 15 m
Distribution	Sols calcaires
Floraison	Mai-juin
Fructification	Septembre

TRONC ET COURONNE

Tronc	Contours nettement dessinés
Écorce	Grise, lisse, devenant lamellée et fissurée
Couronne	Conique chez les jeunes sujets, en dôme large plus tard ; branches ascendantes
Rameaux	Brun olive, velus, devenant glabres

FEUILLES

Bourgeons	Verts, ovoïdes souvent velus
Feuilles	Alternes, de 8 cm, de forme variable mais généralement ovale, large, à bord pourvu de dents aiguës et comportant parfois des lobes peu profondément découpés, densément recouvertes de poils argentés, la face supérieure finissant par devenir lisse et verte ; sessiles
Stipules	Petites, tombant tôt

FLEURS ET FRUITS

Fleurs	⚥, nombreuses, en grappes peu compactes, ramifiées, à l'extrémité des rameaux, chacune de 1,5 cm de diamètre, blanches
Pétales	5, d'environ 6 mm, égaux ; 5 sépales, triangulaires, velus
Étamines	Nombreuses, crème ou roses
Stigmates	2
Ovaires	2, à la base de la fleur, velus
Fruits	Semblables à des baies, de 8 mm, généralement plus longs que larges, rouge vif à maturité, avec de nombreuses petites lenticelles
Graines	2

Arbre identifiable à ses feuilles peu profondément lobées, au revers pourvu d'un duvet gris-jaune. Les fruits rouges présentent quelques lenticelles claires. L'Alisier du Nord a une floraison plus abondante que les autres alisiers et est souvent utilisé comme arbre d'ornement. *Distribution :* originaire de la région de la Baltique ; planté ailleurs ; parfois naturalisé. *Espèces similaires : S. austriaca* a des feuilles au revers pourvu de poils gris-blanc. Les feuilles du Sorbier de Mougeot ont un duvet gris dessous, mais elles sont moins profondément lobées. Toutes deux sont des espèces de montagnes. *S. umbellata*, des Balkans, possède des feuilles lobées, à duvet blanc, et des fruits jaunes.

1 *S. austriaca*
2 Sorbier de Mougeot (*S. mougeotii*)
3 *S. umbellata*

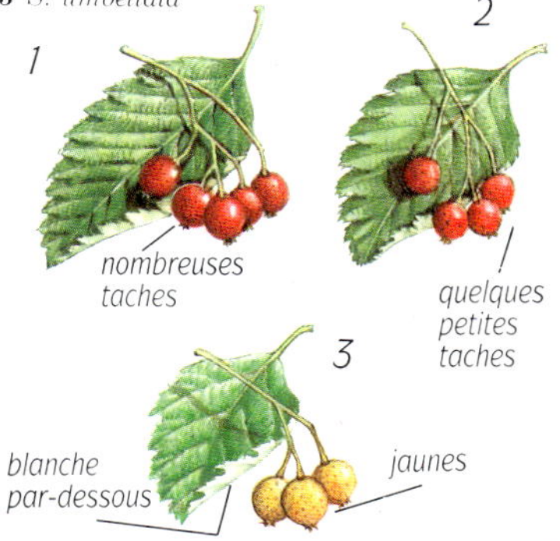

ALISIER DU NORD

Type Arbre caduc
Hauteur Jusqu'à 15 m
Distribution Collines et montagnes
Floraison Mai
Fructification Septembre

TRONC ET COURONNE

Tronc Court
Écorce Grise, lisse, avec des fissures larges
Couronne Dense, en dôme large
Rameaux Gris à pourpre, fortement velus, devenant lisses

FEUILLES

Bourgeons 8 mm, ovoïdes, verts ou bruns, avec des poils gris
Feuilles Alternes, de 8-12 cm, elliptiques, pourvues de lobes peu profondément découpés et atteignant un tiers de la distance de la veine centrale, mais plus nettement marqués vers la base de la feuille, à bord pourvu de dents aiguës, lisses et vertes par-dessus, densément couvertes d'un duvet cotonneux gris-jaune par-dessous ; sessiles
Stipules Petites, tombant tôt

FLEURS ET FRUITS

Fleurs ⚥, nombreuses, en bouquets ramifiés aux aisselles des feuilles, chacune de 1,2-2 cm de section, blanches ; tige foliaire lisse
Pétales 5, d'environ 6 mm, égaux : 5 sépales, triangulaires, étroits
Étamines Nombreuses, crème
Stigmates 2, styles soudés à la base
Ovaires 2, à la base de la fleur, velus
Fruits Semblables à des baies, de 1,2-1,5 cm, nettement plus longs que larges, rouges à maturité, avec des lenticelles peu nombreuses
Graines 2

Néflier du Japon *Eriobotrya japonica*

Facilement reconnaissable à ses feuilles persistantes, coriaces, et à la pubescence de poils veloutés rougeâtres qui couvre ses rameaux, feuilles et fleurs, ce petit arbre est commun dans les régions méditerranéennes. Il est largement cultivé pour ses fruits jaune d'or à la saveur douce, ressemblant à des abricots, que l'on trouve souvent sur les marchés. Il peut être planté en verger, mais est plus fréquent comme arbre solitaire. Il n'est pas rare que des sujets échappés à la culture prospèrent à l'état sauvage. Dans les régions plus septentrionales, le Néflier du Japon est surtout apprécié comme arbre d'ornement. *Distribution :* originaire de Chine et largement diffusé ; souvent naturalisé.

NÉFLIER DU JAPON

Type Arbre persistant
Hauteur Jusqu'à 10 m
Distribution Sols secs, légers
Floraison Octobre-février
Fructification Avril-juin

TRONC ET COURONNE

Tronc Très mince, souvent ramifié près de la base
Écorce Grise, légèrement rugueuse
Couronne Irrégulière, mais généralement étroite
Rameaux Couverts d'un duvet velouté

FEUILLES

Bourgeons Environ 4 mm pointus, fortement velus
Feuilles Alternes, 12-25 cm, elliptiques ou ovales, d'une largeur maximale au-dessus du milieu, à dents aiguës, coriaces, à veines très voyantes, vert foncé luisant par-dessus, à revers fortement cotonneux et avec des poils brun-rouge ; sessiles
Stipules Très étroites

FLEURS ET FRUITS

Fleurs ⚥, en grappes pyramidales ramifiées, d'environ 1 cm, blanc crème, en grande partie cachées par une toison de poils bruns, odorantes
Pétales 5, ovés ou suborbiculaires, à apex échancré et base effilée ; 5 sépales persistant sur le fruit
Étamines 20
Stigmates 2-5, styles soudés à la base
Ovaire Unique, à la base de la fleur
Fruits 3-6 cm, charnus, de saveur douce, elliptiques à piriformes, jaune profond à maturité
Graines 1 ou plusieurs, chacune de 1-1,5 cm

D'aspect terne et peu élégant la majeure partie de l'année, le Néflier est souvent un arbrisseau ; dans le meilleur des cas, il devient un petit arbre. Ses grandes fleurs solitaires sont pourvues de sépales plus longs que les pétales blancs et sont suivies de fruits caractéristiques, ressemblant généralement à de très gros cynorhodons bruns, avec des sépales persistants étroits formant une couronne. Les fruits ne sont comestibles que lorsqu'ils sont blets — trop mûrs ou brûlés par les gelées. *Distribution :* originaire du sud-est de l'Europe, mais souvent cultivé comme arbre fruitier et naturalisé dans les régions du Centre et de l'Ouest, jusqu'au sud de la Grande-Bretagne. *Espèce similaire :* aucune.

	NÉFLIER
Type	Arbre caduc ou arbrisseau
Hauteur	Jusqu'à 6 m
Distribution	Haies, bois
Floraison	Mai-juin
Fructification	Octobre-novembre
	TRONC ET COURONNE
Tronc	Mince, souvent court
Écorce	Gris-brun, se fissurant en plaques oblongues
Couronne	Étalée, dense et enchevêtrée
Rameaux	Couverts d'une pubescence blanche, devenant lisses et noirs
	FEUILLES
Bourgeons	1-2 mm, bruns, velus
Feuilles	Alternes, de 5-15 cm, froissées, ovales, étroites, d'une largeur maximale au-dessus ou en dessous du milieu, à apex en large pointe, à base cunéiforme, bord pourvu de minuscules dents près de l'apex, vert-jaune terne par-dessus, avec une pubescence blanche au revers ; pétiole d'environ 2 mm
Stipules	Tombant tôt
	FLEURS ET FRUITS
Fleurs	⚥ , simples, à l'aisselle des pétioles foliaires, 3-6 cm, blanches
Pétales	5, de 1,2 cm, 5 sépales, de 1-1,6 cm, triangulaires étroits, persistant sur le fruit
Étamines	30-40, rouges
Stigmates	5, chacun sur un long style
Ovaire	Unique, à la base de la fleur
Fruits	Charnus mais durs, plus ou moins sphériques, bruns à maturité, persistant sur l'arbre
Graines	10

Amélanchier du Canada *Amelanchier canadensis*

Le contraste de ses fleurs blanches sur ses jeunes feuilles cuivrées rend cet arbre très attrayant au printemps ; de plus, en automne, les feuilles se parent de belles couleurs. D'origine incertaine, il s'agit vraisemblablement d'un hybride, à l'état sauvage en Grande-Bretagne il y a plus d'un siècle. *Distribution :* probablement originaire de l'est de l'Amérique du Nord ; introduit et naturalisé dans le nord de l'Europe ; souvent planté à titre ornemental. *Espèce similaire :* la seule espèce indigène en Europe est l'Amélanchier des bois, pourvu de feuilles plus grossièrement dentées, au revers couvert d'un duvet cotonneux blanchâtre, et de fruits noirâtres.

Amélanchier des bois (*A. ovalis*)

AMÉLANCHIER DU CANADA

Type Arbre caduc ou arbuste
Hauteur Jusqu'à 10 m
Distribution Bois et broussailles, sur sols acides
Floraison Avril-mai
Fructification Septembre-octobre

TRONC ET COURONNE

Tronc Mince, court, souvent multiple
Écorce Gris-brun clair
Couronne Ouverte et étalée
Rameaux Couverts d'une pubescence blanche, devenant lisses

FEUILLES

Bourgeons 7-11 mm, rougeâtres, étroits, pointus
Feuilles Alternes, ovales-oblongues à elliptiques, à courte pointe, base arrondie à cordiforme bords enroulés vers le haut, jeunes feuilles rouge cuivré, au revers soyeux, virant au vert, aux belles couleurs jaune et rouge en automne ; pétiole velu, devenant glabre
Stipules Petites, tombant tôt

FLEURS ET FRUITS

Fleurs ⚥, 6-12, en grappes peu compactes, souvent pendantes, avec les feuilles, blanches ; tube de la fleur en forme de cloche ; pétiole de 1,5-2,5 cm, velu
Pétales 5, de 9-14 mm, étroits, d'une largeur maximale au-dessus du milieu, obtus ; 5 sépales, de 3-5 mm, velus à l'intérieur, persistant sur le fruit
Étamines Environ 20
Stigmates 5, sur un style simple
Ovaire Unique, à la base de la fleur
Fruits Semblables à des baies, pourpre-noir à maturité, de saveur douce
Graines 4-10

Cotoneaster frigidus Cotonéaster du Népal

C'est un des rares cotonéasters à atteindre la taille d'un arbre, et une espèce caduque. Ses baies se maintiennent sur l'arbre durant tout l'hiver, très voyantes sur les rameaux nus. Il est largement planté à titre ornemental et s'est naturalisé dans les haies et les bois. *Distribution :* originaire de l'Himalaya ; largement cultivé, parfois naturalisé dans différentes régions d'Europe. *Espèces similaires : C.* × *watereri* forme un grand arbuste persistant ou un petit arbre à feuilles étroites. Il produit des grappes plus grandes de fruits rouges ou orange. *C. bullatus* atteint la taille d'un arbre et est pourvu de feuilles plus larges et ondulées.

1 *C.* × *watereri*
2 *C. bullatus*

	COTONÉASTER DU NÉPAL
Type	Arbre caduc
Hauteur	20 m
Distribution	Parcs, jardins, haies, bois
Floraison	Juin
Fructification	Septembre-octobre
	TRONC ET COURONNE
Tronc	Court, mince, souvent multiple
Écorce	Gris-brun, lisse
Couronne	Large, en dôme ; branches arquées
Rameaux	Verdâtres, ridés
	FEUILLES
Bourgeons	Petits, dépourvus d'écailles, velus
Feuilles	Alternes, de 6-16 cm, elliptiques à ovales, d'une largeur maximale au-dessus du milieu, brusquement pointues, à base cunéiforme, vert foncé par-dessus, couvertes d'une pubescence blanche par-dessous ; sessiles
Stipules	Tombant tôt
	FLEURS ET FRUITS
Fleurs	⚥, 20-40 en grappes aplaties, ramifiées, blanches, odorantes
Pétales	5, ovales, larges, d'une largeur maximale au-dessus du milieu, obtus, diminués à la base ; 5 sépales, persistant sur le fruit
Étamines	20
Stigmates	2, sur des styles libres
Ovaire	Unique, à 2 loges, à la base de la fleur
Fruits	Semblables à des baies, de 5 mm, sphériques, rouge vif à maturité, persistant sur l'arbre pendant l'hiver
Graines	2, très dures

Épine blanche *Crataegus monogyna*

Si on la laisse pousser librement, l'Épine blanche forme un arbre à couronne dense. En revanche, si on la taille régulièrement, elle se transforme bientôt en une barrière d'épines idéale pour clôturer un champ et confiner le bétail. La forme des feuilles et de leurs lobes est très variable, de même que la couleur des fruits. *Distribution :* indigène dans toute l'Europe et une grande partie de l'Asie ; largement utilisée pour l'établissement de haies. *Espèces similaires : C. laevigata* et *C. calycina*, tous deux originaires des bois d'Europe centrale et du Nord-Ouest, sont pourvus de lobes foliaires et de stipules finement dentés. *C. laevigata* possède en outre deux stigmates et deux graines par fruit.

1 *C. laevigata*
2 *C. calycina*

ÉPINE BLANCHE

Type Arbre caduc ou arbuste
Hauteur 18 m, souvent moins
Distribution Bois, haies, en particulier sur sols calcaires
Floraison Mai-juin
Fructification Septembre-octobre

TRONC ET COURONNE

Tronc Cannelé, souvent ramifié près de la base
Écorce Gris argenté, craquelée, révélant une couche orange ou rose dessous
Couronne Variable, généralement dense
Rameaux Bruns, avec des épines atteignant 1,5 cm de long

FEUILLES

Bourgeons 2 mm, arrondis
Feuilles Alternes, de 1,5-4,5 cm, ovales à rhomboïdales, 3-5 lobes profondément découpés, dentées près de l'apex, coriaces, vert foncé luisant dessus, plus clair et plus terne dessous ; pétiole rose foncé, cannelé
Stipules Petites, incurvées, parfois dentées

FLEURS ET FRUITS

Fleurs ⚥, 9-18, en corymbes peu compacts, ramifiés, de 8-15 mm, blanches ou roses, au parfum douceâtre ; pédoncules cotonneux
Pétales 5, de 4-6 mm, ovales, d'une largeur maximale au-dessus du milieu ; 5 sépales, triangulaires, persistant sur le fruit
Étamines 20 chez le sujet typique, roses ou pourpres
Stigmate Unique, sur un court style
Ovaire Unique, dans la base du fruit
Fruits Semblables à des baies, de 7-14 mm, sphériques ou ovoïdes, rouge vif à marron à maturité
Graines 1, rarement 2, très dures

Crataegus pentagyna

La plus commune de plusieurs espèces d'épines orientales à fruits noirs ; elle se distingue par les poils arachnéens qui couvrent le dessous des jeunes feuilles, et par ses fleurs pourvues de quatre ou cinq stigmates. Le fruit renferme ordinairement cinq graines. *Distribution :* originaire de l'est de l'Europe centrale, du sud de la partie septentrionale de la péninsule des Balkans et de l'est de la Russie. *Espèce similaire :* l'Épine à fruits noirs prospère sur les terres boisées du bassin du Danube. Elle est pourvue de feuilles tomenteuses sur les deux faces et comportant jusqu'à onze lobes, de fleurs peu nombreuses et de fruits luisants.

Épine à fruits noirs *(C. nigra)*

CRATAEGUS PENTAGYNA

Type Arbre caduc ou arbuste
Hauteur Jusqu'à 80 m
Distribution Orée des bois
Floraison Mai-juin
Fructification Août

TRONC ET COURONNE

Tronc Court, droit
Écorce Brun clair
Couronne En dôme irrégulier ; branches supérieures arquées
Rameaux Pourvus de poils longs clairsemés, bientôt lisses, gris-brun, avec parfois de fortes épines de 1 cm de long

FEUILLES

Bourgeons 2 mm, bruns, sphériques
Feuilles Alternes, de 2-5 cm, au contour extérieur ové, coriaces, vert olive sombre et lisses par-dessus, plus claires par-dessous avec des poils en toile d'araignée qui finissent par disparaître, à 3-7 lobes profondément découpés ; feuilles inférieures étalées, dentées ; pétiole de 1,5-3 cm, velu
Stipules Étroites, incurvées, dentées

FLEURS ET FRUITS

Fleurs ⚥, en bouquets lâches bien garnis, de 1,2-1,5 cm, blanches ; pédoncules pubescents
Pétales 5, ovales, d'une largeur maximale au-dessus du milieu ; 5 sépales, très petits, triangulaires, tombant tôt
Étamines 20
Stigmates 4 ou 5, styles libres
Ovaire Unique, à la base de la fleur, duveté
Fruits Semblables à des baies, de 1-1,5 cm, elliptiques à sphériques, noir terne ou pourpre-noir à maturité
Graines 4-5, très dures

Azérolier *Crataegus azarolus*

L'Azérolier doit l'étendue de sa distribution actuelle à ses fruits comestibles, au léger goût de pomme. Ces fruits sont suffisamment gros et charnus pour mériter d'être récoltés ; c'est pourquoi cet arbre, ou arbuste, fut importé comme arbre fruitier de sa région d'origine, à l'est de la Méditerranée, par d'autres pays, notamment la France et l'Italie. *Distribution :* originaire de Crète ; cultivé et naturalisé en Europe méridionale. *Espèce similaire : C. laciniata,* de la péninsule des Balkans et de certaines régions d'Europe orientale, est pourvu de lobes foliaires comportant peu de dents, de grappes de fleurs compactes et à quatre ou cinq stigmates, ainsi que de fruits sphériques.

C. laciniata

AZÉROLIER

Type Arbre caduc ou arbuste
Hauteur Jusqu'à 8 m
Distribution Maquis humides
Floraison Mars-avril
Fructification Juin-septembre

TRONC ET COURONNE

Tronc Court, mince
Écorce Gris-brun clair
Couronne Arrondie, touffue ; branches étalées
Rameaux Tomenteux, devenant glabres ; quelques fortes épines atteignant 1 cm de long

FEUILLES

Bourgeons 3-4 mm, arrondis, brun-rouge
Feuilles Alternes, de 3-5 cm, ovales à triangulaires, à base cunéiforme et décurrente sur le pétiole, à 3-5 lobes profondément découpés, parfois avec quelques dents, duvetées sur les deux faces ; pétiole de 3-8 mm
Stipules Incurvées, grossièrement dentées

FLEURS ET FRUITS

Fleurs ⚥, 3-18 en corymbes compacts, de 1,2-1,8 cm, blanches ; pédoncules cotonneux
Pétales 5, ovales, d'une largeur maximale au-dessus du milieu ; 5 sépales à courtes pointes, persistant sur le fruit
Étamines 15-20
Stigmates 1-2, rarement 3, styles épais
Ovaire Unique, à la base du fruit
Fruits Semblables à des baies, de 2-2,5 cm, plus ou moins sphériques, avec des rides longitudinales arrondies, jaunes ou rouge orangé à maturité
Graines 1-3, très dures

Redoutablement armé de nombreuses et longues épines, l'Ergot-de-coq prospère à l'état sauvage en Amérique du Nord. En Europe, il doit sa popularité comme arbre d'ornement aux riches nuances orange vif de son feuillage d'automne. *Distribution :* originaire du nord-est de l'Amérique du Nord ; planté en Europe à titre ornemental et comme arbre d'alignement. *Espèces similaires :* deux hybrides issus du croisement de l'Ergot-de-coq et d'autres espèces américaines sont cultivés. *C.* × *prunifolia* est pourvu d'épines plus courtes, de grappes de fleurs velues et de feuilles larges. *C.* × *lavallei* possède des grappes de fleurs et des rameaux tomenteux, ainsi que des feuilles étroites.

1 *C.* × *lavallei* awthorn (*Crataegus* ×
2 *C.* × *prunifolia* ved Cockspur Hawthorn (*Crataegus* × *prunifolia*)

ERGOT-DE-COQ

Type Arbre caduc
Hauteur 10 m
Distribution Prés, orée des bois
Floraison Mai
Fructification Octobre

TRONC ET COURONNE

Tronc Mince, non ramifié
Écorce Gris à brun, lisse, se couvrant de fines fissures
Couronne Aplatie au sommet, étalée
Rameaux Brun pourpré, glabres ; nombreuses épines de 0,7-1 cm

FEUILLES

Bourgeons Petits, arrondis
Feuilles Alternes, de 5-8 cm, ovales, d'une largeur maximale au-dessus du milieu, obtuses à l'apex, à base cunéiforme, à bord à fines dents aiguës, glabres, vert foncé luisant, virant à l'orange vif en automne, pétiole de 5-15 mm
Stipules Dentées

FLEURS ET FRUITS

Fleurs ⚥, en petits bouquets lâches, de 1,5 cm, blanches, pédoncules lisses
Pétales 5, ovales, d'une largeur maximale au-dessus du milieu ; 5 sépales persistant sur le fruit
Étamines 10, roses
Stigmates 2, rarement 1 ou 3, styles libres
Ovaire Unique, à la base de la fleur
Fruits Semblables à des baies, de 1-1,2 cm, sphériques, rouges à maturité, persistant sur les rameaux pendant l'hiver
Graines 2, très dures

Pêcher *Prunus persica*

Très prisé pour ses fruits succulents, couverts d'un duvet velouté, le Pêcher fut importé de Chine et il est aujourd'hui largement cultivé en Europe méridionale. Sous les climats nordiques, plus rudes, la production est plus incertaine. Cet arbre est également planté comme espèce ornementale, et on le rencontre aussi dans les endroits où il s'est établi à l'état sauvage. Le Brugnonier est une variété qui donne des fruits à peau lisse, et qui est cultivée à l'échelle industrielle. *Distribution :* originaire de Chine ; cultivé dans les champs et les jardins ; naturalisé dans certaines régions d'Europe méridionale. *Espèce similaire :* l'Abricotier produit des fleurs rose pâle et des fruits plus petits.

Abricotier *(P. armeniaca)*

	PÊCHER
Type	Arbre caduc
Hauteur	6 m
Distribution	Jardins, vergers, parcs, bois, bosquets
Floraison	Mars-mai
Fructification	Juin-juillet
	TRONC ET COURONNE
Tronc	Droit, mince
Écorce	Gris-brun, finement fissurée
Couronne	Arrondie, touffue
Rameaux	Lisses, rougeâtres, anguleux
	FEUILLES
Bourgeons	6 mm, ovales, brun verdâtre avec des poils blancs
Feuilles	Alternes, de 5-15 cm, ovales-oblongues étroites à elliptiques, à longue pointe et à bord pourvu de petites dents aiguës ; pétiole de 1,5 cm, glandulaire
Stipules	Étroites, membraneuses, tombant tôt
	FLEURS ET FRUITS
Fleurs	⚥, solitaires ou par paires, précédant les feuilles, rose profond, rarement rose pâle ou blanches ; tube de la fleur en forme de cloche ; pédoncule court
Pétales	5, de 1-2 cm, égaux, ovales, larges, d'une largeur maximale au-dessus du milieu, diminués à la base ; 5 sépales, de 6-8 mm
Étamines	20-30, rouges à l'état juvénile
Stigmate	Unique, bilobé, style long et fin
Ovaire	Unique, pubescent
Fruits	Semblables à des baies, de 4-8 cm, sphériques, verdâtres ou jaune panaché de rouge à maturité, de saveur douce
Graine	Unique, dans un noyau couvert de sillons

Amandier

Prunus dulcis

L'Amandier est l'un des premiers arbres qui fleurissent au printemps, et ses fleurs recouvrent parfois les coteaux de leurs nappes blanches. Le fruit comporte seulement une mince couche charnue enveloppant le gros noyau criblé de petits trous et qui contient la fameuse amande comestible. *Distribution :* probablement originaire de l'Asie centrale et du Sud-Ouest asiatique ; autrefois cultivé en Europe méridionale comme arbre fruitier ; parfois naturalisé. *Espèces similaires :* le Prunier myrobolan possède des fleurs blanches et des fruits lisses, charnus, pour lesquels il est largement cultivé. La variété 'Pissardii', à fleurs roses et feuilles rouges, est commune comme arbre d'alignement.

Prunier myrobolan *(P. cerasifera)*

AMANDIER

Type Arbre caduc
Hauteur 8 m
Distribution Vergers, parcs ; à flanc de coteau
Floraison Février-avril
Fructification Mai-juin

TRONC ET COURONNE

Tronc Droit, mince
Écorce Noire, craquelée en petits carrés
Couronne Arrondie, branches ascendantes s'étalant plus tard, enchevêtrées chez les arbres sauvages, droites chez les arbres cultivés
Rameaux Glabres, épineux chez les sujets sauvages

FEUILLES

Bourgeons Bruns, écailles pourvues d'une frange de poils
Feuilles Alternes, de 4-13 cm, ovales-oblongues étroites, à longue pointe, à bord pourvu de petites dents obtuses, lisses ; pétiole de 2 cm, glandulaire
Stipules Étroites, membraneuses

FLEURS ET FRUITS

Fleurs ⚥, par paires, précédant les feuilles, roses, se décolorant pour devenir blanches ; tube de la fleur en forme de cloche
Pétales 5, de 1,5-2,5 cm, ovales, larges, d'une largeur maximale au-dessus du milieu, diminués à la base ; 5 sépales de 7-8 mm, rougeâtres
Étamines 15-25, jaunes
Stigmate Unique, mince, long
Ovaire Unique, velu
Fruits Coriaces, de 3,5-6 cm, ovoïdes, aplatis, couverts d'un duvet velouté, vert-gris à maturité
Graine Unique, dans un gros noyau criblé de trous, avec un sillon au bord

Prunellier *Prunus spinosa*

Les fleurs blanches du Prunellier, également appelé Épine noire, contrastent avec ses rameaux épineux noirâtres. C'est typiquement un arbuste qui se propage par rejets pour former des fourrés denses, mais il peut atteindre la taille d'un arbre. Ses petits fruits noir bleuâtre (les prunelles) sont couverts d'un velouté cireux blanchâtre et sont très acides. *Distribution :* indigène ; répandu en Europe, sauf dans l'extrême Nord. *Espèces similaires :* le Prunier sauvage, une espèce variable comprenant le prunier cultivé, le Prunier de Damas et celui produisant les reines-claudes, possède une écorce brune et des fruits plus gros. Originaire du sud de l'Italie et des Balkans, *P. cocomilia* se distingue par ses rameaux non épineux, ses feuilles glabres et ses fruits jaunes.

1 Prunier cultivé *(P. domestica)*
2 *P. cocomilia*

	PRUNELLIER
Type	Arbuste caduc ou arbre
Hauteur	Habituellement jusqu'à 4 m
Distribution	Broussailles, bois clairsemés, haies, sur la plupart des sols
Floraison	Mars-avril
Fructification	Septembre-octobre
	TRONC ET COURONNE
Tronc	Souvent multiple, drageonnant
Écorce	Noirâtre, rugueuse
Couronne	Irrégulière, dense ; nombreuses ramifications largement déployées
Rameaux	Épineux, d'abord couverts de poils courts, noir terne ou brun foncé
	FEUILLES
Bourgeons	Ovoïdes, velus
Feuilles	De part et d'autre du rameau, de 2-4,5 cm, ovales-étroites à larges, d'une largeur maximale au-dessus du milieu ; apex obtus ou pointu, bord pourvu de fines dents arrondies ou pointues, base cunéiforme ; glabres par-dessus, duveteuses sur les veines par-dessous, vert terne ; pétiole de 0,2-1 cm
Stipules	Présentes
	FLEURS ET FRUITS
Fleurs	⚥, précédant les feuilles, de 1-1,5 cm, solitaires, certaines par paires ; pétioles de 5 mm, glabres
Pétales	5, de 5-8 mm, d'une largeur maximale vers l'extrémité, obtus, blancs ; 5 sépales
Étamines	Environ 20
Stigmates	Solitaires ; anthères rougeâtres
Ovaire	Unique
Fruits	Solitaires, semblables à des baies, de 1-1,5 cm, sphériques, noir bleuâtre, couverts d'un velouté cireux blanchâtre, acides
Graines	Solitaires, dans un noyau sphérique, lisse ou rugueux, de 7,5-10 mm

Cerisier des oiseaux

Les longues branches de ce bel arbre sont entièrement recouvertes de fleurs blanches, juste avant l'apparition des feuilles dentées ; par la suite, elles ploient sous les fruits. Les cerisiers à fruits doux et comestibles sont apparentés à cette espèce. *Distribution :* indigène, sauf dans les régions les plus au nord et à l'est : planté comme arbre d'ornement et pour ses fruits. *Espèces similaires :* deux autres cerisiers atteignent la taille d'un arbre. Le Cerisier acide, ou Griottier, aux feuilles luisantes, divergentes ; la base de la fleur est plus large, en forme de clochette. Le Bois de Sainte-Lucie est pourvu de feuilles plus petites, très luisantes et à minuscules dents, ainsi que de grappes ramifiées de petits fruits noirs et amers.

1 Cerisier acide *(P. cerasus)*
2 Bois de Sainte-Lucie *(P. mahaleb)*

CERISIER DES OISEAUX

Type Arbre caduc
Hauteur 10-30 m
Distribution Bois, haies, surtout sur sols calcaires et argileux
Floraison Avril-mai
Fructification Juillet

TRONC ET COURONNE

Tronc Simple, aux contours nets
Écorce Brun-rouge, pelant en lanières horizontales, avec des bandes de lenticelles et des fissures noirâtres
Couronne Conique, devenant arrondie avec des branches horizontales
Rameaux Brun-rouge clair, glabres

FEUILLES

Bourgeons Pointus, brun-rouge luisant
Feuilles De part et d'autre du rameau, pendantes, de 8-15 cm, ovales, plus larges en haut, à pointe effilée, à dents arrondies, obtuses, orientées vers l'avant et à base diminuée, vert terne, lisses dessus, plus claires et velues dessous, virant au jaune ou au rouge en automne ; pétiole de 2-5 cm, avec des glandes près du sommet

FLEURS ET FRUITS

Fleurs ⚥, précédant les feuilles ; en bouquets sessiles de 2-6 ; fleur de 2,5-3,5 cm, blanche, à base renflée, resserrée à la partie supérieure ; pédoncule de 2-5 cm
Pétales 5, de 0,9-1,5 cm ; 5 sépales
Étamines Environ 20
Stigmate Unique
Ovaire Unique
Fruits Semblables à des baies, en grappes, de 9-12 mm, sphériques, rouge foncé, jaunes ou noirâtres
Graine 1, dans un noyau sphérique lisse

Merisier à grappes *Prunus padus*

Cet arbre séduisant est aisément identifiable parmi les cerisiers indigènes à feuillages caduc, par ses longs épis de fleurs blanches odorantes à la fin du printemps. Le petit fruit noir, luisant, a une saveur aigre-douce ou astringente, mais il est comestible pour les oiseaux. *Distribution :* indigène dans la plus grande partie de l'Europe ; planté comme arbre d'ornement dans les parcs, les jardins et les rues. *Espèces similaires :* deux espèces nord-américaines introduites dans nos régions sont pourvues de fleurs plus petites. Le Cerisier noir possède des feuilles vert foncé luisantes, aux bords ondulés et dentés. Le Cerisier de Virginie présente des feuilles ternes, aux veines moins nombreuses et aux dents écartées, très acérées ; il produit des fruits rouge-noir.

1 Cerisier noir *(P. serotina)*
2 Cerisier de Virginie *(P. virginiana)*

MERISIER A GRAPPES

Type Arbre caduc ou arbuste
Hauteur 3-17 m
Distribution Commun sur les sols calciques, souvent dans les bois ou près de l'eau
Floraison Mai
Fructification Juillet-août

TRONC ET COURONNE

Tronc Aux contours nets, érigé
Écorce Brun grisâtre foncé, lissé, pelant en lanières horizontales
Couronne Conique, devenant arrondie, branches ascendantes, ou branches basses horizontales
Rameaux Bruns ou gris, devenant glabres

FEUILLES

Bourgeons Ovoïdes, brun luisant
Feuilles 5-10 cm, ovales ou oblongues avec un apex effilé, bord finement denté, base arrondie, vert terne par-dessus, claires et parfois velues par-dessous, virant au jaune ou au rouge en automne, pétiole de 1-2 cm, cannelé, rouge-brun

FLEURS ET FRUITS

Fleurs ⚥, fortement odorantes, 15-40 en grappes pendantes de 7-15 cm de long sur les rameaux feuillus, chaque fleur de 1,4-2 cm, blanches
Pétales 5, de 6-9 mm, irrégulièrement dentés ; 5 sépales, courts, obtus
Étamines Nombreuses
Stigmate Unique
Ovaire Unique
Fruits Semblables à des baies, en longues grappes, de 6-8 mm, subsphériques, noir luisant, amers
Graine Unique, dans un noyau sphérique cannelé

Cet arbre ou arbuste à feuillage persistant et luisant, dont l'habitat était confiné aux Balkans, est aujourd'hui répandu dans d'autres régions. Il produit de longues grappes de fleurs érigées, mais est avant tout utilisé pour son feuillage. *Distribution :* originaire des régions orientales de la péninsule des Balkans ; introduit dans les régions méridionales et occidentales comme arbre d'ornement ; largement naturalisé. *Espèce similaire :* le Laurier du Portugal possède des pétioles foliaires rouges plus longs que les feuilles, ainsi que des grappes réunissant chacune une centaine de fleurs. Originaire d'Espagne, du Portugal et du sud de la France, il est planté à titre ornemental.

Laurier du Portugal *(P. lusitanica)*

	LAURIER-CERISE
Type	Arbre persistant ou arbuste
Hauteur	Jusqu'à 8 m
Distribution	Terres boisées
Floraison	Avril
Fructification	Septembre
	TRONC ET COURONNE
Tronc	Mince
Écorce	Gris-brun sombre, couverte de lenticelles la rendant rugueuse
Couronne	En dôme irrégulier, déployée
Rameaux	Vert clair, lisses
	FEUILLES
Bourgeons	4-7 mm, vert brillant, ovoïdes, pointus
Feuilles	Alternes, de 10-20 cm, oblongues à ovales-étroites, à courte pointe, à base arrondie ou cunéiforme, à bord parfois pourvu de quelques minuscules dents, plutôt rigides et coriaces, vert foncé luisant par-dessus, vert jaunâtre par-dessous ; pétiole vert, de 1,2 cm, avec une ou plusieurs glandes près de la lame
Stipules	Étroites, membraneuses
	FLEURS ET FRUITS
Fleurs	⚥, environ 30 en longs épis dressés, aussi longs que les feuilles, blanc crème ; tube de la fleur en forme d'entonnoir ou de cloche
Pétales	5, de 4 mm, ovales à orbiculaires, largement séparés ; 5 sépales courts
Étamines	15-20, jaunes
Stigmates	Unique, style faisant nettement saillie au-dessus de la fleur
Ovaire	Unique
Fruits	Semblables à des baies, d'environ 1-2 cm, sphériques, pourpre-noir à maturité
Graine	1, dans un noyau sphérique lisse

Cerisier du Japon *Prunus serrulata*

Ces branches horizontales ou largement déployées donnent à cet arbre un aspect caractéristique, en forme de dôme aplati. Il est très fréquemment planté, en particulier le long des avenues, qu'il égaie au printemps par sa profusion de fleurs. Il existe de nombreux hybrides et cultivars, offrant une large palette de couleurs de feuilles et de pétales, ainsi que des fleurs simples ou doubles. *Distribution :* d'origine mal connue, mais vraisemblablement chinoise ; répandu dans toute l'Europe comme arbre d'ornement. *Espèces similaires :* deux espèces ornementales communes sont originaires du Japon : le Cerisier de Sargent, aux fleurs d'un rose profond, et le Cerisier de Yedo, un hybride à feuilles vernisées.

1 Cerisier de Sargent *(P. sargentii)*
2 Ceriser de Yedo *(P. × yedoensis)*

	CERISIER DU JAPON
Type	Arbre caduc
Hauteur	Jusqu'à 15 m
Distribution	Rues, parcs et jardins
Floraison	Avril-mai
Fructification	Juin
	TRONC ET COURONNE
Tronc	Court, se ramifiant brusquement pour former une couronne
Écorce	Brun pourpre, avec des bandes de lenticelles
Couronne	Déployée ; branches horizontales ou ascendantes
Rameaux	Lisses
	FEUILLES
Bourgeons	Grands, brun foncé
Feuilles	Alternes, de 8-20 cm, ovales-larges, d'une largeur maximale au-dessus du milieu, apex diminuant de façon abrupte, dents aiguës, aux pointes allongées, semblables à des poils ; pétiole de 2-4 cm, avec 1-4 glandes rougeâtres près de la lame
Stipules	Étroites, membraneuses
	FLEURS ET FRUITS
Fleurs	⚥, 2-4 en bouquets apparaissant avant les feuilles, blanches ou roses ; tube de la fleur en forme de cloche étroite
Pétales	5, de 1,5-4 cm, ovales, échancrés à l'extrémité ; 5 sépales longs et étroits
Étamines	Environ 25-30
Stigmate	Unique, style long et fin
Ovaire	Unique
Fruits	Semblables à des baies, de 7 mm, sphériques, rouge pourpre à maturité, rarement produits
Graine	Unique, dans un noyau sphérique

Prunus subhirtella # Cerisier du printemps

Le Cerisier du printemps fleurit normalement dès les premiers mois de l'année ; cependant, le cultivar 'Autumnalis', le Cerisier d'automne, fleurit d'octobre à avril. D'autres cultivars, parmi lesquels des formes pleureuses et à fleurs doubles, sont également plantés à titre ornemental, mais sont moins communs. *Distribution :* originaire du Japon ; très répandu comme arbre d'alignement et d'ornement dans les jardins. *Espèces similaires :* le Cerisier du Tibet est pourvu d'une écorce rouge-brun luisante et écailleuse, de fleurs blanches et de fruits rouge vif. C'est un arbre commun dans les parcs.

Cerisier du Tibet *(P. serrula)*

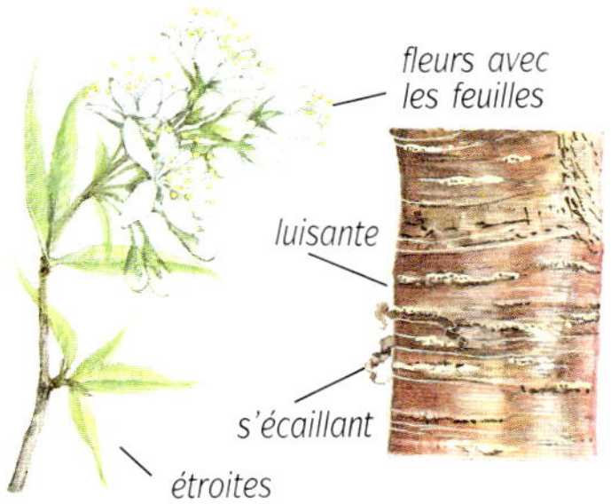

	CERISIER DU PRINTEMPS
Type	Arbre caduc
Hauteur	Jusqu'à 20 m
Distribution	Parcs, jardins, rues
Floraison	Mars-avril
Fructification	Juin
	TRONC ET COURONNE
Tronc	Épais, droit
Écorce	Gris-brun
Couronne	Dense, arrondie, branches minces
Rameaux	Cramoisis, duveteux
	FEUILLES
Bourgeons	3-5 mm, ovoïdes, sombres
Feuilles	Alternes, d'environ 6 cm, ovales à oblongues, s'étirant en une longue pointe, à base cunéiforme, à dents acérées, lisses par-dessus, aux veines duveteuses par-dessous ; pétiole de 0,7-1,2 cm, duveteux, cramoisi
Stipules	Étroites, membraneuses
	FLEURS ET FRUITS
Fleurs	⚥, 2-5 sur de courts pédoncules, en bouquets, apparaissant avant les feuilles, blanc rosé à rose ; tube de la fleur en forme d'urne
Pétales	5, de 8-12 mm, ovales, d'une largeur maximale au-dessus du milieu, échancrés au sommet ; 5 sépales, de 3 mm, triangulaires
Étamines	Environ 20
Stigmate	Unique, style fin ; plus long que les étamines, velu vers la base
Ovaire	Unique
Fruits	Semblables à des baies, de 7-9 mm, sphériques à ellipsoïdes, pourpre-noir à maturité
Graine	Unique, dans un noyau sphérique

Caroubier *Ceratonia siliqua*

Pourvu de feuilles coriaces et résistant bien dans un environnement très sec, le Caroubier est un arbre caractéristique des paysages méditerranéens. Ses fleurs se distinguent de celles des autres membres de la famille des Césalpiniacées par le fait qu'elles sont totalement dépourvues de pétales. Le Caroubier, espèce indigène, est également largement cultivé pour ses gousses. Se maintenant sur l'arbre pratiquement toute l'année, celles-ci sont grandes et renferment des graines, ainsi qu'une pulpe sucrée. Elles ont une grande valeur nutritive et sont utilisées pour nourrir le bétail. *Distribution :* originaire du bassin méditerranéen ; naturalisé dans certaines régions ; largement cultivé comme fourrage.

	CAROUBIER
Type	Arbre persistant
Hauteur	Jusqu'à 10 m
Distribution	Sols secs
Floraison	Août-octobre
Fructification	A partir de septembre
	TRONC ET COURONNE
Tronc	Court, souvent ramifié dès la base
Écorce	Grise, rugueuse
Couronne	Dense, en dôme bas
Rameaux	Forts, couverts d'un duvet
	FEUILLES
Bourgeons	Petits, aux poils dorés
Feuilles	Alternes, avec 2-5 paires de folioles, chacune de 3-5 cm, ovales-étroites à suborbiculaires, aux extrémités échancrées, lisses, coriaces, foncées et luisantes par-dessus, plus claires par-dessous ; pétiole brun ou vert
Stipules	Minuscules, tombant tôt
	FLEURS ET FRUITS
Fleurs	♂ et ♀ sur le même arbre ou sur des arbres différents, nombreuses, en courts épis aux aisselles des feuilles, vertes
Pétales	Aucun ; 5 sépales minuscules, tombant tôt
Étamines	5, rayonnant à partir d'un disque central
Stigmate	Unique, à lobes très courts, style épais, vert
Ovaire	Unique, en forme de fiole
Fruits	Gousses, de 10-20 cm, pendantes, aplaties, brun violacé à maturité
Graines	Nombreuses, non libérées

Ce grand arbre est armé de redoutables rosettes d'épines sur le tronc et les branches maîtresses. Sur les branches plus petites et les rameaux, les épines sont généralement groupées par trois. Il existe également des variétés dépourvues d'épines, que l'on choisit comme arbres d'alignement. *Distribution :* originaire du bassin du Mississippi ; introduit en Europe méridionale et centrale, parfois naturalisé. *Espèce similaire : Caragana arborescens* est une espèce originaire du nord de l'Asie, souvent plantée à titre ornemental et naturalisée en France. Elle est pourvue de feuilles comportant de huit à douze folioles, ainsi que de grappes de fleurs jaunes.

Caragana arborescens

FÉVIER D'AMÉRIQUE

Type Arbre caduc
Hauteur Jusqu'à 45 m
Distribution Principalement dans les parcs et les rues, également dans les bois et près des cours d'eau
Floraison Juin
Fructification Juillet-septembre

TRONC ET COURONNE

Tronc Long, avec de grandes formations épineuses
Écorce Brune, fissurée verticalement
Couronne Grande et déployée
Rameaux Lisses, striés

FEUILLES

Bourgeons 1-2 mm, de forme pyramidale, rougeâtres
Feuilles Alternes, de 10-20 cm, soit divisées une fois, lorsqu'elles comportent 7-18 paires de folioles, chacune de 2-3,5 cm, soit divisées deux fois, lorsque les folioles elles-mêmes sont subdivisées en 8-14 segments, chacun de 8-20 mm, l'apex de la feuille se terminant en une épine ; pétiole court
Stipules Minuscules

FLEURS ET FRUITS

Fleurs ♂, ♀ ou ⚥, nombreuses, en racèmes aux aisselles des feuilles, chacun d'environ 3 mm, blanc verdâtre
Pétales 3-5, ovales, égaux ; 3-5 sépales, soudés au bas
Étamines 6-10
Stigmate Unique, lobé, style court et épais
Ovaire Unique, étroit, vertical
Fruits Gousses de 30-45 cm de long sur 2-3 cm de large, aplaties, incurvées et souvent tordues en spirale
Graines Nombreuses, non libérées

Arbre de Judée *Cercis siliquastrum*

Ce curieux arbre, dont les fleurs rose vif sont portées directement sur le tronc, les branches maîtresses et les rameaux, présente des feuilles suborbiculaires, aux nervures digitées caractéristiques, apparaissant après les fleurs. Les jolies gousses rouge pourpre se forment plus tard dans l'année. *Distribution :* originaire de toute la zone méditerranéenne ; souvent planté dans d'autres régions et parfois naturalisé. *Espèce similaire :* l'Érythrine crête-de-coq est une espèce brésilienne formant un petit arbre au tronc épais ou un arbuste, cultivée dans les régions à climat doux pour ses fleurs cramoisies.

Érythrine crête-de-coq *(Erythrina crista-galli)*

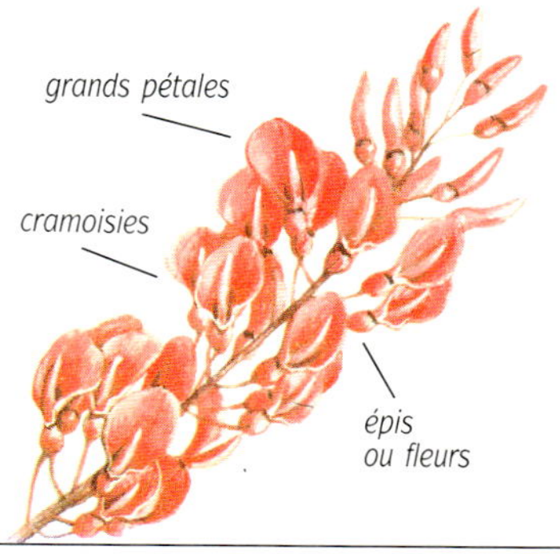

ARBRE DE JUDÉE

Type	Arbre ou arbuste caduc
Hauteur	Jusqu'à 10 m
Distribution	Principalement sur les sols rocheux, secs
Floraison	Avril-mai
Fructification	Juillet

TRONC ET COURONNE

Tronc	Mince, souvent multiple
Écorce	Sombre, noirâtre, craquelée
Couronne	Arrondie, déployée, branches ascendantes
Rameaux	Brun rougeâtre, verruqueux

FEUILLES

Bourgeons	5-8 mm, brun rouge ou cramoisis, ovoïdes, pointus
Feuilles	Alternes, de 7-12 cm, suborbiculaires, arrondies ou échancrées à l'apex, à base cordée, glabres, glauques à l'état juvénile, devenant vert foncé par-dessus, aux nervures digitées ; pétiole plus court que le limbe
Stipules	Petites, tombant tôt

FLEURS ET FRUITS

Fleurs	⚥, en bouquets lâches, sur les rameaux, le tronc et les branches, roses, de 1,5-2 cm
Pétales	5, inégaux, la paire inférieure soudée, la paire latérale se chevauchant, le pétale supérieur érigé ; 5 sépales égaux, soudés au bas
Étamines	10, libres
Stigmate	Unique, style incurvé
Ovaire	Unique, étroit
Fruits	Gousses de 6-10 cm, aplaties, avec une aile très étroite sur un côté, glabres, devenant rouge pourpre, brunes à maturité
Graines	Nombreuses, libérées lorsque la gousse éclate

Cet arbre à feuillage dense porte ses fleurs roses, en forme de plumeau, sur les branches supérieures. Les fleurs sont petites, mais pourvues d'étamines très saillantes, et sont réunies en capitules denses. *Distribution :* originaire d'Asie ; largement planté comme arbre d'ornement et d'alignement en Europe méridionale, et comme espèce annuelle en Europe du Nord. *Espèce similaire :* l'Albizia à crinière, du sud-ouest de l'Australie, est également planté dans les régions méditerranéennes. Il possède des rameaux couverts d'une dense toison et des capitules cylindriques de fleurs jaunes.

Albizia à crinière *(A. lophantha)*

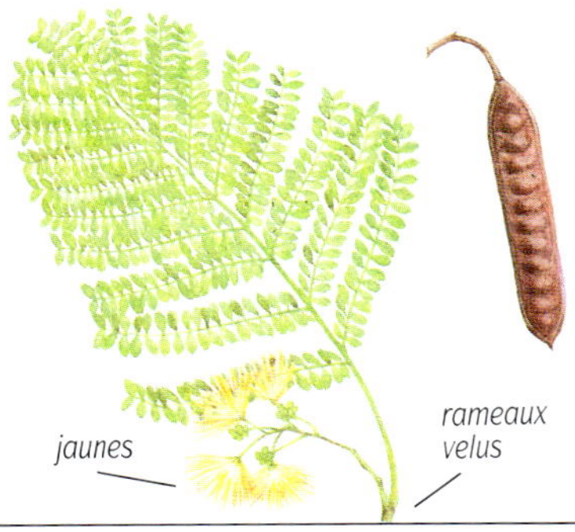

ARBRE DE SOIE

Type Arbre caduc
Hauteur Jusqu'à 13 m
Distribution Bois, berges
Floraison Juillet-août
Fructification Octobre

TRONC ET COURONNE

Tronc Mince
Écorce Lisse
Couronne Dense, en dôme légèrement aplati ; branches étalées
Rameaux Bruns, couverts de nombreuses lenticelles verruqueuses claires

FEUILLES

Bourgeons Courts, noirs, velus
Feuilles Alternes, de 20-30 cm, divisées en 10-25 folioles par paire, chaque foliole comportant 35-50 foliolules par paire, chacune de 1-1,5 cm, ovales-étroites, incurvées, vertes par-dessus, au bord et au revers pourvus de poils courts ; pétiole pourvu d'une glande en forme de coupe sur le dessus
Stipules Absentes

FLEURS ET FRUITS

Fleurs ♂, ♀ et quelquefois ⚥ en panicules dont chaque ramification porte un capitule dense de 20 fleurs
Pétales 5, soudés en un tube étroit, de 7-9 mm, roses ; sépales formant un tube à 5 lobes, de 3 mm
Étamines Nombreuses, de 3,5-4 cm, roses, dépassant nettement les pétales
Stigmate Unique
Ovaire Unique
Fruits Gousses de 8-15 cm, plates, à extrémité diminuée, légèrement pincées entre les graines, brunes à maturité
Graines 10-15, orbiculaires

Mimosa argenté *Acacia dealbata*

Ce sont les fleurs de cet arbre à feuillage vert argenté clair et à feuilles plumeuses, finement divisées, que l'on trouve chez les fleuristes. Les jolis capitules sphériques sont très nombreux et peuvent couvrir de jaune toute la couronne. *Distribution :* originaire du sud-est de l'Australie et de Tasmanie ; planté à grande échelle en Europe méridionale pour son bois et pour stabiliser les sols ; il s'est largement naturalisé et continue de se propager. *Espèce similaire :* le Mimosa vert est pourvu de feuilles caduques vert intense à stipules épineuses. Originaire des Antilles, il est cultivé dans le sud-est de l'Europe à titre ornemental, ainsi que pour l'industrie du parfum.

Mimosa vert *(A. mearnsii)*

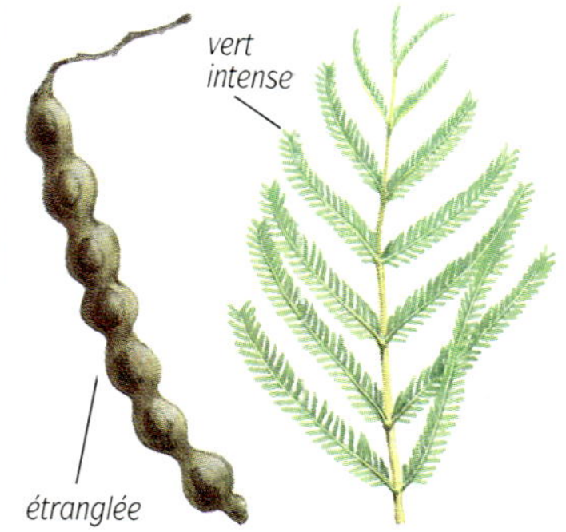

MIMOSA ARGENTÉ

Type Arbre persistant
Hauteur Jusqu'à 30 m
Distribution Flanc de coteaux, forêts et plantations
Floraison Janvier-mars
Fructification Mai

TRONC ET COURONNE

Tronc Mince
Écorce Lisse, gris-vert, devenant noire
Couronne Irrégulière, plutôt ouverte
Rameaux Couverts de poils courts, denses, blanc argenté

FEUILLES

Bourgeons Minuscules
Feuilles Alternes, divisées en 8-20 paires de segments, chaque segment comportant 30-50 paires de folioles, chacune de 3-5 mm, très étroites, couvertes d'un duvet blanc dense à l'état juvénile ; pétiole pourvu de glandes en forme de coupe aux points de ramification des segments
Stipules Absentes

FLEURS ET FRUITS

Fleurs ♂ en panicules ramifiées, déployées, de capitules, de 5-6 mm, comportant 30-40 fleurs jaune vif, aux pédoncules pubescents
Pétales 5, égaux, courts ; 5 sépales velus
Étamines Nombreuses, dépassant nettement les pétales, jaunes
Stigmate Unique, style très long, mince
Ovaire Unique
Fruits Gousses de 4-10 cm, aplaties, d'égale largeur sur la plus grande partie de la longueur, brun cireux à maturité
Graines Nombreuses, non libérées lorsque la gousse éclate

Cet arbre élancé à feuillage pendant et feuilles nettement glauques présente des capitules jaune vif relativement gros, comparés à ceux des autres espèces d'acacias rencontrées en Europe. *Distribution :* originaire de l'ouest de l'Australie ; largement planté dans de nombreux pays méditerranéens à titre ornemental et pour stabiliser les sols. *Espèces similaires :* le Mimosa des quatre saisons et le Mimosa à bois noir sont également plantés et naturalisés en Europe méridionale. Le premier produit des graines à tiges écarlates. Le second possède des feuilles pourvues de deux à six nervures, ainsi que des gousses vrillées.

1 Mimosa à bois noir *(A. melanoxylon)*
2 Mimosa des quatre saisons *(A. retinodes)*

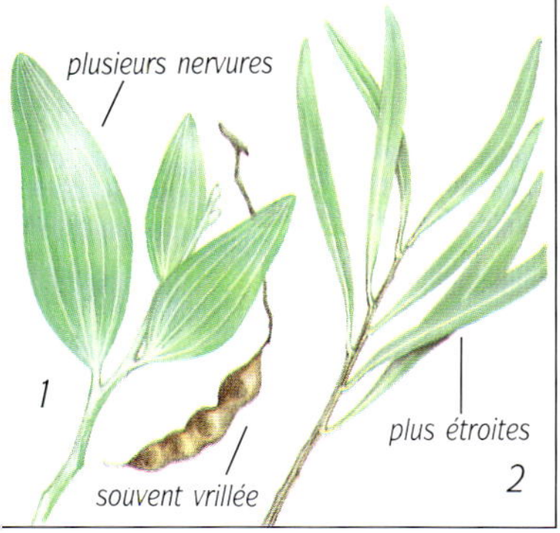

COURONNE D'OR

Type	Arbre ou arbuste persistant
Hauteur	Jusqu'à 10 m
Distribution	Principalement dans les zones littorales, sur sols secs
Floraison	Mars-mai
Fructification	Juillet

TRONC ET COURONNE

Tronc	Souvent fourchu dès la base et drageonnant
Écorce	Lisse, grise, devenant brun-gris et se craquelant
Couronne	Large, irrégulière
Rameaux	Glabres, côtelés, pendants, glauques

FEULLES

Bourgeons	Minuscules, ovoïdes à arrondis
Feuilles	Alternes, variables, généralement de 6-20 cm, lancéolées, droites ou incurvées, pendantes, ternes ou luisantes, glauques, avec une seule nervure claire et très apparente ; sessiles
Stipules	Absentes

FLEURS ET FRUITS

Fleurs	⚥, en racèmes pendants de 2-8 capitules, chacun de 1-1,5 cm de diamètre et comportant 25-70 fleurs jaune vif
Pétales	5, de 1,5 mm, égaux ; 5 sépales
Étamines	Nombreuses, jaunes
Stigmate	Unique, style long, mince
Ovaire	Unique
Fruits	Gousses de 6-12 cm, étroites, aplaties, pincées entre les graines, brunes à maturité
Graines	Nombreuses, attachées par une courte tige blanchâtre les enserrant, libérées lorsque la gousse éclate

Cytise aubour *Laburnum anagyroides*

C'est un arbre érigé, aux branches arquées et aux fleurs en cascade, pendant aux rameaux. Les gousses éclatées se maintiennent sur l'arbre quelque temps après la dispersion des graines. Ces dernières sont vénéneuses, comme toutes les autres parties. *Distribution :* originaire des régions montagneuses d'Europe méridionale et centrale ; largement planté à titre ornemental ; naturalisé ailleurs. *Espèces similaires :* le Cytise des Alpes, originaire des mêmes régions que le Cytise aubour, est un arbuste ou un petit arbre aux feuilles vernisées et aux longues grappes de fleurs. Le Cytise de Waterer est un hybride issu du croisement des deux espèces précédentes ; il a supplanté le Cytise aubour comme arbre d'ornement dans beaucoup de régions.

1 Cytise des Alpes *(L. alpinum)*
2 Cytise de Waterer *(L. × watereri)*

	CYTISE AUBOUR
Type	Arbre ou arbuste caduc
Hauteur	Jusqu'à 7 m
Distribution	Bois de montagne et broussailles
Floraison	Mai-juin
Fructification	Juillet-septembre
	TRONC ET COURONNE
Tronc	Mince
Écorce	Lisse, verdâtre à brun
Couronne	Irrégulière, ouverte ; branches ascendantes ou arquées
Rameaux	Gris-vert, recouverts de poils longs, soyeux, serrés
	FEUILLES
Bourgeons	5-6 mm, ovoïdes, avec des poils blancs, soyeux
Feuilles	Alternes, à 3 folioles, chacune de 3-8 cm, elliptiques ou d'une largeur maximale au-dessus du milieu, obtuses, mais avec une minuscule pointe acérée, gris-vert ; jeunes feuilles velues par-dessous ; pétiole de 2-6 cm
Stipules	Absentes
	FLEURS ET FRUITS
Fleurs	⚥, nombreuses, en longs racèmes pendant aux aisselles des feuilles et aux sommités des rameaux, chacune de 2 cm, jaune
Pétales	5, inégaux, la paire inférieure soudée, la paire latérale se chevauchant, le pétale supérieur érigé ; sépales soudés en un tube
Étamines	10, soudées en un tube
Stigmate	Unique, style incurvé vers le haut
Ovaire	Unique, étroit, incurvé, couvert d'un duvet soyeux
Fruits	Gousses de 4-6 cm, velues, glabres à maturité, brun terne
Graines	Nombreuses, noires, rondes, libérées lorsque la gousse éclate

Fortement drageonnant, le Faux Acacia peut produire de nombreux rejets. Chez le sujet parvenu à maturité, l'écorce devient striée, se couvrant de larges sillons. Cet arbre possède d'élégantes feuilles vert-jaune et des fleurs blanches odorantes, parfois confinées aux branches supérieures. *Distribution :* espèce prospère dans les bois, originaire de l'est et du centre de l'Amérique du Nord ; répandue comme arbre d'ornement ; naturalisée en Europe méridionale et occidentale. *Espèces similaires :* le Robinier visqueux, à fleurs roses et rameaux velus et gluants, est également planté à titre ornemental. Le Sophora du Japon est une espèce des montagnes d'Asie. C'est un grand arbre aux branches sinueuses ; ses fleurs blanches n'apparaissent que sur les vieux sujets.

1 Robinier visqueux *(R. viscosa)*
2 Sophora du Japon *(Sophora japonica)*

FAUX ACACIA

Type Arbre caduc
Hauteur Jusqu'à 25 m
Distribution Rues, parcs, bois
Floraison Juin
Fructification Septembre-octobre

TRONC ET COURONNE

Tronc Court, souvent drageonnant
Écorce Lisse, brun foncé, devenant grise avec des stries en spirale
Couronne Large, ouverte ; branches tordues
Rameaux Verts, avec des lignes rougeâtre sombre

FEUILLES

Bourgeons Enfoncés à la base du pétiole, flanqués de 2 épines
Feuilles Alternes, de 15-20 cm, à 7-21 folioles, avec généralement une paire de folioles à l'extrémité, chacune de 2,5-4,5 cm, ovales ou elliptiques, vert jaunâtre, au revers pourvu de poils clairsemés ; feuilles et folioles pétiolées
Stipules Ligneuses et épineuses ; minuscules stipules à la base de chaque foliole

FLEURS ET FRUITS

Fleurs ⚥, nombreuses, en longs racèmes pendants de 10-20 cm, blanches avec une tache jaune, odorantes
Pétales 5, inégaux, la paire inférieure soudée, la paire latérale se chevauchant, le pétale supérieur érigé ; sépales soudés en un tube
Étamines 10, dont 7 soudées en un tube et 1 libre
Stigmate Unique, style incurvé, extrémité velue
Ovaire Unique, long, étroit, velu
Fruits Gousses de 5-10 cm, lisses, brun terne à maturité
Graines 4-8, brunes avec des stries noires

Oranger doux *Citrus sinensis*

Ce petit arbre persistant porte des fleurs aux délicieuses senteurs et des fruits juteux. Les oranges parviennent à maturité au bout d'un an ou plus ; lorsque l'arbre est en fleur, il peut produire encore une, voire deux récoltes de fruits. Divers cultivars mûrissant à différentes époques de l'année permettent de trouver des oranges dans le commerce en permanence. *Distribution :* originaire de Chine et de l'Est asiatique ; arbre des vergers commun dans les régions méditerranéennes. *Espèces similaires :* plusieurs espèces apparentées, produisant chacune des fruits caractéristiques, sont cultivées communément. Le Citronnier possède des feuilles pourvues d'une épine à la base du pétiole. Le Pamplemoussier produit de grandes feuilles largement ailées, ainsi que de gros fruits.

1 Citronnier *(C. limon)*
2 Pamplemoussier *(C. paradisi)*

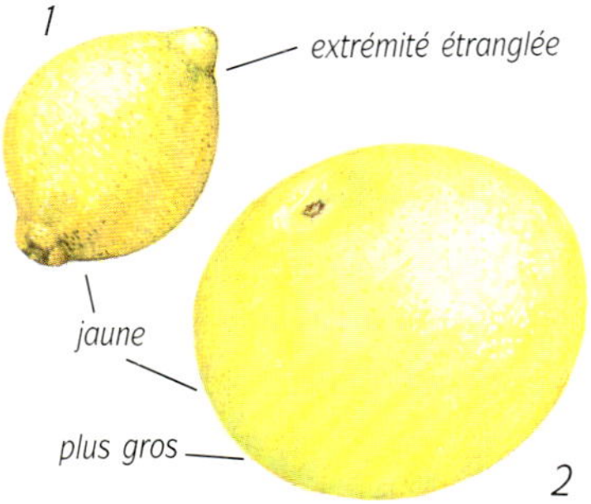

	ORANGER DOUX
Type	Arbre persistant
Hauteur	Jusqu'à 10 m
Distribution	Vergers, souvent près de la mer
Floraison	Principalement en mai, mais également à d'autres époques de l'année
Fructification	Jusqu'à 1 an ou plus après la floraison
	TRONC ET COURONNE
Tronc	Court, mince
Écorce	Brun noirâtre
Couronne	Arrondie, touffue
Rameaux	Anguleux, épineux à l'état juvénile, devenant cylindriques, inermes
	FEUILLES
Bourgeons	Très petits, en dôme, verts
Feuilles	Alternes, de 5-8 cm, ovales, pointues, à base arrondie, vernissées, lisses et coriaces mais fines, ponctuées de glandes huileuses luisantes ; pétiole pourvu d'une aile étroite, foliacée
Stipules	Absentes
	FLEURS ET FRUITS
Fleurs	⚥, solitaires ou en petit nombre en épis courts et lâches aux aisselles des feuilles, d'un blanc pur, odorantes
Pétales	5, ovales-étroits ; 4 ou 5 sépales courts, pointus, soudés à la partie basse
Étamines	20-60, groupées en faisceaux
Stigmate	Unique, claviforme, sur un style épais
Ovaire	Unique, vert, 10-13 cellules
Fruits	Semblables à des baies, avec une écorce coriace, presque lisse, renfermant une pulpe juteuse de saveur douce, orange à maturité
Graines	6 ou plus, couleur crème, pointues, non libérées

Orme à trois feuilles

Dégageant une odeur forte et désagréable lorsqu'on les écrase, les feuilles de cet arbre sont divisées en trois folioles divergentes. L'écorce et les jeunes fruits dégagent la même odeur. Le fruit mûr, couleur paille, est pourvu d'une large aile papyracée. *Distribution :* originaire de l'est de l'Amérique du Nord ; planté à titre ornemental et naturalisé en Europe centrale. *Espèces similaires : Phellodendron amurense,* de Chine, possède des feuilles pourvues de cinq à onze folioles, ainsi que des fruits noirs, semblables à des baies. Il est cultivé dans les parcs et les jardins.

Phellodendron amurense

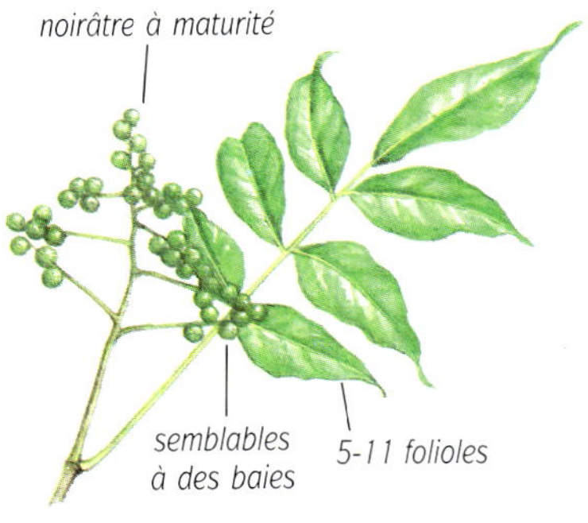

	ORME A TROIS FEUILLES
Type	Arbre ou arbuste caduc
Hauteur	Jusqu'à 8 m
Distribution	Principalement dans les parcs
Floraison	Juin-juillet
Fructification	Juillet-octobre
	TRONC ET COURONNE
Tronc	Court, souvent ramifié
Écorce	Brune, fortement odorante
Couronne	Arrondie
Rameaux	Lisses, brun foncé luisant
	FEUILLES
Bourgeons	Petits, fortement velus, occultés par la base du pétiole
Feuilles	Alternes, à 3 folioles, chacune de 6-12 cm, ovales, elliptiques aux deux extrémités, à bord entier ou avec des dents peu marquées, glabres, luisantes ; sessiles
Stipules	Absentes

	FLEURS ET FRUITS
Fleurs	♂, ♀ et ⚥ en grappes aux sommités des rameaux, blanc verdâtre
Pétales	4-5, de 4 mm, ovales-étroits, obtus, velus sur la face interne ; 4 ou 5 sépales, d'environ 1,5 mm, pointus, velus
Étamines	4, cotonneuses à la partie basse, rudimentaires dans les fleurs ♀
Stigmate	Unique, à 2 lobes, sur un style court et épais
Ovaire	Unique, à 2 cellules, rudimentaire dans les fleurs ♂
Fruits	Samares pourvues d'une aile orbiculaire échancrée, couleur paille, de 1,5-2,5 cm de section et nettement veinée
Graine	Unique, non libérée

Ailanthe *Ailanthus altissima*

C'est un arbre imposant, pourvu de jeunes feuilles d'abord rouge vif, puis virant au vert. Malheureusement, le feuillage dégage une odeur forte et désagréable. Les fruits pendent en longs bouquets, et chaque fruit est doté d'une aile vrillée en hélice. En Europe, l'arbre se multiplie très aisément par des drageons. *Distribution :* originaire de Chine ; très commun comme arbre d'alignement et de parc, naturalisé dans la plus grande partie de l'Europe, à l'exception des régions situées le plus au nord. *Espèce similaire :* une seconde espèce chinoise, *A. vilmoriniana,* est plus rarement cultivée. Les feuilles ont un pétiole rouge vif et des folioles plus sombres, velues dessous et à bord entier.

A. vilmoriniana

	AILANTHE
Type	Arbre caduc
Hauteur	20-30 m
Distribution	Sols légers, secs et instables
Floraison	Mai-juillet
Fructification	Août-septembre
	TRONC ET COURONNE
Tronc	Droit, souvent drageonnant
Écorce	Grise, souvent avec des lignes argentées, lisse, devenant écailleuse
Couronne	Irrégulière, branches fortes, ascendantes
Rameaux	Épais, lisses, bruns, avec de grandes cicatrices foliaires et des lenticelles
	FEUILLES
Bourgeons	2 mm, écartés, ovoïdes
Feuilles	Alternes, de 45-60 cm, rouge profond à leur apparition, plus tard vert brillant, à odeur désagréable ; 13-25 folioles par paires, chacune de 7-12 cm, ovales-étroites, pointues, glabres mais frangées, avec 2-4 dents vers la base ; pétiolées
Stipules	Absentes
	FLEURS ET FRUITS
Fleurs	Généralement ♂ et ♀ sur des arbres distincts, parfois ⚥, en panicules terminales bien garnies et ramifiées, de 10-20 cm de long, chacune de 7-8 mm, blanc verdâtre, fortement odorantes
Pétales	5, pointus ; 5 sépales verts
Étamines	10 dans les fleurs ♂ ; 2-3 dans les fleurs ♀
Stigmates	2-5, soudés
Ovaire	Unique, à 5-6 cellules
Fruits	Samares, pourvues d'une aile, étroite et tordue, de 3-4 cm de long, rougeâtre, paille à maturité
Graine	Unique, non libérée

Lilas des Indes

Melia azedarach

C'est un arbre élancé, à couronne ouverte et fleurs dotées de couleurs et de parfums délicats. Les étamines soudées forment un tube érigé, plus sombre que les pétales déployés. Les petits fruits sphériques se maintiennent sur l'arbre longtemps après la chute des feuilles. *Distribution :* espèce des montagnes, originaire de l'Est asiatique ; naturalisée dans la péninsule des Balkans ; largement plantée en Europe méridionale, à titre ornemental et pour son ombre. *Espèce similaire : Cedrela sinensis* est pourvu d'une écorce velue et de fleurs blanches pendantes. Originaire d'Asie orientale, il est cultivé pour son bois odorant.

Cedrela sinensis

LILAS DES INDES

Type Arbre ou arbuste caduc
Hauteur Jusqu'à 15 m
Distribution Zones montagneuses sèches ; planté également ailleurs
Floraison Juin
Fructification Juillet-octobre

TRONC ET COURONNE

Tronc Court, souvent mince
Écorce Brun grisâtre, parcourue de sillons
Couronne Ouverte et étalée
Rameaux Couverts de poils épars, étoilés, caducs

FEUILLES

Bourgeons Petits, sphériques, couverts d'une dense toison blanche
Feuilles Alternes, atteignant 90 cm, divisées en segments et chaque segment en foliole, chacune de 2,5-5 cm, ovales-étroites, pointues, à base cunéiforme, aux dents acérées, vert brillant ; pétiolées
Stipules Absentes

FLEURS ET FRUITS

Fleurs ⚥, nombreuses, en panicules ramifiées ouvertes, de 10-20 cm de long, aux aisselles des feuilles, couleur lilas, odorantes
Pétales 5, de 1,8 cm, étroits, déployés ou réfléchis ; 5 sépales, verts, courts, soudés au bas
Étamines 10, soudées en un tube érigé
Stigmate Unique, claviforme, avec un style épais, dissimulé dans le tube de l'étamine
Ovaire Unique, à 5-8 cellules
Fruits 6-18 mm, sphériques, jaune crème à maturité
Graine Unique, non libérée

Sumac de Virginie *Rhus typhina*

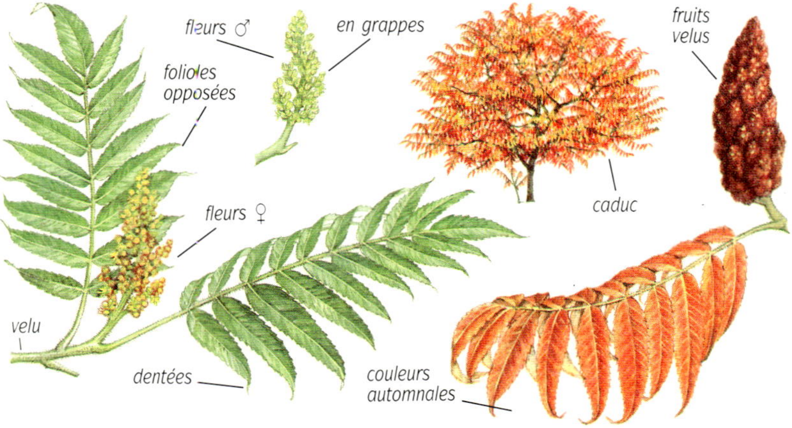

Ses rameaux couverts d'un duvet velouté et ses feuilles à folioles pendantes rendent immédiatement reconnaissable ce petit arbre drageonnant, également appelé Amarante. Il présente des couleurs automnales vives et les sujets femelles portent des capitules cramoisis. *Distribution :* originaire de l'est de l'Amérique du Nord ; répandu comme arbre d'ornement et naturalisé dans diverses régions d'Europe centrale et du Nord. *Espèces similaires :* le Sumac des corroyeurs est un arbuste semi-persistant, aux folioles velues et pourvues d'ailes étroites, et aux fruits pourprés. L'Arbre à laque, de Chine, est parfois planté. Il présente des panicules lâches et ramifiées.

1 Sumac des corroyeurs *(R. coriaria)*
2 Arbre à laque *(R. verniciflua)*

SUMAC DE VIRGINIE

Type	Arbre ou arbuste caduc
Hauteur	10 m
Distribution	Fourrés
Floraison	Mai-juillet
Fructification	Septembre-octobre

TRONC ET COURONNE

Tronc	Mince, souvent multiple et drageonnant
Écorce	Brune, avec des excroissances jaunes
Couronne	Aplatie, en dôme ouvert ; branches régulièrement fourchues
Rameaux	Incurvés, veloutés à l'état juvénile

FEUILLES

Bourgeons	Minuscules, dépourvus d'écailles
Feuilles	Alternes, de contour ovale, d'une largeur maximale au milieu, pendantes, 11-29 folioles sessiles, par paires, avec un foliole à l'extrémité, chacune de 5-12 cm, ovales, très étroites, pointues, grossièrement dentées, couvertes d'un duvet souple, aux riches couleurs orange et rouge en automne ; pétiole velu
Stipules	Absentes

FLEURS ET FRUITS

Fleurs	⚥, mais plus généralement ♂ et ♀ sur des arbres distincts, en panicules ramifiées de 10-20 cm ; ♂ verdâtres, panicules ouvertes ; ♀ rouge terne, panicules pubescentes, en épis
Pétales	5, étroits, déployés ; 5 sépales courts, velus
Étamines	5 dans les fleurs ♂ et ⚥
Stigmates	3 sur un style simple, court
Ovaire	Unique, dans les fleurs ♀ et ⚥
Fruits	Samares d'environ 4 mm, couvertes de poils pourpres
Graine	Unique, non libérée

Pistacia terebinthus **Térébinthe**

Cet arbre commun sur les terrains broussailleux secs et calcaires porte des feuilles coriaces comportant deux à six paires de folioles et une foliole solitaire à l'apex. Les fleurs ternes sont suivies de jeunes fruits rouge corail vif. *Distribution :* originaire du bassin méditerranéen et du Sud-Ouest asiatique. *Espèces similaires :* le Pistachier vrai, une espèce asiatique cultivée dans les régions méditerranéennes pour ses fruits comestibles, possède des feuilles aux pétioles velus et ne comportant généralement que trois folioles. L'Arbre à mastic, originaire des régions arides de la Méditerranée, est le plus souvent un arbuste persistant ; ses feuilles comportent quatre folioles et sont terminées par une courte épine.

1 Pistachier vrai *(P. vera)*
2 Arbre à mastic *(P. lentiscus)*

TÉRÉBINTHE

- **Type** Arbre ou arbuste caduc
- **Hauteur** Jusqu'à 10 m
- **Distribution** Broussailles, bois clairsemés, sur les pentes calcaires sèches
- **Floraison** Mars-avril
- **Fructification** Septembre-octobre

TRONC ET COURONNE

- **Tronc** Court, légèrement sinueux, fourchu
- **Écorce** Grise, finement craquelée en plaques oblongues
- **Couronne** Ouverte, irrégulière ; branches peu nombreuses, tordues
- **Rameaux** Rougeâtres, devenant bruns, forts, résinifères

FEUILLES

- **Bourgeons** 3-9 mm, rouge sombre, ovoïdes
- **Feuilles** Alternes, 3-9, aux folioles pétiolées, chacune de 2-8,5 cm, ovales, à extrémité pourvue d'une petite épine, coriaces, glabres et luisantes, vert foncé ; pétiole lisse, de section ronde
- **Stipules** Absentes

FLEURS ET FRUITS

- **Fleurs** ♂ et ♀ sur des arbres distincts, en panicules aux longues ramifications, brun-vert, apparaissant avec les feuilles
- **Pétales** Absents
- **Étamines** 3-5 dans les fleurs ♂
- **Stigmates** 3, sur un simple style
- **Ovaire** Unique, dans les fleurs ♀
- **Fruits** Samares, de 5-7 mm, ovoïdes, pourvues d'une mince pointe, rouge corail, brunes à maturité
- **Graine** Unique, non libérée

Faux Poivrier *Schinus molle*

Arbre persistant, il est pourvu d'une couronne de feuillage pleureur. Les feuilles dégagent un net arôme de poivre. Le Faux Poivrier est particulièrement remarquable en automne, à l'apparition de ses longues grappes de fruits roses. Fleurissant uniquement dans les climats chauds, il est largement planté dans le bassin méditerranéen. *Distribution :* originaire d'Amérique centrale et du Sud ; cultivé comme arbre d'ornement en Europe méridionale et naturalisé par endroits. *Espèce similaire :* le Poivrier du Brésil, une espèce sud-américaine moins fréquente, est doté de branches érigées, de folioles plus larges et de fruits rouge vif.

Poivrier du Brésil *(S. terebinthifolia)*

	FAUX POIVRIER
Type	Arbre persistant
Hauteur	12 m
Distribution	Zones sèches et chaudes
Floraison	Juin-août
Fructification	Juillet-décembre
	TRONC ET COURONNE
Tronc	Puissant, droit, cylindrique
Écorce	Gris-brun
Couronne	Grande, en dôme ; branches minces
Rameaux	Bleuâtres, pendants
	FEUILLES
Bourgeons	Écailleux, très petits
Feuilles	Alternes, pourvues d'une foliole ou d'une courte épine à leur extrémité, avec 7-13 paires de folioles, chacune de 2-6 cm, très étroites, terminées par une épine, souvent dentées, velues, devenant glabres, aromatiques ; pétiole aplati
Stipules	Absentes
	FLEURS ET FRUITS
Fleurs	⚥, ou ♂ et ♀ sur des arbres distincts, nombreuses, en panicules lâches, pendantes, de 25 cm de long, blanc crème
Pétales	5, d'environ 2 mm, ovales, d'une largeur maximale au-dessus du milieu, obtus ; 5 sépales
Étamines	10 dans les fleurs ♂ et ♀
Stigmates	3, sur un simple style
Ovaire	Unique, dans les fleurs ♀ et ♂
Fruits	Drupes de 6-7 mm, sphériques, rose luisant à maturité, persistant sur l'arbre pendant l'hiver
Graine	Unique, non libérée

La couronne de cet arbre plutôt étique ne devient entière qu'avec l'âge. Les fleurs jaunes sont réunies en grandes panicules terminales ouvertes. Les fruits renflés, de texture papyracée, prennent une coloration rouge à maturité ; ils présentent un réseau de veines très apparentes. On rencontre surtout cet arbre dans les parcs et les grands jardins. *Distribution :* originaire de l'Est asiatique, c'est un arbre d'ornement commun, surtout en Europe méridionale ; parfois naturalisé dans l'Est et le Nord. *Espèce similaire :* aucune.

	SAVONNIER
Type	Arbre caduc
Hauteur	9-18 m
Distribution	Parcs et jardins, occasionnellement sur les terres en friche
Floraison	Juillet-août
Fructification	Septembre-octobre
	TRONC ET COURONNE
Tronc	Épais, sinueux
Écorce	Brune, révélant une coloration orange sous les fissures profondes
Couronne	Clairsemée à l'état juvénile, devenant plus compacte avec l'âge ; branches ascendantes, tordues
Rameaux	Pubescents, devenant glabres
	FEUILLES
Bourgeons	Écrasés, avec une pointe incurvée
Feuilles	Alternes, de 15-40 cm ; 9-15 folioles par paires, chacune de 3-8 cm, grossièrement dentées, les inférieures parfois subdivisées en foliolules, lisses, vert foncé par-dessus, claires par-dessous ; pétiolées
Stipules	Absentes
	FLEURS ET FRUITS
Fleurs	⚥, mais souvent soit ♂ soit ♀, en panicules ramifiées atteignant 40 cm de long aux sommités des rameaux, de 1 cm de section, jaunes
Pétales	4, étroits, pointus ; 4 sépales courts, velus
Étamines	8, souvent moins, velues
Stigmate	Unique, style plus long que les étamines
Ovaire	Unique, trifide, à 3 cellules, velu
Fruits	Capsules de 5,5 cm, coniques et membraneuses, panachées de rouge et veinées, éclatant en 3 valves à maturité
Graines	3, noires, libérées

Marronnier d'Inde *Aesculus hippocastanum*

C'est un arbre massif, déployé, aux grandes feuilles digitées. Les panicules de fleurs éclatantes sont visibles d'assez loin. La graine (marron), d'un brun luisant, est contenue dans une grosse bogue armée de piquants. Les rameaux d'hiver présentent des cicatrices foliaires très caractéristiques, en fer à cheval, ainsi que de très gros bourgeons gluants. *Distribution :* à l'origine, espèce des montagnes provenant de la péninsule des Balkans ; largement plantée dans la plus grande partie de l'Europe pour son bois, comme espèce ornementale et pour son ombre ; souvent naturalisée. *Espèce similaire :* le Marronnier à fleurs rouges, largement planté, est un hybride issu du croisement du Marronnier commun et d'une espèce américaine. Il produit des fleurs rouges.

Marronnier à fleurs rouges (*A.* × *carnea*)

MARRONNIER D'INDE
Type Arbre caduc
Hauteur Jusqu'à 25 m
Distribution Fourrés, haies, terres boisées
Floraison Mai-juin
Fructification Septembre

TRONC ET COURONNE
Tronc Puissant, à large base, cannelé
Écorce Rouge ou gris-brun foncé, écailleuse
Couronne Vaste, en dôme étalé ; branches arquées ; aux sommités relevées
Rameaux Rouge-brun avec des lenticelles pâles ; cicatrices foliaires

FEUILLES
Bourgeons Jusqu'à 3,5 cm, brun luisant, résinifères et gluants
Feuilles Par paires ; 5-7 folioles rayonnantes, sessiles, les plus grandes atteignant 25 cm de long, d'une largeur maximale au-dessus du milieu, pointues, elliptiques à la base, dentées, cotonneuses dessous, devenant glabres ; long pétiole
Stipules Absentes

FLEURS ET FRUITS
Fleurs ⚥ ou ♂ en épis érigés très voyants, de forme pyramidale, de 15-30 cm, aux sommités des rameaux
Pétales 4-5, d'environ 1 cm, froncés, inégaux, blancs avec une tache jaune à rose à la base ; 5 sépales inégaux, courts, soudés en un tube
Étamines 6-7, saillantes, incurvées vers le bas
Stigmate Unique, sur un long style incurvé
Ovaire Unique, à 3 cellules
Fruits Épineux, de 6 cm, sphériques, bruns à maturité
Graines 1, parfois 2-3, lisses, brun foncé luisant, avec une cicatrice ronde, pâle ; libérées lorsque le fruit éclate

Aesculus indica

Très semblable au Marronnier d'Inde, cette espèce indienne en diffère par ses folioles pétiolées et ses fruits dépourvus d'épines proéminentes. Les panicules, plus petites, sont blanches ou roses, tachetées de rouge et de jaune. Les bourgeons d'hiver sont verts et non pas bruns comme chez le Marronnier d'Inde, plus fréquent. *Distribution :* originaire de l'Himalaya ; planté dans les parcs et les jardins comme arbre d'ornement. *Espèce similaire : A. flava*, du sud-est de l'Amérique du Nord, est doté de fleurs étroites, jaunes ou roses ; il est fréquemment planté dans les parcs.

A. flava

AESCULUS INDICA

Type Arbre caduc
Hauteur 19-30 m
Distribution Sur la plupart des sols
Floraison Juin
Fructification Octobre

TRONC ET COURONNE

Tronc Puissant, droit, plutôt court
Écorce Gris verdâtre à gris rougeâtre, lisse, se craquelant en plaques
Couronne Grande, arrondie ; branches déployées, arquées vers le haut
Rameaux Gris-brun, avec des cicatrices foliaires proéminentes

FEUILLES

Bourgeons Environ 1 cm, verts, luisants, fortement gluants
Feuilles Par paires sur les rameaux ; 5-9 folioles, souvent 7, rayonnantes, à courts pétioles et atteignant 8 cm de long, ovales-étroites, d'une largeur maximale au-dessus du milieu, base diminuée aux deux extrémités, finement dentées
Stipules Absentes

FLEURS ET FRUITS

Fleurs ⚥, en panicules pyramidales érigées de 10-15 cm
Pétales 4-5, blancs ou roses, légèrement inégaux, les inférieurs étant les plus grands, les supérieurs mouchetés de rouge ou de jaune ; 5 sépales, petits, soudés en un tube
Étamines 5-8, longues et saillantes
Stigmate Unique, sur un long style saillant
Ovaire Unique, à 3 cellules
Fruits En forme de poire, brun-vert à maturité, pourvus d'une bogue mince et dure, éclatant en 3 parties
Graines 2-3, ridées, brun luisant, libérées lorsque le fruit éclate

Érable sycomore *Acer pseudoplatanus*

Confiné à l'origine dans les régions de montagne, cet arbre, également appelé Faux Platane, a été introduit dans de nombreuses régions d'Europe, et il est aujourd'hui largement naturalisé. Ses graines ailées lui assurent une propagation facile et rapide. Il devient un grand arbre déployé, souvent plus large que haut. *Distribution :* indigène dans les montagnes d'Europe centrale et méridionale, ainsi que dans l'ouest de l'Asie ; naturalisé vers le nord jusqu'en Suède. *Espèces similaires :* de distribution identique, mais atteignant des régions situées encore plus au nord, l'Érable plane se distingue par ses fruits aux ailes horizontales. L'Érable à feuilles d'obier est également un arbre des montagnes ; ses fruits sont pourvus d'ailes pratiquement parallèles.

1 Érable plane *(A. platanoides)*
2 Érable à feuilles d'obier *(A. opalus)*

ÉRABLE SYCOMORE

Type Arbre caduc
Hauteur Jusqu'à 35 m
Distribution Bois, haies, zones montagneuses ; fréquemment planté
Floraison Avril-mai
Fructification Juin-septembre

TRONC ET COURONNE

Tronc Puissant, formant souvent des contreforts
Écorce Lisse, grise, devenant brun rosâtre, fissurée et se craquelant en petites plaques irrégulières
Couronne En dôme, étalée, dense ; branches basses souvent fortes
Rameaux Courts, gris-vert, lisses

FEUILLES

Bourgeons 0,8-1 cm, ovales, vert rougeâtre
Feuilles Opposées, de 10-15 cm, à 5 lobes profondément découpés et largement déployés, chacun pointu et grossièrement denté, vert foncé par-dessus, glauque par-dessous ; pétiole atteignant 20 cm, généralement rougeâtre
Stipules Absentes

FLEURS ET FRUITS

Fleurs ♂ et ♀ en corymbes distincts, beaucoup en corymbes ramifiés et pendants de 6-12 cm de long, apparaissant avec les feuilles, jaune-vert, chacune d'environ 6 mm
Pétales 5 ; 5 sépales
Étamines 8 chez les ♂ ; stériles chez les ♀
Stigmates 2, sur un style court
Ovaire Unique, à 2 cellules, velu
Fruits Par paires, lisses, chacun pourvu d'une aile gris-brun d'environ 2,5 cm de long ; divergeant à angle droit
Graines 1 par fruit, non libérée

Acer campestre Érable champêtre

Petit arbre coloré, à jeunes feuilles roses au printemps et virant au jaune profond en automne, il est très commun en Europe du Nord, où il forme souvent des haies. Les rameaux comportent, avec l'âge, d'épais bourrelets liégeux formant des ailes, et les feuilles ont trois ou cinq lobes. *Distribution :* originaire de pratiquement toute l'Europe et de l'ouest de l'Asie ; planté pour ses couleurs d'automne. *Espèces similaires* : deux espèces d'Europe méridionale et centrale se distinguent par leurs fruits aux ailes parallèles. L'Érable de Montpellier possède des feuilles aux lobes non dentés. L'Érable tartare, plus rare, porte des feuilles non divisées en une écorce présentant des bandes pâles.

1 Érable de Montpellier *(A. monspessulanum)*
2 Érable tartare *(A. tataricum)*

ÉRABLE CHAMPÊTRE

Type Arbre ou arbuste caduc
Hauteur Jusqu'à 26 m
Distribution Haies, bois ouverts, habituellement sur les sols calcaires ou limons
Floraison Avril-juin
Fructification Mai-septembre

TRONC ET COURONNE

Tronc Sinueux, d'ordinaire aux contours nets
Écorce Grise ou brun clair, finement ridée et fissurée
Couronne En dôme large ; branches ascendantes aux extrémités
Rameaux Brun foncé et finement velus, devenant plus pâles et côtelés

FEUILLES

Bourgeons 3 mm, brun-rouge, velus à l'extrémité
Feuilles Opposées, de 4-7 cm, épaisses, profondément divisées en 3 ou 5 lobes arrondis, dessus d'abord rosâtre, vert terne plus tard, dessous pubescent, virant au jaune en automne ; pétiole d'environ 5 cm
Stipules Absentes

FLEURS ET FRUITS

Fleurs ♂ et ♀ en corymbes séparés, peu garnis, érigés et ramifiés, apparaissant avec les feuilles, chacun d'environ 6 mm, jaune-vert ; sessiles
Étamines 8 chez les ♂ ; stériles chez les ♀
Stigmates 2, sur un simple style court
Ovaire Unique, à 2 cellules
Fruits Par paires, chacun pourvu d'une aile vert pâle, souvent d'une teinte cramoisie, se déployant à l'horizontale
Graines 1 par fruit, non libérée

Érable negundo *Acer negundo*

Arbre nord-américain à croissance rapide, il se distingue immédiatement des autres érables par ses feuilles, pour la plupart divisées en cinq folioles ; les fleurs s'ouvrent avant les feuilles, et les anthères rouges des sujets mâles sont spectaculaires. Les fruits mûrissent tôt et se maintiennent longtemps sur l'arbre. Le cultivar 'Variegatum' est planté pour ses feuilles panachées de jaune et de vert. *Distribution :* originaire de l'est de l'Amérique du Nord ; planté comme arbre d'ornement ou en haies ; naturalisé principalement dans les régions du centre. *Espèce similaire :* l'Érable à écorce papyracée, de Chine, est très décoratif et pourvu d'une écorce rougeâtre s'exfoliant en larges bandes papyracées.

Érable à écorce papyracée *(A. griseum)*

	ÉRABLE NEGUNDO
Type	Arbre caduc
Hauteur	Jusqu'à 20 m
Distribution	Parcs et jardins ; arbre de rue
Floraison	Mars-avril
Fructification	Juin-septembre

	TRONC ET COURONNE
Tronc	Court, produisant souvent de nombreux broussins
Écorce	Lisse, grise, devenant plus sombre et avec des fissures peu profondes
Couronne	En dôme irrégulier, déployée
Rameaux	Verts, droits, lisses

	FEUILLES
Bourgeons	Petits, avec 2 écailles blanches et soyeuses
Feuilles	Opposées avec 2 ou 4 paires de folioles et une foliole à l'extrémité, toutes ovales, à longue pointe et aux dents peu marquées ; pétiole de 6-8 cm
Stipules	Absentes

	FLEURS ET FRUITS
Fleurs	♂ et ♀ sur des arbres différents, apparaissant avant les feuilles
♂	En corymbes courts, pendants, de 12-16, rouges
♀	6-12 en racèmes pendants, lâches, de 5 cm de long, verdâtres
Pétales	Absents ; 5 sépales
Étamines	4-6 chez les fleurs ♂, rouges
Stigmates	2, écartés, styles très courts
Ovaire	Unique, à 2 cellules
Fruits	Par paires, d'environ 2 cm, lisses, chacun pourvu d'une aile brune divergeant à angle aigu
Graines	1 par fruit, non libérée

Apprécié en Amérique du Nord pour sa résine dont on fait le sirop d'érable, cet arbre est surtout planté en Europe pour ses qualités ornementales. Les feuilles sont argentées dessous et très belles en été ; en automne, elles virent au jaune pâle ou au rouge. *Distribution :* espèce nord-américaine, originaire du Québec à la Floride ; largement cultivée. *Espèces similaires : A. saccharophorum* sert à la production de sirop d'érable, et il présente les couleurs automnales les plus vives. L'Érable rouge est pourvu de grappes denses de fleurs rouges, ainsi que de fruits rouges et de feuilles également rouges en automne. Ces deux espèces nord-américaines sont communément plantées en Europe.

1 *A. saccharophorum*
2 Érable rouge *(A. rubrum)*

ÉRABLE ARGENTÉ

Type	Arbre caduc
Hauteur	Jusqu'à 36 m
Distribution	Bord des routes, parcs, jardins
Floraison	Mars
Fructification	Mai-juin

TRONC ET COURONNE

Tronc	Court, puissant, souvent avec des broussins
Écorce	Lisse, gris-brun, plus tard s'écaillant et se couvrant de poils
Couronne	Grande, déployée vers le haut ; branches nombreuses, minces, arquées
Rameaux	Bruns ou pourpres

FEUILLES

Bourgeons	D'environ 1 cm, ovales, angulaires, rouges
Feuilles	Opposées, de 9-16 cm, à 5 lobes profondément découpés, pourvus de dents très marquées et irrégulières, avec un duvet argenté par-dessous, jaune pâle ou parfois rouge brillant en automne ; pétiole de 8-13 cm, rose
Stipules	Absentes

FLEURS ET FRUITS

Fleurs	♂ et ♀ en bouquets séparés de 4-5, apparaissant avant les feuilles, verdâtres ou rouges
♂	A court pédoncule
♀	A long pédoncule
Pétales	Absents ; 5 sépales
Étamines	3-7 sur les ♂
Stigmates	2, sur un court style
Ovaire	Unique, à 2 cellules
Fruits	Par paires, dont un, souvent, ne se développe pas, de 5-6 cm, pédonculés, avec une aile elliptique, tordue, divergeant à angle droit
Graines	1 par fruit, non libérée

Acer davidii

L'un des érables décoratifs surnommés « érables peau de serpent ». Chez le sujet jeune, l'écorce vert olive présente un réseau de lignes blanches qui la font ressembler à une peau de reptile. Ces lignes disparaissent avec l'âge, l'écorce devenant d'un brun foncé uniforme. Plusieurs cultivars sont plantés, qui tous diffèrent quelque peu par leur aspect général. *Distribution :* originaire de Chine ; cultivé comme arbre d'ornement. *Espèces similaires :* originaire du Japon, *A. rufinerve* porte des rameaux tomenteux gris et des feuilles comportant trois lobes triangulaires *A. hersii*, de Chine, possède une écorce marbrée et de longues panicules.

1 *A. rufinerve*
2 *A. hersii*

	ACER DAVIDII
Type	Arbre caduc
Hauteur	Jusqu'à 16 m
Distribution	Parcs et jardins
Floraison	Mai
Fructification	Juillet-août
	TRONC ET COURONNE
Tronc	Court, puissant
Écorce	Lisse, verdâtre, marquée d'un réseau de lignes blanches à l'état juvénile, devenant brune et fissurée
Couronne	Étroite ; branches ascendantes
Rameaux	Lisses, pourpres ou rouges à l'état juvénile, avec des stries blanches
	FEUILLES
Bourgeons	D'environ 1 cm, coniques étroits, rouge foncé avec des marques plus claires
Feuilles	Opposées, jusqu'à 15 × 10 cm, ovales-larges, cordées à la base, avec une pointe fine et courte, bord finement denté, vert luisant par-dessus, vert blanchâtre par-dessous ; pétiole de 6 cm, rouge
Stipules	Absentes
	FLEURS ET FRUITS
Fleurs	♂ et ♀ en grappes séparées ; nombreuses en grappes arquées, de 7-10 cm de long, apparaissant avec les feuilles, jaune verdâtre
Pétales	Absents ; 5 sépales
Étamines	4-10 sur les ♂
Stigmates	2, écartés
Ovaire	Unique, à 2 cellules
Fruits	Par paires, chacun avec une aile de 2,5-3,7 cm de long, pratiquement horizontale
Graines	1 par fruit, non libérée

Parmi les différentes espèces d'érables cultivées à titre ornemental, celle-ci est particulièrement recherchée, et il en existe des formes nombreuses et variées. Chez le sujet typique, les feuilles ont des lobes étroits et pointus, et virent au rouge ou au pourpre en automne. Chez certains cultivars, les feuilles sont finement divisées et restent d'une couleur pourpre profond durant toute l'année. D'autres possèdent des rameaux d'hiver d'un rouge vif. *Distribution :* originaire de Chine, du Japon et de Corée ; c'est un arbre d'ornement commun, surtout dans les petits jardins. *Espèce similaire :* l'Érable du Japon, autre espèce ornementale, présente des feuilles comportant sept à onze lobes courts.
Il en existe également des cultivars à feuilles fines.

Érable du Japon *(A. japonicum)*

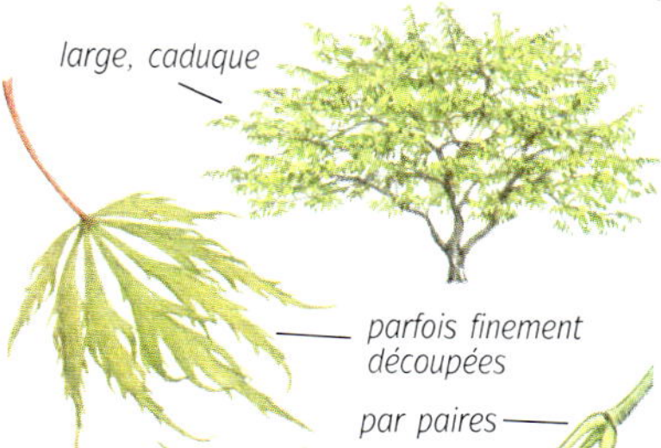

ÉRABLE PALMÉ

Type	Arbre ou arbuste caduc
Hauteur	Jusqu'à 16 m
Distribution	Jardins et parcs
Floraison	Avril-mai
Fructification	Juin-septembre

TRONC ET COURONNE

Tronc	Généralement très court, tordu et sinueux, se divisant tôt
Écorce	Lisse et densément couverte de stries brunes, mêlées de jaune pâle, devenant gris
Couronne	En dôme et déployée
Rameaux	Minces, lisses, rougeâtres par-dessus, verts par dessous

FEUILLES

Bourgeons	Ovales, de 2-3 mm, souvent teintés de rouge
Feuilles	Opposées, de 7-9 cm, profondément divisées en 5-7 lobes divergents, ovales, pointus et aux dents aiguës, vert brillant, virant au jaune, rouge ou cramoisi en automne ; pétiole de 3-5 cm
Stipules	Absentes

FLEURS ET FRUITS

Fleurs	⚥, en capitules dressés de 12-15, chacune de 6-8 mm de section, pourpre sombre ; pédoncules minces, d'environ 4 cm de long
Pétales	Absents ; 5 sépales
Étamines	4-10
Stigmates	2 sur un court style
Ovaire	Unique, à 2 cellules
Fruits	Par paires, pourvus d'une aile vert pâle teintée de rouge, d'environ 1 cm de long et divergeant à angle obtus
Graines	1 par fruit, non libérée

Houx commun *Ilex aquifolium*

C'est un arbre persistant, souvent un arbuste, à port rigide et à feuilles épineuses. Lorsqu'il pousse dans les bois fortement ombragés, il est fréquemment stérile. Dans les endroits plus à découvert, il porte des fleurs blanches et, chez les sujets femelles, des baies rouge vif. *Distribution :* originaire d'Europe occidentale et méridionale, ainsi que de l'ouest de l'Asie. *Espèces similaires :* le Houx de Hauteclaire est un hybride résistant à la pollution atmosphérique. Il est pourvu de feuilles plus larges et plus aplaties, dotées de courtes épines orientées vers l'avant. Il est souvent planté dans les villes. Le Houx des Canaries, originaire des Açores, des Canaries et de Madère, possède des feuilles plates comportant seulement quelques fines épines, ainsi que des fleurs rose pâle.

1 Houx de Hauteclaire *(I. × altaclarensis)*
2 Houx des Canaries *(I. perado)*

	HOUX COMMUN
Type	Arbre ou arbuste persistant
Hauteur	2-25 m
Distribution	Bois, broussailles, sur la plupart des sols
Floraison	Mai-août
Fructification	Septembre-mars
	TRONC ET COURONNE
Tronc	Droit, cylindrique
Écorce	Gris argenté, lisse, verruqueuse ou fissurée avec l'âge
Couronne	Étroite, conique à cylindrique ; jeunes branches incurvées vers le haut
Rameaux	Légèrement velus et vert clair à l'état juvénile, devenant lisses et plus sombres
	FEUILLES
Bourgeons	2-3 mm, ovoïdes
Feuilles	Alternes, ovales à grossièrement oblongues, de 5-12 cm, au bord ondulé et épineux, coriaces et couvertes d'un velouté cireux, vert foncé luisant par-dessus, pâle et mat par-dessous ; pétiole de 1 cm
Stipules	Insignifiantes
	FLEURS ET FRUITS
Fleurs	♂ et ♀ sur des arbres différents, en grappes aux aisselles des feuilles sur le vieux bois, blanches
Pétales	4, d'environ 4 mm, soudés à la base ; 4 sépales soudés
Étamines	4 sur les fleurs ♂, rudimentaires sur les fleurs ♀
Stigmate	1 sur les ♀
Ovaire	Unique, vert, en forme de fût, rudimentaire sur les fleurs ♂
Fruits	Baies de 0,8-1 cm, sphériques, écarlates à maturité, sur les arbres ♀ uniquement
Graines	Plusieurs, non libérées

Il s'agit d'un arbre fin, souvent à tronc multiple et produisant de petites fleurs insignifiantes. Par contraste, les fruits à quatre lobes sont très voyants ; ils deviennent rose intense à maturité et éclatent pour révéler le tégument charnu, orange, des graines. *Distribution :* originaire de toute l'Europe, sauf des régions les plus septentrionales et les plus méridionales ; plusieurs cultivars sont utilisés comme arbres d'ornement. *Espèces similaires :* une seconde espèce européenne, le Fusain à feuilles larges, est pourvue de fleurs comportant cinq larges pétales roses. Le Fusain du Japon, de l'Est asiatique, possède des feuilles épaisses et obtuses, et de larges pétales jaunâtres. Plusieurs cultivars plantés pour leur feuillage se sont naturalisés en Europe méridionale.

1 Fusain à feuilles larges (*E. latifolius*)
2 Fusain du Japon (*E. japonicus*)

FUSAIN D'EUROPE

Type Arbre ou arbuste caduc
Hauteur 2-6 m
Distribution Terres boisées et broussailles sur sols calcaires
Floraison Mai-juin
Fructification Septembre-octobre

TRONC ET COURONNE

Tronc Mince, souvent multiple
Écorce Couleur fauve à gris-vert, lisse, avec de fines lignes verticales
Couronne Touffue ; nombreuses branches arquées vers le haut
Rameaux Verts, quadrangulaires

FEUILLES

Bourgeons 5-6 mm, brun verdâtre, légèrement incurvés
Feuilles Par paires sur le rameau, jusqu'à 10 cm de long, ovales-étroites à elliptiques, pointues, à base cunéiforme, bord finement denté, rouges en automne ; à court pétiole
Stipules Absentes

FLEURS ET FRUITS

Fleurs ⚥, en cymes de 3-8 aux aisselles des feuilles, de 0,8-1 cm de diamètre, jaunes avec un disque central vert
Pétales 4, étroits, largement séparés ; 4 sépales, de 1-2 mm, verts
Étamines 4, alternant avec les pétales
Stigmate Unique, style court, droit
Ovaire Unique, vert brillant
Fruits 1-1,5 cm de diamètre, à 4 lobes, roses et charnus, éclatant pour libérer les graines
Graines 4, chacune pourvue d'un tégument charnu, orange vif

Buis *Buxus sempervirens*

C'est un petit arbre élégant et dense, qui ne dépasse généralement pas la taille d'un arbuste. De croissance lente et pourvu de petites feuilles, il forme un buisson dense si on le taille. Ses minuscules fleurs sont réunies en bouquets terminaux peu apparents. Les fruits sont dotés, à leur extrémité, de styles ligneux déployés et caractéristiques. Les nombreux cultivars sont des plantes très appréciées pour l'établissement de haies et pour l'art topiaire. *Distribution :* espèce indigène et disséminée à travers l'Europe occidentale, dans les régions au sol calcaire. *Espèce similaire :* le Buis de Mahon, à feuilles plus grandes, est un arbre à port droit et à écorce rosâtre ; son aire de distribution se limite à certaines régions d'Espagne, aux îles Baléares et à la Sardaigne.

Buis de Mahon *(B. balearica)*

	BUIS
Type	Arbre ou arbuste persistant
Hauteur	2-5 m, rarement jusqu'à 11 m
Distribution	Sols alcalins
Floraison	Avril
Fructification	Septembre
	TRONC ET COURONNE
Tronc	Cylindrique, souvent penché
Écorce	Brune, grise avec l'âge, finement fissurée
Couronne	Dense, arrondie
Rameaux	Quadrangulaires, couverts d'un duvet blanc, devenant glabres
	FEUILLES
Bourgeons	5-7 mm, étroits, vert brillant
Feuilles	Opposées sur le rameau, de 1,5-3 cm ovales, oblongues ou elliptiques, à l'extrémité encochée et au bord légèrement retourné par-dessous, épaisses et coriaces, vert luisant par-dessus, pâle par-dessous ; pétiole court
Stipules	Absentes
	FLEURS ET FRUITS
Fleurs	♂ et ♀ en bouquets de 5 mm de diamètre aux aisselles des feuilles, chacun comportant une fleur ♀ pétiolée et des fleurs ♂ sessiles
Pétales	Absents ; fleurs ♂ avec 4 petits sépales ; fleurs ♀ avec seulement un verticille de bractéoles
Étamines	4 sur les fleurs ♂
Stigmates	3 sur les fleurs ♀, chacun bilobé, sur un style épais, divergeant
Ovaire	Unique, à 3 cellules, glauque
Fruits	Akènes d'environ 7 mm, oblongs à ovoïdes, se terminant par des styles semblables à des cornes, bruns à maturité, éclatant en 3 parties
Graines	6, de 5-6 mm, noir luisant, libérées lorsque le fruit éclate

C'est un petit arbre épineux argenté, dont toutes les parties, notamment les feuilles et les rameaux, sont couvertes de minuscules écailles argentées aux formes enchevêtrées. L'Argousier prospérant sur les côtes, dans les endroits les plus exposés, il est fréquent qu'il ne dépasse pas la taille d'un arbuste. *Distribution :* indigène dans la plus grande partie de l'Europe, surtout les régions côtières du Nord-Ouest, mais également parfois à l'intérieur des terres ; largement planté sur les dunes de sable et souvent naturalisé. *Espèces similaires :* l'Olivier de Bohême, d'Asie occidentale, et le Chalef argenté, d'Amérique du Nord, sont les arbres ou arbustes d'ornement fréquemment plantés.

1 Olivier de Bohême (*Elaeagnus angustifolia*)
2 Chalef argenté (*Elaeagnus commutata*)

ARGOUSIER

Type Arbre ou arbuste caduc
Hauteur Jusqu'à 11 m, mais souvent moins
Distribution Dunes et zones littorales
Floraison Mars-avril
Fructification Septembre-novembre

TRONC ET COURONNE

Tronc Fortement ramifié près de la base, drageonnant
Écorce Brun clair, sillonnée d'arêtes
Couronne Ouverte, arrondie
Rameaux Épineux, couverts de minuscules écailles argentées

FEUILLES

Bourgeons 3 mm, écrasés, avec des écailles épaisses
Feuilles Alternes ou en spirale sur le rameau, de 1-6 cm, très étroites, pointues, vert argenté ; pétiole très court
Stipules Absentes

FLEURS ET FRUITS

Fleurs ♂ et ♀ sur des arbres différents, en courts épis apparaissant avant les feuilles sur les pousses de l'année précédente ; ♂ de 4 mm, sessiles, ♀ de 1,5 mm, pédonculées, verdâtres, avec des écailles couleur rouille
Pétales Absents ; 2 sépales soudés, courts sur les fleurs ♂ ; longs sur les ♀
Étamines 4 sur les fleurs ♂
Stigmate Unique, filiforme sur un long style cylindrique
Ovaire Unique, enfoncé dans la base des fleurs ♀
Fruits En forme de baies de 6-8 mm, subsphériques, orange à maturité
Graine Unique, non libérée

Jujubier *Ziziphus jujuba*

C'est un petit arbre ou un arbuste fortement branchu, armé d'épines très acérées, les unes recourbées, les autres droites. Les rameaux longs et minces sont nettement en zigzag. Les fruits, comestibles, sont juteux et de saveur douce. *Distribution :* originaire d'Asie ; largement cultivé en Europe méridionale pour ses fruits comestibles, et fréquemment naturalisé. *Espèces similaires :* *A. lotus* est un arbuste aux fruits jaune intense ; on le rencontre dans les régions arides d'Espagne, de Sicile et de Grèce. L'Épine du Christ est un arbre ou un arbuste très épineux à rameaux enchevêtrés, originaire des régions méditerranéennes. Son fruit caractéristique, ligneux et ailé, ressemble à un chapeau à large bord.

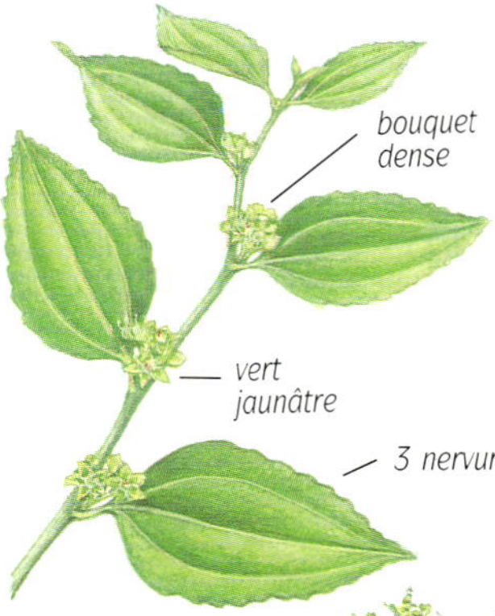

1 *Z. lotus*
2 Épine du Christ (*Paliurus spina-christi*)

JUJUBIER

Type	Arbre ou arbuste caduc
Hauteur	Jusqu'à 8 m
Distribution	Haies près des habitations, vergers
Floraison	Avril-mai
Fructification	Septembre

TRONC ET COURONNE

Tronc	Mince, sinueux, souvent multiple
Écorce	Gris-brun sombre
Couronne	Dense, arrondie
Rameaux	Zigzagants, lisses, verts ; rameaux non fleuris souvent épineux

FEUILLES

Bourgeons	Pointus, velus
Feuilles	Alternes, de 2 à 5,5 cm, ovales, obtuses, avec 3 veines voyantes, brillantes, vert luisant par-dessus, aux veines duveteuses par-dessous ; bord pourvu de petites dents glanduleuses ; pétiole court
Stipules	Transformées en épines brunes acérées ; 1 longue et droite, et 1 courte et recourbée

FLEURS ET FRUITS

Fleurs	⚥, en petits bouquets denses, pédonculées, aux aisselles des feuilles, vert-jaune
Pétales	5, de 1,5 mm, capuchonnés, elliptiques à la base ; 5 sépales de 2 mm
Étamines	5, alternant avec les pétales et souvent cachées par ceux-ci
Stigmates	2, minuscules ; styles soudés à la base
Ovaire	Unique, enfoncé dans un disque de 5 lobes à la base de la fleur
Fruits	Semblables à des baies, de 1,5-3 cm, ovoïdes, rouge à noir à maturité, de saveur douce
Graine	Unique, de 6-7 mm, non libérée

Rhamnus catharticus # Nerprun cathartique

C'est un arbre régulièrement ramifié, dont les jeunes rameaux, longs ou courts, jaillissent à angle droit. Seuls les rameaux courts produisent des fleurs et des fruits. *Distribution :* indigène dans la plus grande partie de l'Europe, mais limité aux sols calcaires et absent du bassin méditerranéen. *Espèces similaires :* l'Alaterne est un arbuste persistant, dépourvu d'épines, à sépales jaunes. L'Aulne noir a des feuilles à bord entier, des fleurs hermaphrodites à cinq sépales et des fruits qui, en mûrissant, passent du jaune au rouge et au noir. Il pousse dans les bois humides, pratiquement dans toute l'Europe.

1 Alaterne *(R. alaternus)*
2 Aulne noir *(Frangula alnus)*

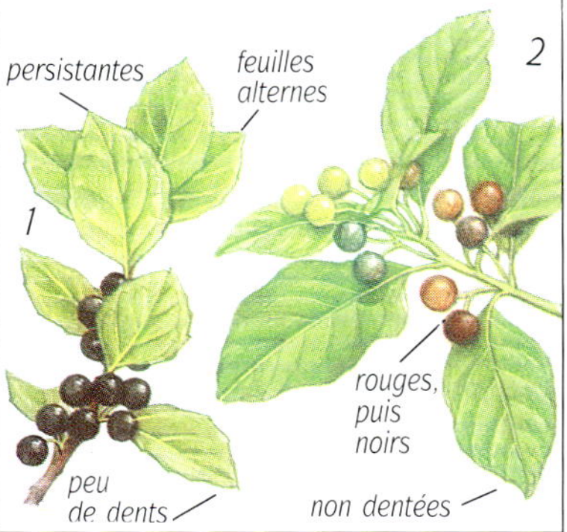

NERPRUN CATHARTIQUE

Type Arbre ou arbuste caduc
Hauteur 4-6 m
Distribution Haies et terres boisées, sur sols calcaires
Floraison Mai-juin
Fructification Septembre-octobre

TRONC ET COURONNE

Tronc Court, souvent multiple ou fourchu près du sol
Écorce Noire, s'écaillant pour découvrir des plaques orange
Couronne Régulière, branches se déployant à angle droit à partir du tronc
Rameaux Lisses ou velus, gris, certains terminés en épines, avec de nombreuses pousses latérales courtes

FEUILLES

Bourgeons 4 mm, bruns, pointus
Feuilles Opposées sur les rameaux, très nombreuses sur les courtes pousses latérales, de 3-7 cm, ovales ou elliptiques, obtuses, voire échancrées à l'apex, à bord finement denté, avec 2-4 paires de veines courbes ; pétiole court
Stipules Molles, tombant tôt

FLEURS ET FRUITS

Fleurs ♂ et ♀ sur des arbres différents, en grappes sur les pousses latérales courtes, de 4 mm de diamètre, blanc verdâtre, odorantes
Pétales 4, rarement 5, triangulaires ; 4 sépales, très petits
Étamines 4, rudimentaires sur les fleurs ♀
Stigmates 4 sur les fleurs ♀, sur un simple style
Ovaire 1 par fleur ♀, sphérique
Fruits Semblables à des baies, de 6-8 mm, noirs à maturité
Graines 2-4, très dures, jaunes

Tamaris d'Angleterre *Tamarix gallica*

Résistant aux effets desséchants des vents salins, cet arbre ou arbuste plumeux est fréquent près des côtes et prospère sur les dunes de sable. Les panicules de fleurs roses apparaissent normalement en été, et, dans les régions à climat doux, jusqu'en décembre. *Distribution :* originaire d'Europe occidentale jusqu'au nord de la France ; souvent planté et naturalisé ailleurs. *Espèces similaires :* deux autres espèces répandues dans l'ouest de l'Europe se distinguent par leurs fleurs. Le Tamaris d'Afrique possède des fleurs plus grandes, blanches, à pétales de 2 millimètres de long. Il pousse principalement dans les marais salants et le long des cours d'eau. Le Tamaris des Canaries a des pétales rosés, de 1,5 mm voire moins, et on le rencontre sur les sables des côtes.

1 Tamaris d'Afrique *(T. africana)*
2 Tamaris des Canaries *(T. canariensis)*

	TAMARIS D'ANGLETERRE
Type	Arbuste caduc ou petit arbre
Hauteur	Jusqu'à 10 m
Distribution	Berges, zones littorales, marais
Floraison	Avril-septembre
Fructification	Mai-octobre
	TRONC ET COURONNE
Tronc	Généralement courbé ou tordu, mince
Écorce	Brun terne à pourpre sombre, rugueuse et fibreuse
Couronne	Fortement ramifiée, avec des branches longues et minces
Rameaux	Souples, très minces, rougeâtres
	FEUILLES
Bourgeons	Minuscules, verts
Feuilles	Alternes, d'environ 2 mm, squamiformes et enserrant le rameau, glauques ; sessiles
Stipules	Absentes

	FLEURS ET FRUITS
Fleurs	⚥, formant des inflorescences en épis atteignant 3 cm de long sur les jeunes pousses, chacune d'environ 2 mm, roses ou blanches
Pétales	5, de 1,5-2 mm, elliptiques ; 5 sépales, d'environ 1 mm
Étamines	5
Stigmates	3-4, styles très courts
Ovaire	Unique, en forme de bouteille
Fruits	Capsules brunes, dures, éclatant pour libérer les graines
Graines	Nombreuses, ovales, brunes, chacune pourvue d'une longue touffe de poils

Tamarix parviflora

Espèce originaire de l'est de la Méditerranée et plus fréquente comme arbuste que comme arbre. Ses rameaux très minces et ses feuilles très petites, en forme d'écaille, enserrant le rameau, lui donnent un aspect délicat. Les racèmes ne dépassent pas 5 millimètres de diamètre. Les pétales roses ou blancs sont généralement au nombre de quatre, parfois cinq. *Distribution :* originaire de la péninsule des Balkans et de la mer Égée ; planté ailleurs à titre ornemental. *Espèces similaires :* deux espèces très semblables sont *T. tetrandra* et le Tamaris de Dalmatie, également du sud-est de l'Europe. Tous deux sont pourvus de racèmes plus longs et plus larges, et de pétales plus grands. *T. tetrandra* possède une écorce noire.

1 *T. tetrandra*
2 Tamaris de Dalmatie *(T. dalmatica)*

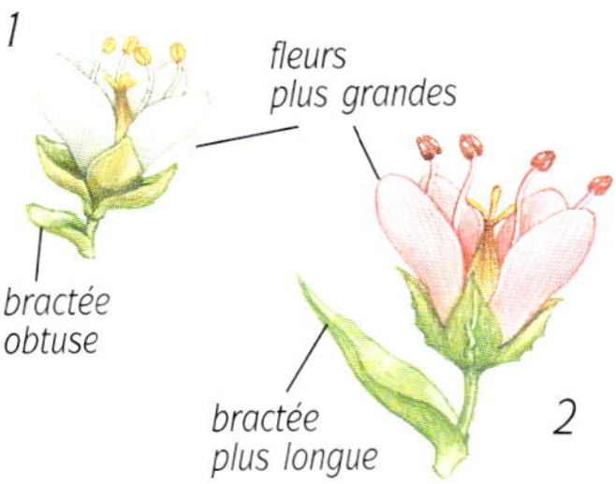

	TAMARIX PARVIFLORA
Type	Arbuste caduc ou petit arbre
Hauteur	2-3 m
Distribution	Haies et berges
Floraison	Mars-juin
Fructification	Avril-juin
	TRONC ET COURONNE
Tronc	Mince, souvent multiple ou ramifié très bas
Écorce	Brun à pourpre
Couronne	Basse, arrondie
Rameaux	Très minces, pendants, rouge-brun, noirs en hiver
	FEUILLES
Bourgeons	Minuscules, ovoïdes
Feuilles	Alternes, de 3-5 mm, squamiformes et enserrant à demi le rameau, à pointes déployées, aiguës et à bord papyracé ; sessiles
Stipules	Absentes
	FLEURS ET FRUITS
Fleurs	⚥, en racèmes denses, de 3-5 mm de large, blanches ou roses
Pétales	4, de moins de 2 mm, dressés, persistants ; sépales de 2-2,5 mm, pourvus de dents minuscules
Étamines	4
Stigmates	3, styles très courts
Ovaire	Unique, en forme de bouteille
Fruits	Capsules dures éclatant pour libérer les graines
Graines	Nombreuses, chacune pourvue d'une longue touffe de poils

Tilleul à grandes feuilles *Tilia platyphyllos*

De tous les tilleuls, c'est celui qui fleurit le premier. Ce grand arbre est pourvu de branches ascendantes et de grandes feuilles. Les fleurs odorantes se présentent en cymes pendantes, sous une bractée étroite, semblable à une aile, attirant les abeilles en grand nombre. *Distribution :* indigène de l'Europe centrale à la Russie et à l'ouest de l'Asie ; introduit dans d'autres régions et souvent planté. *Espèce similaire :* le Tilleul commun, un hybride issu du croisement du Tilleul à grandes feuilles et du Tilleul à petites feuilles, est largement planté. Dans beaucoup de régions, il est plus commun que les espèces parentes. Les feuilles sont pourvues de touffes de poils blancs au revers et de fleurs jaunâtres pendantes.

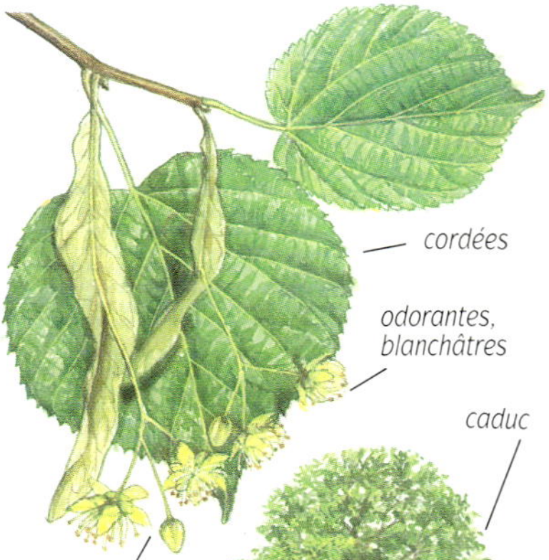

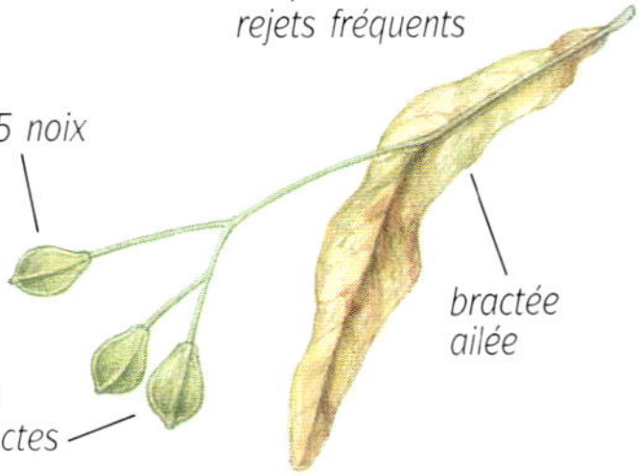

Tilleul commun (*T.* × *vulgaris*)

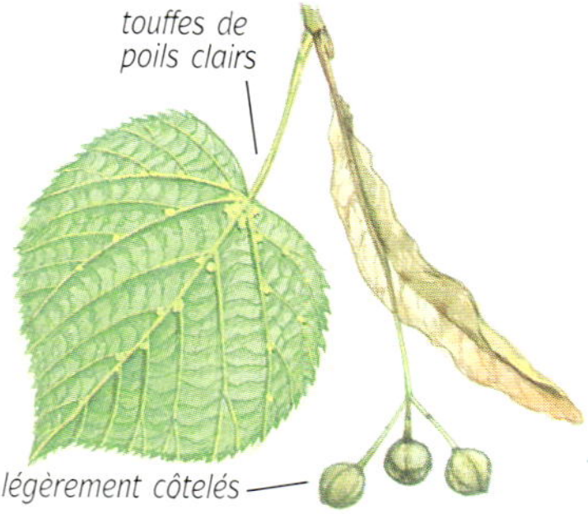

TILLEUL A GRANDES FEUILLES

Type	Arbre caduc
Hauteur	Jusqu'à 40 m
Distribution	Bois, souvent sur sols calcaires
Floraison	Juin-juillet
Fructification	Juillet-octobre

TRONC ET COURONNE

Tronc	Occasionnellement avec des excroissances portant des rameaux touffus à partir de la base
Écorce	Lisse, gris foncé, formant avec l'âge d'étroites fissures et des rides
Couronne	Grande, en côme étroit ; branches ascendantes
Rameaux	Vert rougeâtre sombre, pourvus de poils souples

FEUILLES

Bourgeons	Ovales, rouge foncé
Feuilles	Alternes, jusqu'à 12 cm, cordées, à apex en pointe effilée et à dents aiguës, vert foncé, velues par-dessus, plus pâles et plus densément velues par-dessous ; pétiole de 1,5-5 cm, pubescent
Stipules	Petites, faisant office d'écailles de bourgeons, tombant tôt

FLEURS ET FRUITS

Fleurs	⚥, blanc jaunâtre, odorantes, en bouquets de 2-5 dans une cyme pendante, sous une bractée vert blanchâtre, semblable à une aile, de 5-12 cm
Pétales	5, de 5-8 mm, déployés ; 5 sépales
Étamines	Nombreuses
Stigmate	Unique, à 5 lobes
Ovaire	Unique, à 5 cellules
Fruits	Grappes de noix sphériques dures, chacune de 0,8-1 cm, à 3-5 côtes, couvertes de poils denses ; grappes et bractées tombent ensemble
Graine	Unique, non libérée

Tilia cordata Tilleul à petites feuilles

Cet arbre qui pousse sur les sols riches en calcaire est pourvu de branches arquées vers le sol et de feuilles cordées. Il est souvent planté comme arbre d'alignement, mais les pucerons attaquent ses feuilles, faisant s'écouler sur le sol la sève gluante et d'odeur désagréable, ainsi que les champignons. C'est pourquoi on lui préfère souvent d'autres arbres, plus résistants. Les abeilles sont attirées par les fleurs, riches en nectar.
Distribution : indigène dans la plus grande partie de l'Europe et dans le nord de l'Asie ; fréquemment planté.
Espèce similaire : le Tilleul du Caucase est un hybride naturel, originaire de Crimée, aux abondantes fleurs jaunes et aux feuilles dotées de touffes de poils brun rougeâtre sur le revers, à l'aisselle des nervures.

Tilleul du Caucase (*T.* × *euchlora*)

TILLEUL A PETITES FEUILLES

Type	Arbre caduc
Hauteur	Jusqu'à 32 m
Distribution	Bois, souvent sur sols calcaires
Floraison	Juin-juillet
Fructification	Juillet-septembre

TRONC ET COURONNE

Tronc	Couvert de broussins
Écorce	Lisse, grise, devenant sombre, fissurée, se craquelant en plaques
Couronne	En dôme irrégulier ; branches arquées vers le bas
Rameaux	Lisses, rougeâtres par-dessus, brun-vert par-dessous

FEUILLES

Bourgeons	Rouge foncé, lisses, luisants
Feuilles	Alternes, de 3-9 cm, suborbiculaires, pourvues de pointes effilées, encochées à la base, aux dents aiguës, vert foncé luisant par-dessus, plus clair par-dessous, glabres, hormis la présence d'une touffe brun-rouge aux aisselles des veines ; pétiole de 1,5-4 cm
Stipules	Petites, squamiformes, tombant tôt

FLEURS ET FRUITS

Fleurs	⚥, jaune-vert, odorantes, en cymes de 4-15 au-dessus d'une bractée fiolacée atteignant 8 cm de long
Pétales	5, de 7-8 mm, ovales, étroits ; 5-6 sépales de 3 mm, elliptiques
Étamines	Environ 40
Stigmate	Unique, à 5 lobes
Ovaire	Unique, à 5 cellules
Fruits	Grappes de noix sphériques dures, chacune d'environ 6 mm, lisses ou légèrement côtelées ; grappes et bractées tombent ensemble
Graine	Unique, non libérée

Tilleul argenté *Tilia tomentosa*

C'est un arbre élégant, à surfaces foliaires contrastées, vertes dessus et argentées dessous. Les branches ascendantes forment une couronne arrondie et pleine. Cet arbre résiste bien à la sécheresse et est souvent utilisé comme arbre d'alignement. Au pied de l'arbre, le sol est fréquemment jonché d'abeilles mortes, qui ont absorbé le nectar toxique des fleurs. *Distribution :* indigène de Hongrie et des Balkans jusqu'à l'ouest de l'Asie ; planté ailleurs comme arbre d'ornement. *Espèce similaire :* d'origine inconnue et parfois considéré comme une forme particulière du Tilleul argenté, le Tilleul argenté pleureur a des branches ascendantes à extrémités nettement retombantes.

Tilleul argenté pleureur *(T. petiolaris)*

	TILLEUL ARGENTÉ
Type	Arbre caduc
Hauteur	Jusqu'à 30 cm
Distribution	Bois ; souvent planté
Floraison	Juillet-août
Fructification	Juillet-septembre
	TRONC ET COURONNE
Tronc	Puissant, aux contours bien délimités
Écorce	Gris-vert foncé ou grise, sillonnée de rides peu profondes
Couronne	En dôme large, compacte, aux branches ascendantes
Rameaux	Couverts d'un duvet blanchâtre à l'état juvénile, devenant verts, glabres
	FEUILLES
Bourgeons	6-8 mm, ovales, vert-brun
Feuilles	Alternes, de 8-10 cm, cordiformes, aux pointes effilées, dissymétriques à la base, dents acérées, vert foncé par-dessus, couvertes d'un duvet cotonneux blanc par-dessous, aux poils étoilés ; pétiole d'environ 5 cm
Stipules	Petites, faisant office d'écailles de bourgeons, tombant tôt
	FLEURS ET FRUITS
Fleurs	⚥, blanc terne ou jaune pâle, odorantes, en cymes pendantes de 6-10, sous une bractée foliacée vert jaunâtre
Pétales	5, de 5-8 mm ; 5 sépales
Étamines	Nombreuses
Stigmate	Unique, à 5 lobes
Ovaire	Unique, à 5 cellules
Fruits	Grappes de noix, chacune de 0,6-1,2 cm de long, à 5 côtes, verruqueuses et tomenteuses ; grappes et bractées tombent ensemble
Graine	Unique, non libérée

Arbre à pochettes

Davidia involucrata

C'est un arbre spectaculaire lorsqu'il est en fleur, totalement couvert d'inflorescences blanches. Les véritables fleurs de l'arbre sont petites et réunies en une tête sphérique pourpre. Celle-ci est enveloppée de deux grandes bractées triangulaires, semblables à des pochettes — d'où le nom vernaculaire de l'espèce. Lorsqu'elles se déploient, les bractées ressemblent à une seule grande fleur aux pétales blancs et au cœur pourpre. Bien que ses inflorescences soient semblables, par leur structure, à celles du Cornouiller sanguin, l'Arbre à pochettes est généralement classé indépendamment. La forme la plus communément plantée est la variété *vilmoriniana*, qui se distingue par ses feuilles étroites, lisses et luisantes. *Distribution :* originaire de Chine ; cultivé comme arbre d'ornement dans les parcs et jardins. *Espèce similaire :* aucune.

ARBRE A POCHETTES

Type Arbre caduc
Hauteur Jusqu'à 18 m
Distribution Parcs et jardins
Floraison Mai
Fructification Octobre

TRONC ET COURONNE

Tronc Droit, aux contours nets
Écorce Gris-brun à pourpre, se craquelant
Couronne Grande, en dôme ; branches largement déployées
Rameaux Bruns, pourvus d'alignements de lenticelles verruqueuses

FEUILLES

Bourgeons 9 mm, rouge foncé luisant, pointus
Feuilles Alternes, de 3,5 cm, ovales-larges, pointues, à base cordée, à bord aux dents aiguës, vert terne par-dessus, couvertes d'un duvet cotonneux blanc par-dessous, odorantes lorsqu'elles se déploient ; sessiles
Stipules Absentes

FLEURS ET FRUITS

Fleurs ♂ et ♀ en capitules séparés, ou ⚥ ; capitule d'environ 2 cm de diamètre, pourpre, flanqué de 2 très grandes bractées blanches, très voyantes
Périanthe Aucun sur les fleurs ♂, nombreux sur les fleurs ♀ et ⚥
Étamines Généralement 5-6
Stigmate Unique, lobé, à style incurvé
Ovaire Unique, à 6-10 cellules, enfoncé dans la base de la fleur
Fruits Solitaires, en forme de baie ovoïde, de 4 cm de long, ridés, brun-pourpre à maturité
Graines 6-10, non libérées

Tupélo *Nyssa sylvatica*

Prospérant dans les marécages, le Tupélo forme un très grand arbre atteignant 100 mètres de haut dans les régions d'Amérique du Nord, dont il est originaire. En Europe, en revanche, il est généralement beaucoup plus petit, mesurant au maximum 30 mètres. Cet arbre, qui donne des fleurs insignifiantes et des fruits plutôt ternes, est planté pour ses belles couleurs automnales, à dominantes rouge vif et orange. Il pousse uniquement dans les régions à climat doux, de sorte qu'il est rarement planté dans les régions septentrionales. Il est cependant très commun à partir du sud de l'Angleterre et vers l'extrême-sud du pays. *Distribution :* originaire des marécages de l'est de l'Amérique du Nord ; cultivé en Europe, principalement comme arbre d'ornement. *Espèces similaires :* les espèces apparentées au Tupélo sont rarement cultivées, et essentiellement dans les jardins.

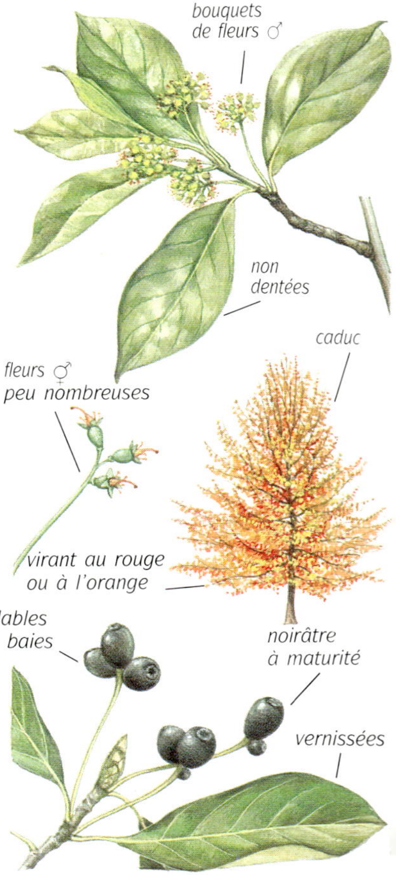

	TUPELO
Type	Arbre caduc
Hauteur	Jusqu'à 30 m
Distribution	Parcs et jardins ; sols humides
Floraison	Juin
Fructification	Octobre
	TRONC ET COURONNE
Tronc	Conique
Écorce	Grise ou brune, ridée et fissurée
Couronne	Cylindrique, au sommet aplati
Rameaux	Gris-brun, lisses
	FEUILLES
Bourgeons	Petits, rouge-brun, aux extrémités pubescentes
Feuilles	Alternes, de 4,5 cm, ovales, d'une largeur maximale au-dessus du milieu, diminuées aux deux extrémités, bord entier, légèrement coriaces, vert luisant par-dessus, pâle et mat par-dessous, virant à l'orange vif et au rouge en automne ; sessiles
Stipules	Absentes
	FLEURS ET FRUITS
Fleurs	♂ et ♀ sur des arbres différents, les ♂ en bouquets arrondis de 1 cm de diamètre, les ♀ solitaires ou par paires
Pétales	5, libres sur les ♂, soudés sur les ♀ en un tube en forme de cloche ; 5 sépales, minuscules
Étamines	8, plus longues que les pétales sur les fleurs ♂
Stigmate	Unique sur les fleurs ♀, sur un style long et courbe
Ovaire	Unique sur les fleurs ♀, enfoncé dans la base de la fleur
Fruits	Semblables à des baies, de 1,2 cm, ovales, d'une largeur maximale au-dessus du milieu, bleu-noir à maturité
Graine	Unique, très dure

C'est un très bel arbre à la fin de l'hiver, lorsqu'il se couvre de fleurs jaune vif. Les feuilles vert terne qui apparaissent ensuite portent des nervures très marquées. Les fruits succulents sont souvent utilisés pour préparer des conserves. *Distribution :* originaire d'Europe centrale et du Sud-Est ; largement cultivé et naturalisé ailleurs. *Espèces similaires :* le Cornouiller sanguin est un arbuste commun à floraison estivale, doté de petites fleurs blanches et de baies noires. *Cornus nuttallii* est une espèce américaine largement plantée. Ses inflorescences compactes sont enserrées par quatre à sept grandes bractées roses ou blanches, l'ensemble ressemblant à une seule grande fleur.

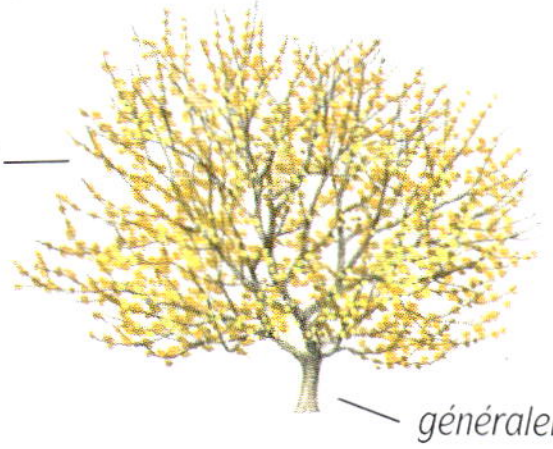

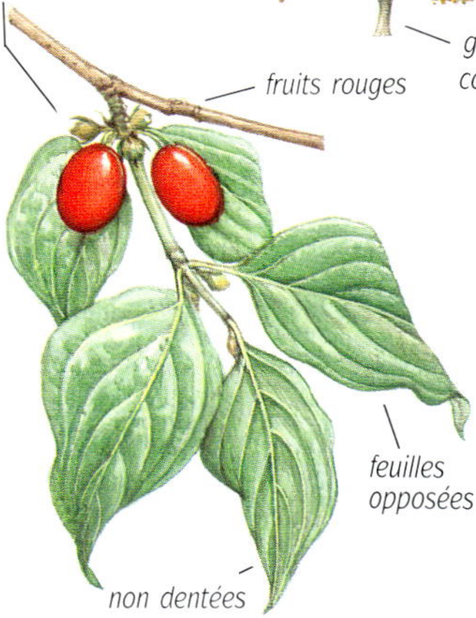

1 *C. nuttallii*
2 Cornouiller sanguin (*C. sanguinea*)

CORNOUILLER MÂLE

Type Arbre ou arbuste caduc
Hauteur Jusqu'à 8 m
Distribution Broussailles, fourrés et terres boisées, en particulier sur sols crayeux
Floraison Février-mars
Fructification Août-septembre

TRONC ET COURONNE

Tronc Court, souvent multiple
Écorce Gris-brun, écailleuse
Couronne Ouverte ; branches déployées ou rabattues
Rameaux Jaune verdâtre, pourvus d'un duvet très court

FEUILLES

Bourgeons 7 mm, par paires, pointus, jaunâtres, dépourvus d'écailles mais portant des poils courts, serrés
Feuilles Par paires sur le rameau, de 4-10 cm, elliptiques à ovales, s'étirant en une pointe effilée, à base arrondie, tomenteuse, vert terne, avec 3-5 paires de veines courbes et voyantes ; pétiole de 6 mm
Stipules Absentes

FLEURS ET FRUITS

Fleurs ⚥, jaunes, précédant les feuilles, en paires de capitules ombellés de 10-25 fleurs, à gros pédoncule, avec 4 bractées jaunâtres à la base du capitule, tombant tôt
Pétales 4, de 2-2,5 mm, capuchonnés ; sépales très petits
Étamines 4, alternant avec les pétales
Stigmates 1 à plusieurs, à la base de la fleur
Ovaire Unique, enfoncé dans la base de la fleur
Fruits Semblables à des baies, de 1,2-2 cm, plus ou moins cylindriques, pendants, rouge vif à maturité
Graine Unique, très dure, non libérée

Myrte à écorce orange *Myrtus apiculata*

Cette espèce à l'arôme épicé est pourvue de feuilles mouchetées de glandes, qui dégagent leur parfum lorsqu'on les froisse. L'écorce, couleur cannelle, s'écaille à partir de la base de l'arbuste, laissant apparaître un tronc gris ou crème. *Distribution :* originaire du Chili ; planté à titre ornemental. *Espèces similaires :* le Myrte, d'Europe méridionale, est très semblable, mais toujours arbustif, et son écorce n'est pas aussi colorée. Le Lilas des Indes, arbuste ou petit arbre caduc originaire de Chine, est cultivé dans les jardins et comme arbre d'alignement. Ses grappes de fleurs rouges, roses ou blanches de 4 centimètres de diamètre sont pourvues de pétales froissés.

1 Myrte (*M. communis*)
2 Lilas des Indes (*Lagerstroemeria indica*)

MYRTE A ÉCORCE ORANGE

Type Arbre ou arbuste persistant
Hauteur Jusqu'à 13 m
Distribution Parcs, jardins
Floraison Août-octobre
Fructification Octobre-novembre

TRONC ET COURONNE

Tronc Mince, souvent multiple
Écorce Orange à cannelle, pelant pour laisser apparaître des taches blanches ; sur les sujets âgés, de grandes bandes blanches diminuées
Couronne Plus ou moins conique
Rameaux Rose foncé par-dessus, vert à brun pâle par-dessous, velus

FEUILLES

Bourgeons Minuscules, sphériques, rouge profond, luisants
Feuilles Opposées, de 2,5 × 1,5 cm, ovales, à apex aigu, vert foncé par-dessus, plus clair par-dessous et pourvues d'un duvet très court ; subsessiles
Stipules Absentes

FLEURS ET FRUITS

Fleurs ♂, de 2 cm de diamètre, blanches ; pétiole d'environ 1,5 cm, rose
Pétales 4, ronds, d'environ 1,3 cm ; 4 sépales en forme de coupe, persistant sur le fruit
Étamines Nombreuses, disposées en plusieurs anneaux
Stigmate Unique, style long, droit
Ovaire Unique
Fruits Baies, d'abord rouges, noires à maturité
Graines 3-6, non libérées

Eucalyptus globulus

Dans les pays chauds d'Europe, on rencontre de plus en plus souvent de vastes plantations de ce gommier. C'est un des plus grands arbres et sa croissance est très rapide ; il fournit du bois, de la pâte à papier et de l'essence d'eucalyptus. Il se dépouille de son écorce chaque année. Les jeunes feuilles opposées sont courtes et d'un bleu très prononcé, les feuilles adultes alternes, longues et vert terne. *Distribution :* originaire de Tasmanie et du sud-est de l'Australie ; planté à vaste échelle dans le bassin méditerranéen. *Espèces similaires :* commun dans les jardins, le Gommier bleu est pourvu de jeunes feuilles suborbiculaires et d'ombelles de fleurs pédonculées. Le Gommier de Maiden, plus rare, possède des grappes de fleurs sessiles.

1 Gommier de Maiden *(E. maidenii)*
2 Gommier bleu *(E. gunnii)*

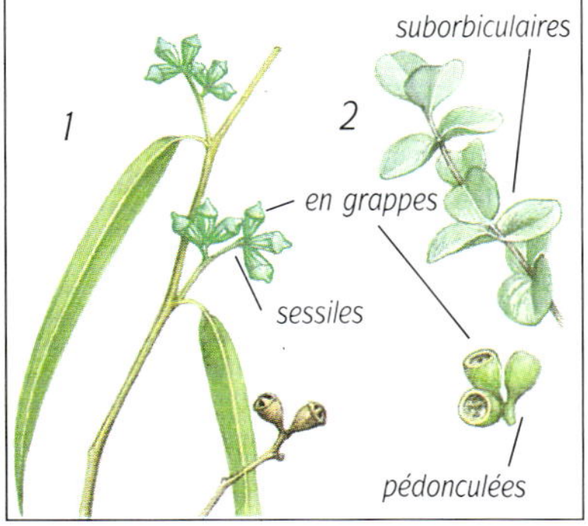

EUCALYPTUS GLOBULUS

Type Arbre persistant
Hauteur Jusqu'à 40 m
Distribution Rues, plantations
Floraison Septembre-décembre
Fructification Janvier-mars

TRONC ET COURONNE

Tronc Haut, droit, cylindrique
Écorce Lisse, gris-brun, pelant en longues lanières
Couronne Conique étroite, très dense
Rameaux Brun-vert, glabres

FEUILLES

Bourgeons Minuscules, cachés
Feuilles Jeunes feuilles opposées, atteignant 16 × 19 cm, ovales, à base cordée enserrant le rameau, glauques, sessiles ; feuilles adultes alternes, atteignant 30 × 4 cm, ovales-étroites à falciformes, étirées en une pointe longue et fine, retombantes, vert foncé ; pétiole court
Stipules Absentes

FLEURS ET FRUITS

Boutons de fleurs Jusqu'à 3 × 2 cm, recouverts par un opercule cireux, bleuâtre pâle, hémisphérique et rugueux
Fleurs ⚥, solitaires ou en ombelles de 2-3 ; chaque fleur d'environ 4 cm, blanchâtre, au pédoncule insignifiant
Étamines Nombreuses
Stigmate Unique, style court et droit
Ovaire Unique, à 2-8 cellules
Fruits Capsules ligneuses, de 1-2,5 × 1,5-2,5 cm, en pointe, fortement côtelées, couvertes d'une pruine cireuse blanche
Graines Nombreuses, dures, cunéiformes, noires

Acajou rouge *Eucalyptus resinifer*

C'est un grand arbre à l'écorce rougeâtre, rugueuse, très fibreuse. Les feuilles adultes sont étroites et semblables aux jeunes feuilles, mais de couleur plus sombre. Les fleurs sont pourvues d'un opercule orangé et pointu. L'Acajou rouge a une prédilection pour les sols sablonneux dans les endroits abrités, et on le cultive avant tout pour son bois. *Distribution :* originaire d'Australie (Nouvelle-Galles du Sud et Queensland) ; planté du Portugal à l'Italie, principalement dans les régions côtières. *Espèce similaire :* l'Acajou des marais possède des fruits dotés d'opercules roses, et il préfère les sols détrempés. Ses fruits sont plus gros et comportent un disque au-dessus des courtes dents.

Acajou des marais *(E. robustus)*

ACAJOU ROUGE

Type	Arbre persistant
Hauteur	Jusqu'à 40 m
Distribution	Plantations
Floraison	Septembre-février
Fructification	Décembre-mars

TRONC ET COURONNE

Tronc	Haut, droit, cylindrique
Écorce	Rougeâtre, fibreuse, rugueuse
Couronne	Petite, en dôme étroit et ouverte
Rameaux	Verts, glabres

FEUILLES

Bourgeons	Minuscules, cachés
Feuilles	Jeunes feuilles opposées, atteignant 6 × 2 cm, lancéolées, vert pâle, pétiolées ; feuilles adultes alternes, atteignant 16 × 3 cm, lancéolées à ovales-étroites, vert foncé luisant par-dessus ; pétiolées
Stipules	Absentes

FLEURS ET FRUITS

Boutons de fleurs	Jusqu'à 1,7 cm, pourvus d'un opercule orange, conique ou rostré
Fleurs	⚥, en ombelles axillaires de 5-10, blanches ; pédoncule atteignant 2 cm de long, aplati
Étamines	Nombreuses
Stigmate	Unique, style court
Ovaire	Unique, à 2-8 cellules
Fruits	Capsules ligneuses, de 5-18 × 5-18 mm, hémisphériques, pédonculées, s'ouvrant par 3-4 valves
Graines	Nombreuses

Eucalyptus viminalis

C'est un grand arbre pâle, à écorce fine pendant souvent du tronc et des branches en longues lanières, laissant apparaître le tronc blanc. Les feuilles, jeunes ou adultes, sont vert pâle. Les fleurs rouges sont pourvues d'opercules ligneux et arrondis. Cet Eucalyptus fournit du bois, mais on l'utilise surtout pour son ombre et comme arbre d'ornement. *Distribution :* originaire du sud et de l'est de l'Australie et de la Tasmanie ; planté en Espagne, au Portugal et en Italie. *Espèce similaire : E. niphophila* possède une écorce externe grise qui se détache pour laisser apparaître des zones blanches et des feuilles qui virent du brun orangé au gris-vert en vieillissant. Cet arbre pousse en altitude à l'état sauvage et est planté comme arbre d'ornement supportant le froid.

E. niphophila

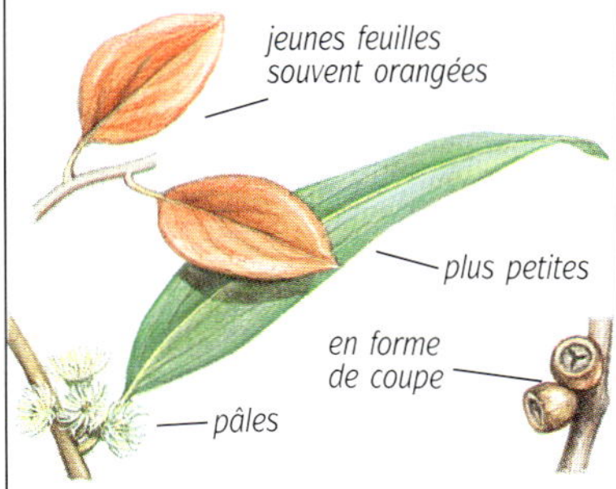

EUCALYPTUS VIMINALIS

Type Arbre persistant
Hauteur Jusqu'à 50 m
Distribution Plantations
Floraison Décembre-juin
Fructification Janvier-juillet

TRONC ET COURONNE

Tronc Conique à partir de la base
Écorce Lisse, blanche, se détachant souvent en longs rubans
Couronne Branches pendantes avec des rubans d'écorce
Rameaux Brun-vert, glabres

FEUILLES

Bourgeons Minuscules, cachés
Feuilles Variables, vert pâle, les jeunes feuilles opposées, jusqu'à 10 × 3 cm, ovales, sessiles, entourant le rameau à leur base ; feuilles adultes alternes, atteignant 18 × 2 cm, ovales-étroites, s'étirant en une longue pointe fine ; pétiolées
Stipules Absentes

FLEURS ET FRUITS

Boutons de fleurs 7 mm, coiffés d'un opercule écarlate, hémisphérique à conique
Fleurs ⚥, en ombelles axillaires de 3, pédonculées et de 1,5 cm de diamètre
Étamines Nombreuses
Stigmate Unique, style court
Ovaire Unique, à 2-8 cellules
Fruits Capsules ligneuses, de 5-8 × 7-9 mm, plus ou moins sphériques, légèrement elliptiques à la base, s'ouvrant par 3-4 valves ; sessiles
Graines Nombreuses

Gommier de rivière *Eucalyptus camaldulensis*

Cultivé pour son bois, cet arbre est planté dans le monde entier. Grand et déployé, il est également extrêmement variable. L'écorce blanche est mouchetée de rose et de gris, et se détache par plaques. Les fleurs sont rouges, avec des opercules coniques et ligneux, et les fruits comportent des dents saillantes. *Distribution :* indigène dans la plus grande partie de l'Australie ; planté dans le bassin méditerranéen, principalement en Espagne. *Espèce similaire :* le Gommier à odeur de citron, du Queensland, est un arbre élégant, aux feuilles dégageant un fort parfum de citron. Les fleurs comportent des opercules en dôme et les fruits ont des dents orientées vers l'intérieur. Il est cultivé comme arbre d'ornement en Espagne, au Portugal et en Italie.

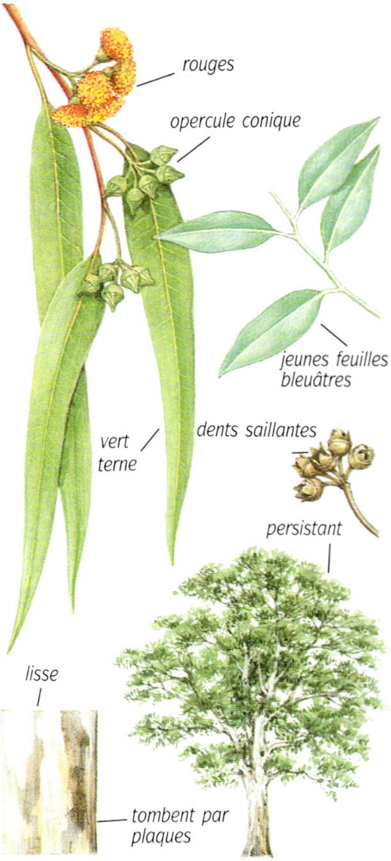

Gommier à odeur de citron *(E. citriodora)*

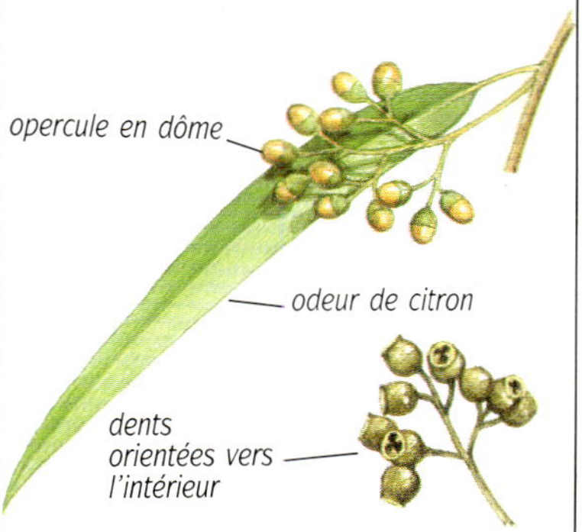

	GOMMIER DE RIVIÈRE
Type	Arbre persistant
Hauteur	Jusqu'à 20 m
Distribution	Plantations
Floraison	Décembre-février
Fructification	Mai
	TRONC ET COURONNE
Tronc	Court, puissant, rapidement fourchu
Écorce	Lisse, blanc, rose et gris, s'écaillant par plaques
Couronne	Ouverte, irrégulièrement branchue
Rameaux	Verts, fortement côtelés
	FEUILLES
Bourgeons	Minuscules, cachés
Feuilles	Jeunes feuilles opposées, atteignant 9 × 4 cm, ovales, glauques ; feuilles adultes alternes, atteignant 25 × 2 cm, ovales-étroites, s'étirant en une longue pointe fine, vert terne ; pétiole court
Stipules	Absentes
	FLEURS ET FRUITS
Boutons de fleurs	Jusqu'à 10 × 5 mm, opercule brunâtre, conique ou rostré
Fleurs	⚥, en ombelles de 5-10, blanches ; pédoncule de l'ombelle atteignant 2,5 cm, mince
Étamines	Nombreuses
Stigmate	Unique, style court
Ovaire	Unique, à 2-8 cellules
Fruits	Capsules ligneuses, de 7-8 × 5-6 mm, hémisphériques, à bord large et relevé, s'ouvrant par 4 valves
Graines	Nombreuses

Grenadier d'Europe

Les rameaux de ce petit arbre portent à leur extrémité des fleurs écarlates. Il existe également des formes de grenadier à fleurs blanches, mais elles sont beaucoup plus rares. Les pétales et les sépales sont en nombre variable ; les pétales restent fortement froissés dans le bourgeon jusqu'à l'éclosion. Le plus souvent, les branches sont pourvues d'épines, mais ce n'est pas toujours le cas. Le gros fruit sphérique du Grenadier d'Europe possède une couche externe coriace, assez dure, et une couronne tubulaire formée par les sépales persistants ; la pulpe renferme de nombreuses graines. La saveur tout d'abord acide du fruit s'adoucit généralement à maturité. *Distribution :* introduit pour ses fruits, dans l'Antiquité, de l'ouest de l'Asie ; cultivé et largement naturalisé dans le bassin méditerranéen. *Espèce similaire :* aucune.

GRENADIER D'EUROPE

Type Arbre caduc
Hauteur Jusqu'à 8 m
Distribution Broussailles, bord des champs, vergers
Floraison Juin-octobre
Fructification A partir de juillet

TRONC ET COURONNE

Tronc Mince, ramifié presque à partir du sol
Écorce Brun clair, finement cannelée
Couronne Irrégulière, branches minces, ascendantes
Rameaux Quadrangulaires, lisses, épineux

FEUILLES

Bourgeons Petits, de forme pyramidale, teintés de rouge
Feuilles Opposées sur le rameau, de 2-8 cm, oblongues à ovales-étroites et d'une largeur maximale au-dessus du milieu, glabres et vernissées ; pétiole très court
Stipules Absentes

FLEURS ET FRUITS

Fleurs ⚥, solitaires ou par paires, de 2,5-4 cm de diamètre, rouges, parfois blanches
Pétales 5-7, froissés avant de s'ouvrir ; 5-7 sépales capuchonnés, coriaces, rouges, soudés en un long tube, persistant sur le fruit
Étamines Nombreuses, en verticilles dans la gorge de la fleur
Stigmate Unique, sphérique, sur un long style
Ovaire Unique, enfoncé dans la base de la fleur
Fruits Semblables à des baies, de 5-8 cm, sphériques, pourvus d'une couche externe coriace enveloppant la pulpe translucide ou jaunâtre
Graines Nombreuses, non libérées

Plaqueminier lotier *Diospyros lotus*

Les Ébénacées, famille à laquelle cet arbre appartient, produisent des fruits comestibles ; cependant, celui du Plaqueminier lotier est petit (environ 1,5 cm de diamètre) et relativement insipide. Il peut être jaune ou bleu-noir à maturité. Cet arbre est cultivé dans le Sud comme arbre fruitier et dans le Nord uniquement comme arbre d'ornement. *Distribution :* originaire d'Asie ; cultivé et parfois naturalisé en Europe. *Espèces similaires : D. virginiana*, de l'est et du centre de l'Amérique du Nord, possède des fruits aigrelets. Le Kaki, ou Plaqueminier de Chine, produit des fruits nettement plus gros, atteignant 7,5 cm de diamètre, et dont la chair est douce lorsqu'ils sont blets.

1 Kaki *(D. kaki)*
2 *D. virginiana*

	PLAQUEMINIER LOTIER
Type	Arbre caduc
Hauteur	Jusqu'à 14 m
Distribution	Jardins, parcs, vergers
Floraison	Juillet
Fructification	Juillet-octobre
	TRONC ET COURONNE
Tronc	Contours nettement dessinés
Écorce	Grise, teintée de rose, se fissurant en petites plaques
Couronne	Grande et en dôme étroit
Rameaux	Pubescents à l'état juvénile
	FEUILLES
Bourgeons	4-5 mm, fortement pointus
Feuilles	Alternes, elliptiques à oblongues, à bord ondulé, à base arrondie, légèrement coriaces, vert foncé par-dessus, bleuâtres par-dessous, velues sur les deux faces, mais devenant pratiquement glabres ; pétiole velu

Stipules	Absentes
	FLEURS ET FRUITS
Fleurs	♂ et ♀ sur des arbres différents, non pédonculées, blanc teinté de rouge ou de vert, pétales formant un tube en forme d'urne, avec 4 lobes frangés et réfléchis ; sépales formant une coupe à 4 lobes
♂	En bouquets de 2 ou 3, chacune d'environ 5 mm
♀	Solitaires, chacune de 8-10 mm
Étamines	4 sur les ♂ ; réduites et stériles sur les ♀
Stigmates	4 sur les ♀
Ovaire	Unique, à plusieurs cellules
Fruits	1,5 cm, sphériques, charnus et jaunes ou presque noirs à maturité, avec un duvet luisant
Graines	3-4, grosses, non libérées

Toutes les parties de ce petit arbre, y compris les fleurs blanches, pendantes, et les fruits gris, sont couvertes de poils en forme d'étoile. C'est l'un des très rares végétaux indigènes dans le bassin méditerranéen et en Californie, qui jouissent de climats identiques. Il fournit une résine aromatique, le styrax, que l'on recueille en incisant le tronc et les branches, et qui sert à fabriquer l'encens. *Distribution :* originaire d'Italie et des régions plus orientales ; naturalisé dans certaines régions de France. *Espèces similaires :* l'Aliboufier japonais, d'Extrême-Orient, atteint 11 mètres de haut et est très florifère. *Halesia monticola* est une espèce nord-américaine dont les fleurs s'ouvrent généralement avant les feuilles ; les fruits, munis de quatre ailes, atteignent 5 centimètres de long.

1 Aliboufier japonais (*S. japonica*)
2 *Halesia monticola*

	ALIBOUFIER
Type	Arbuste caduc ou petit arbre
Hauteur	2-7 m
Distribution	Fourrés, bois, berges
Floraison	Avril-mai
Fructification	Juillet-septembre
	TRONC ET COURONNE
Tronc	Court, mince
Écorce	Brune, se déchirant légèrement par endroits
Couronne	Irrégulièrement ramifiée
Rameaux	Couverts d'un duvet cotonneux
	FEUILLES
Bourgeons	Petits, ellipsoïdes, couverts d'un duvet cotonneux blanc
Feuilles	Alternes, de 3-7 cm, ovales, aux pointes obtuses, à base arrondie et bord entier, vertes par-dessus, avec des poils blancs surtout dessous ; pétiolées
Stipules	Absentes
	FLEURS ET FRUITS
Fleurs	♂, en racèmes pendants de 3-6, chacune de 2 cm de long, en forme de cloche, blanches, odorantes
Pétales	5 ou 7, bords se chevauchant vers le haut, soudés en un court tube à la base ; sépales soudés sur la plus grande partie de leur longueur, en forme de coupe, velus
Étamines	10, soudées à la base du tube de pétales
Stigmate	Unique, style long, mince
Ovaire	Unique, à 3 cellules
Fruits	Ovoïdes, secs, coriaces, gris et couverts de poils denses, couronnés de sépales persistants, pourvus d'un duvet cotonneux blanc
Graines	1 ou 2, grosses, dures

Frêne à fleurs *Fraxinus ornus*

Contrairement à la plupart des frênes d'Europe, cette espèce produit des fleurs odorantes pourvues de pétales, qui forment de grandes panicules très spectaculaires et apparaissant après les feuilles. En hiver, cet arbre se reconnaît à son écorce très lisse et ses bourgeons brun clair. Il produit la manne, résine sucrée et comestible, qui exsude des incisions du tronc et sèche en formant des flocons au contact de l'air. *Distribution :* originaire d'Europe centrale et du bassin méditerranéen ; planté comme arbre d'ornement. *Espèces similaires :* deux espèces nord-américaines sont plantées, principalement pour leur bois. Le Frêne rouge a des feuilles aux dents acérées et velues sur la face inférieure. Le Frêne d'Amérique possède des feuilles lisses, aux dents émoussées.

1 Frêne rouge *(F. pennsylvanica)*
2 Frêne d'Amérique *(F. americana)*

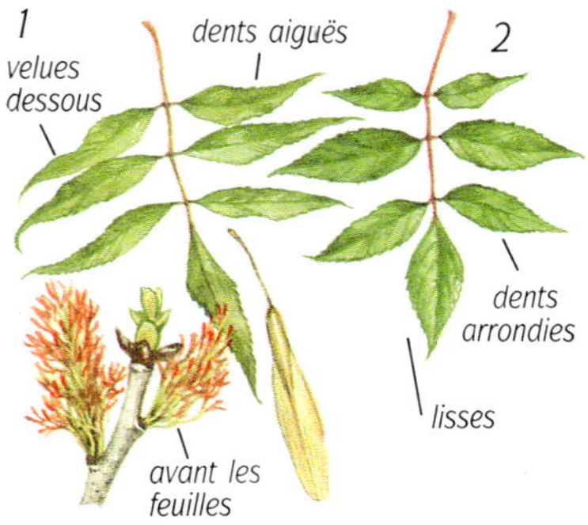

	FRÊNE A FLEURS
Type	Arbre caduc
Hauteur	Jusqu'à 24 m, souvent plus petit
Distribution	Bois ouverts, fourrés, endroits rocailleux ; souvent planté
Floraison	Avril-juin
Fructification	Mai-septembre
	TRONC ET COURONNE
Tronc	Cylindrique
Écorce	Lisse, gris foncé ou noire
Couronne	Hémisphérique, très dense
Rameaux	Gris à jaunâtre, glabres
	FEUILLES
Bourgeons	De forme pyramidale, émoussés, gris ou bruns
Feuilles	Opposées, atteignant 30 cm, avec 4-8 paires de folioles pétiolées et une foliole à l'apex, chacune de 3-10 cm de long, oblongues-ovales, brusquement pointues et aiguës, aux dents peu marquées, inégales à la base, pâles et velues sur les veines au revers ; pétiole atteignant 1,5 cm de long
Stipules	Absentes
	FLEURS ET FRUITS
Fleurs	⚥, nombreuses en panicules pyramidales atteignant 20 cm de long, blanches, odorantes
Pétales	4, de 5-6 mm, en forme de lanière ; 4 sépales soudés près de la base
Étamines	2, sur de longs filaments
Stigmates	2
Ovaire	Unique, à 2 cellules
Fruits	Pendants, en bouquets denses, de 1,5-2,5 cm, sur des pédoncules filiformes de 0,3-1 cm de long, avec une mince aile de 1,5-2,5 cm, parfois échancrée à l'extrémité, verts devenant bruns
Graines	1 par fruit, non libérée

Fraxinus excelsior Frêne commun

Cet arbre fréquent est immédiatement identifiable à ses feuilles divisées, en paires sur les rameaux, et à ses fruits ailés caractéristiques. En hiver, on le reconnaît à ses bourgeons noirs, proéminents et disposés par paires. Poussant principalement sur les sols alcalins, il est parfois planté pour son bois dur. Le cultivar 'Pendula' est une forme pleureuse, souvent greffée sur un tronc de Frêne commun et cultivée comme arbre d'ornement. *Distribution :* indigène dans toute l'Europe, dans l'ouest de l'Asie et en Afrique du Nord. *Espèce similaire :* le Frêne à feuilles étroites est identique, mais pourvu de folioles très étroites. Son aire de distribution s'étend plus au sud.

Frêne à feuilles étroites (*F. angustifolia*)

	FRÊNE COMMUN
Type	Arbre caduc
Hauteur	Jusqu'à 40 m
Distribution	Haies, bois ouverts, bord des routes, souvent sur sols alcalins
Floraison	Avril-mai
Fructification	Juillet-novembre
	TRONC ET COURONNE
Tronc	Drageonnant, souvent étêté
Écorce	Lisse, grise, devenant rugueuse et peu profondément fissurée
Couronne	En dôme ; branches bien espacées
Rameaux	Aplatis aux nœuds, gris verdâtre, lisses
	FEUILLES
Bourgeons	De forme pyramidale, durs, noirs
Feuilles	Opposées, jusqu'à 35 cm, avec généralement 6-12 folioles opposées et une foliole à l'extrémité, chacune de 3-12 cm, oblongues-ovales, avec une pointe longue et fine, peu profondément dentées, vert foncé pardessus, velues à la base et sur la nervure centrale par-dessous ; pétiolées
Stipules	Absentes
	FLEURS ET FRUITS
Fleurs	⚥, ou ♂ et ♀ en panicules axillaires séparées, arrondies, précédant les feuilles, pourpres, rouge foncé puis jaunes
Pétales	Absents ; sépales absents
Étamines	2
Stigmates	2
Ovaire	Unique, à 2 cellules
Fruits	2,5-5 cm, pourvus d'une aile tordue, échancrée et garnie d'une épine à la pointe, verts, brun terne à maturité, en grappes pendantes
Graines	1 par fruit, non libérée

Olivier *Olea europaea*

D'une grande longévité, cet arbre persistant est pourvu d'une écorce gris argenté. Les vieux sujets possèdent un tronc noueux, marqué de nombreuses anfractuosités. Les fruits mûrs sont noirs ; les olives vertes sont tout simplement des fruits non parvenus à maturité. Largement cultivés depuis l'Antiquité, les Oliviers ont un fort rendement. L'Olivier sauvage (variété *sylvestris*) est un arbre épineux à port buissonnant, à feuilles et fruits plus petits ; il prospère sur les terrains boisés secs. *Distribution :* originaire de l'ensemble du bassin méditerranéen. *Espèce similaire* : le Filaria est un arbre dense, arrondi, doté de feuilles aux dents peu profondes et de fruits ronds, pourpre-noir. Il pousse dans les forêts persistantes.

Filaria (*Phillyrea latifolia*)

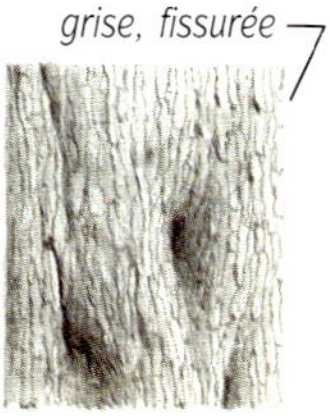

OLIVIER

Type	Arbre ou arbuste persistant
Hauteur	Jusqu'à 15 m
Distribution	Endroits rocailleux secs, bois et broussailles ; en vastes oliveraies
Floraison	Mai-juin
Fructification	Septembre-novembre

TRONC ET COURONNE

Tronc	Épais, devenant noueux et tordu, avec de nombreuses anfractuosités
Écorce	Gris argenté, peu profondément fissurée
Couronne	Large, irrégulièrement ramifiée
Rameaux	Minces, grisâtres, couverts de petites écailles pelliculeuses

FEUILLES

Bourgeons	Très petits, grisâtres
Feuilles	Opposées, de 2-10 cm, lancéolées, pointues, coriaces, gris-vert foncé et glabres par-dessus, blanc grisâtre ou brunâtre et velues par-dessous ; subsessiles
Stipules	Absentes

FLEURS ET FRUITS

Fleurs	⚥ pour la plupart, réunies en grand nombre en panicules axillaires ramifiées ou non, aux aisselles des feuilles, chacune d'environ 1 cm de diamètre, blanc tirant sur le jaune
Pétales	4, soudés sur la plus grande partie de leur longueur, écartés à l'extrémité ; 4 sépales, courts, soudés
Étamines	2
Stigmate	Unique, sur un court style
Ovaire	Unique, à 2 cellules
Fruits	Drupes de 1-3,5 cm, ovales, assez charnues avec une peau dure, vertes, pourpre-noir à maturité
Graine	Unique, très dure, brune

Des feuilles fortement vernissées et des panicules de fleurs blanches, odorantes, apparaissant tardivement dans l'année, donnent tout son attrait à cet arbuste d'ornement. On le rencontre fréquemment dans les villes. *Distribution :* originaire de Chine ; planté comme espèce ornementale, principalement en Europe méridionale. *Espèces similaires :* le Troène commun est une espèce indigène très répandue sur les sols calcaires. Se présentant exclusivement sous la forme d'un arbuste, il est semi-persistant et perd parfois ses feuilles tard dans l'année. *L. ovalifolium* est l'espèce que l'on rencontre couramment sous la forme de haies. Également semi-persistant, cet arbuste supporte les sols pauvres, mais il perd ses feuilles lorsque l'air est pollué, ou par temps froid.

1 Troène commun *(L. vulgare)*
2 *L. ovalifolium*

TROÈNE

- **Type** Arbre persistant
- **Hauteur** Jusqu'à 15 m
- **Distribution** Jardins, en particulier en haies, rues et parcs
- **Floraison** Août-septembre
- **Fructification** Octobre-novembre ; fruits souvent non produits

TRONC ET COURONNE

- **Tronc** Court, souvent multiple
- **Écorce** Grise avec des traînées brunes, lisses ou finement fissurée
- **Couronne** En dôme
- **Rameaux** Gris, avec des lenticelles blanches

FEUILLES

- **Bourgeons** Sphériques à ovoïdes, minuscules
- **Feuilles** Opposées, de 8-12 cm, ovales, à extrémité étirée en une longue pointe, à bord entier, épaisses et coriaces, rougeâtres à l'état juvénile, plus tard vert foncé très brillant par-dessus, pâle et mat par-dessous ; pétiolées
- **Stipules** Absentes

FLEURS ET FRUITS

- **Fleurs** ⚥, en panicules coniques bien garnies et ramifiées de 12-20 cm de long, à l'extrémité des pousses ; blanches, odorantes
- **Pétales** 4, soudés en un long tube aux lobes plats ; 4 sépales en tube en forme de cloche, pourvu de courtes dents
- **Étamines** 2, fixées au tube formé par les pétales
- **Stigmate** Unique, court style
- **Ovaire** Unique, à 2 cellules
- **Fruits** Baies plutôt ovoïdes, d'environ 1 cm de long, noires à maturité, avec un velouté blanchâtre bien visible
- **Graine** Unique, non libérée

Arbousier *Arbutus unedo*

Les fruits de cet arbre parviennent à maturité au bout d'un an, ils sont donc mûrs au moment de l'éclosion des fleurs de l'année suivante. Ces fruits sont ronds et couverts de papilles coniques souples, comestibles, mais insipides. Les belles fleurs, en forme de clochette, sont réunies en grandes panicules pendantes. *Distribution :* indigène dans le bassin méditerranéen et sur le littoral atlantique vers le nord jusqu'en Irlande ; planté à titre ornemental. *Espèces similaires :* l'Arbousier oriental, de la région égéenne, est pourvu d'une écorce rouge-orange et de fleurs apparaissant au printemps. Les fruits sont pratiquement lisses. Cet arbre et l'Arbousier sont les parents de l'Arbousier hybride, à écorce brillante et fleurs apparaissant au printemps ou en automne.

1 Arbousier oriental *(A. andrachne)*
2 Arbousier hybride *(A. × andrachnoides)*

ARBOUSIER

Type Arbre ou arbuste persistant
Hauteur Jusqu'à 10 m de haut
Distribution Coteaux rocailleux secs, endroits broussailleux
Floraison Octobre-novembre
Fructification Octobre de l'année suivante

TRONC ET COURONNE

Tronc Très court, rapidement fourchu
Écorce Brun rougeâtre, terne, rugueuse, pelant en minces lanières
Couronne Dense, arrondie, branches nombreuses et ascendantes
Rameaux Rouges par-dessus et velus à l'état juvénile ; verts par-dessous

FEUILLES

Bourgeons 1-2 mm, coniques, rouge pourpre
Feuilles Alternes, de 4-10 × 1,5-5 cm, oblongues-ovales, coriaces, la partie apicale pourvue de dents orientées vers l'avant, vert foncé luisant par-dessus, plus clair par-dessous ; pétiole de 0,5-1 cm, rouge rosé, velu
Stipules Absentes

FLEURS ET FRUITS

Fleurs ⚥, nombreuses en panicules pendantes, ramifiées, de 4-5 cm de long, blanc rosé, chacune en forme d'urne, de 0,5-1 cm
Pétales 5, soudés sur la plus grande partie de leur longueur, extrémités réfléchies ; 5 sépales d'environ 1,5 mm
Étamines 10
Stigmate Unique
Ovaire Unique, à 5 cellules
Fruits Baies charnues, de 1,5-2 cm de diamètre, couvertes de papilles coniques, jaunes, orange à maturité
Graines Nombreuses, minuscules, en forme de poire, brunes, non libérées

Cette belle espèce à port compact est pourvue de feuilles vert foncé très lisses et de rameaux vert clair. Le Faux Santal est généralement un petit arbre, de taille très variable mais ne dépassant pas celle d'un arbuste. Les fleurs possèdent des pétales tachetés de pourpre et portant sur la face interne une barbe de poils blancs vrillés. Utilisée généralement en haies, cette espèce est cependant parfois plantée comme arbre d'ornement dans les rues et les jardins publics. *Distribution :* originaire de l'est de l'Australie et de Nouvelle-Calédonie ; planté en Espagne, au Portugal et sur les îles Baléares. *Espèce similaire :* *M. tetrandrum* est un arbuste aux feuilles dentées ; il est planté le long des côtes portugaises.

M. tetrandrum

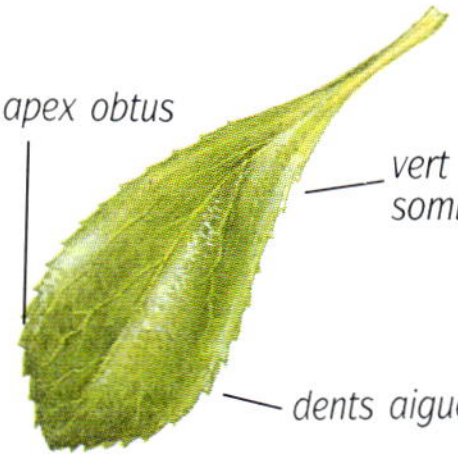

FAUX SANTAL

Type	Arbre ou arbuste persistant
Hauteur	Jusqu'à 8 m
Distribution	Planté comme abri
Floraison	Janvier-avril
Fructification	Mars-juin

TRONC ET COURONNE

Tronc	Court, plutôt sinueux
Écorce	Gris brunâtre, finement fissurée
Couronne	Arrondie ou en dôme
Rameaux	Verdâtres, lisses

FEUILLES

Bourgeons	Sombres, très petits
Feuilles	Alternes, de 4,5-10 cm, ovales-étroites, pointues, à base nettement contractée, vert vif et luisant pardessus, tachetées de glandes très claires, brillantes ; pétiole de 0,5-1 cm
Stipules	Absentes

FLEURS ET FRUITS

Fleurs	⚥, généralement en bouquets axillaires denses aux aisselles des feuilles, chacune de 1-1,2 cm de diamètre, blanches, mouchetées de pourpre et avec une barbe blanche à l'intérieur, odorantes ; pétiole atteignant 1,2 cm
Pétales	5, soudés à la base en un court tube, se déployant en haut ; sépales de 2-3 mm, soudés à la base sur environ la moitié de leur longueur
Étamines	4
Stigmate	Unique, style mince, pourvu de courts poils
Ovaire	Unique
Fruits	Drupes légèrement charnues, de 7-9 mm, ovales, pourpre noirâtre à maturité
Graine	Unique, très dure

Paulownia *Paulownia tomentosa*

Les branches de cet arbre caduc sont couvertes de très grandes feuilles cordiformes et à bord entier ; chez les jeunes arbres, cependant, elles peuvent comporter jusqu'à trois lobes courts aux pointes effilées de chaque côté de la base. Les fleurs tubulaires, violet à bleuâtre sur la face externe et panachées de jaune sur la face interne, forment de grandes grappes dressées, avant l'apparition des feuilles. *Distribution :* originaire de Chine ; commun comme arbre d'ornement et, dans le sud de l'Europe, comme arbre d'alignement. *Espèce similaire :* le Jacaranda, arbre d'ornement particulièrement attrayant originaire d'Argentine, est pourvu de feuilles doublement divisées en petites folioles, ainsi que de panicules pendantes de fleurs bleues en forme de trompette.

Jacaranda *(Jacaranda mimosifolia)*

	PAULOWNIA
Type	Arbre caduc
Hauteur	Jusqu'à 15 m
Distribution	Bords des routes, parcs et jardins
Floraison	Avril-mai
Fructification	Juillet
	TRONC ET COURONNE
Tronc	Légèrement sinueux
Écorce	Grisâtre, lisse, marquée de boursouflures orangées
Couronne	En dôme ; branches fortes, déployées
Rameaux	Rose-brun pâle
	FEUILLES
Bourgeons	Minuscules, pourpres, velus
Feuilles	Opposées, atteignant 30 cm de long, ovales à cordiformes, comportant 3-5 lobes, à pointe longue et fine, vert pâle par-dessus, couvertes de poils souples par-dessous ; pétiole de 10-15 cm, rose-jaune, couvert d'un duvet dense
Stipules	Absentes
	FLEURS ET FRUITS
Fleurs	⚥, en grosses grappes érigées, de 20-30 cm de long, s'ouvrant avant les feuilles, 5-6 cm de long, bleu violacé, jaune à l'intérieur
Pétales	Tube en forme de cloche, à 5 lobes déployés ; 5 sépales soudés en bas
Étamines	4, à l'intérieur du tube formé par les pétales
Stigmates	A 2 lobes, long style
Ovaire	Unique, à 2 cellules
Fruits	3-5 cm de long, ovales, avec une pointe en forme de bec, verts, bruns à maturité, poisseux, éclatant pour libérer les graines ; pédoncule de 1,5 cm de long, fort, velu
Graines	Nombreuses, ailées, libérées lorsque le fruit éclate

Cet arbre de parcs et jardins est spectaculaire en hiver : une profusion de gousses pendent sur ses branches. Les feuilles sont vert mat clair et cordées. Les grandes fleurs, à lobes ruchés et déployés, sont réunies en capitules paniculés, de forme pyramidale et ramifiés. *Distribution :* originaire du sud-est de l'Amérique du Nord ; largement planté en Europe, sauf dans les régions les plus septentrionales. *Espèces similaires :* le Catalpa de Kaempfer, de Chine, a des feuilles pentagonales et des fleurs jaunes plus petites. Le Catalpa hybride a des feuilles de 60 centimètres de long et de grandes panicules blanches.

1 Catalpa hybride *(C. × erubescens)*
2 Catalpa de Kaempfer *(C. kaempferi)*

CATALPA COMMUN

Type Arbre caduc
Hauteur Jusqu'à 15 m, parfois plus
Distribution Rues, parcs et jardins
Floraison Juin-août
Fructification Juillet-octobre, mais les fruits se maintiennent sur l'arbre pendant tout l'hiver

TRONC ET COURONNE

Tronc Court, puissant
Écorce Brun-rose ou brun-gris terne, fissurée ou s'écaillant
Couronne En dôme ; branches arquées
Rameaux Forts, gris-brun, lisses, portant des cicatrices foliaires ovales, proéminentes

FEUILLES

Bourgeons Minuscules, orange-brun
Feuilles Opposées ou par 3, atteignant 25 × 22 cm, cordiformes avec une fine pointe, vert clair, glabres par-dessus, velues par-dessous ; pétiole de 10-18 cm
Stipules Absentes

FLEURS ET FRUITS

Fleurs ⚥, en panicules pyramidales atteignant 5 cm de diamètre, en forme de cloche, blanches, mouchetées de jaune et pourpre, odorantes
Pétales 5, inégaux, les 2 supérieurs plus petits, au bord froissé, soudés sur la plus grande partie de leur longueur ; 5 sépales, soudés
Étamines 2, incurvées
Stigmates A 2 lobes, style long, mince
Ovaire Unique, à 2 cellules
Fruits Sortes de gousses minces, de 15-40 cm, pendantes, brun foncé
Graines Nombreuses, de 2,5 cm, blanches, aplaties, avec une aile papyracée ; libérées au printemps

Sureau noir *Sambucus nigra*

De grands corymbes aplatis de fleurs blanches ornent, en été, cet arbre commun. Ces fleurs sont suivies de lourdes grappes de drupes, qui tombent lorsqu'elles sont mûres. Les fleurs ont un parfum doux, devenant un peu fade, contrastant avec les feuilles, qui dégagent une odeur désagréable lorsqu'on les froisse. Les fleurs et les fruits sont utilisés pour faire du vin ; les fruits servent en outre à préparer des tartes et des confitures. *Distribution :* indigène dans toute l'Europe, dans l'ouest de l'Asie et en Afrique du Nord ; souvent cultivé dans le sud de l'Europe. *Espèce similaire :* le Sureau alpin, également indigène en Europe, est un arbuste ne dépassant pas 4 mètres, aux grappes de fleurs ovoïdes et aux fruits écarlates.

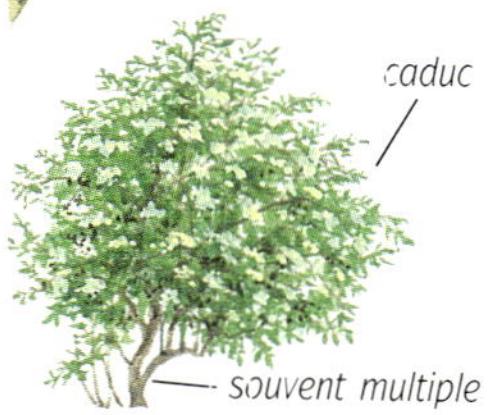

Sureau alpin *(S. racemosa)*

SUREAU NOIR

- **Type** Arbre caduc, souvent frutescent
- **Hauteur** Jusqu'à 10 m
- **Distribution** Bois humides, haies, sur sols riches et retournés
- **Floraison** Juin-juillet
- **Fructification** Août-septembre

TRONC ET COURONNE

- **Tronc** Souvent contourné, avec des pousses droites, vigoureuses, partant de la base
- **Écorce** Profondément cannelée, gris brunâtre, devenant épaisse et liégeuse
- **Couronne** Arrondie irrégulièrement ; branches arquées vers le bas
- **Rameaux** Épais, couleur fauve, verruqueux, gorgés de moelle blanche

FEUILLES

- **Bourgeons** Dépourvus d'écailles, jeunes feuilles très serrées, couleur pourpre
- **Feuilles** Opposées sur le rameau, 2-4 paires de folioles, avec une foliole à l'apex, de 3-12 cm, ovales à elliptiques, pointues, aux dents acérées, pourvues de poils épars par-dessous, vert terne ; sessiles
- **Stipules** Très petites ou absentes

FLEURS ET FRUITS

- **Fleurs** ⚥, en grands corymbes orbiculaires bien garnis et ramifiés, chacune de 5 mm de diamètre, blanches, rarement roses
- **Pétales** 5, égaux, déployés ; 5 sépales, petits, soudés en un tube
- **Étamines** 5, blanc jaunâtre
- **Stigmates** 3-5, très courts
- **Ovaire** Unique
- **Fruits** Drupes sphériques de 6-8 mm, noires à maturité
- **Graines** 3, coriaces, non libérées

Viorne obier

Viburnum opulus

Ce petit arbre a des inflorescences caractéristiques. Les petites fleurs fertiles à l'intérieur sont entourées de fleurs plus grandes, stériles. *Distribution :* indigène presque partout en Europe, sauf la quasi-totalité du bassin méditerranéen. *Espèces similaires :* indigène dans les mêmes régions, la Viorne commune est pourvue de feuilles ovales, non lobées, aux poils denses et blancs dessous ; elle est dépourvue de fleurs stériles ; ses fruits noircissent en mûrissant. Cette espèce préfère les sols calcaires. Le Laurier-tin est un arbre persistant qui fleurit en hiver ; il présente des feuilles ovales vernissées et égales, des fleurs roses et des fruits bleu métallisé. Originaire d'Europe méridionale, il est souvent planté comme arbre d'ornement ailleurs.

1 Viorne commune *(V. lantana)*
2 Laurier-tin *(V. tinus)*

VIORNE OBIER

Type Arbre ou arbuste caduc
Hauteur 1-4 m
Distribution Bois humides, haies, berges
Floraison Mai-juin
Fructification Septembre-octobre

TRONC ET COURONNE

Tronc Court, mince
Écorce Brun grisâtre
Couronne Déployée ; branches peu nombreuses
Rameaux Anguleux, glabres

FEUILLES

Bourgeons 5 mm, verts, bords pourprés
Feuilles Opposées sur le rameau, de 5-8 cm, à 3-5 lobes rayonnants, pointus, irrégulièrement dentés, pourvues de poils épars par-dessous, devenant glabres, rouge terne en automne ; pétiole de 1-2,5 cm
Stipules Très étroites, filiformes

FLEURS ET FRUITS

Fleurs ⚥, en inflorescences larges, orbiculaires ; pédoncule de l'inflorescence de 1-4 cm ; fleurs internes en forme de cloche ou d'entonnoir de 6 mm, fécondes ; fleurs externes de 1,5-2 cm, stériles ; toutes blanches
Pétales 5, égaux ; 5 sépales, très petits
Étamines 5, aussi longues que les pétales
Stigmates 3, courts
Ovaire Unique
Fruits Baies subsphériques d'environ 8 mm, rouges à maturité, pendantes et se maintenant sur les rameaux après la chute des feuilles
Graine Unique, très dure, non libérée

Cordyline *Cordyline australis*

Arbre semblable à un palmier, pourvu de plusieurs troncs se fourchant après la floraison. La panicule terminale, qui atteint 2 mètres, jaillit du centre de la couronne. Cette espèce rustique est souvent utilisée comme espèce d'ornement. *Distribution :* originaire de Nouvelle-Zélande ; souvent planté dans les régions côtières à climat doux d'Europe occidentale et centrale. *Espèces similaires :* on trouve deux espèces apparentées, originaires du sud-est de l'Amérique du Nord, dans les parcs et jardins. Le Yucca est un arbre fortement ramifié, atteignant 10 mètres de haut. *Yucca gloriosa* possède un tronc très court, épais et non ramifié, coiffé d'une unique rosette de feuilles, très dense. Ces deux espèces sont pourvues de grandes fleurs blanc et pourpre.

1 Yucca *(Yucca aloifolia)*
2 *Yucca gloriosa*

CORDYLINE

Type Arbre persistant
Hauteur Jusqu'à 13 m
Distribution Sols secs dans les zones côtières tempérées
Floraison Juin-juillet
Fructification Septembre-octobre

TRONC ET COURONNE

Tronc Cylindrique, souvent fourchu après la floraison, drageonnant à la base
Écorce Gris-brun pâle
Couronne Dense touffe de feuilles

FEUILLES

Bourgeons Solitaires, gros, cachés par les feuilles
Feuilles En un seul bouquet en dôme au sommet de chaque ramification ; érigées, mais les inférieures tombantes, de 30-90 cm, lancéolées, vert foncé ; sessiles

FLEURS ET FRUITS

Fleurs ⚥, en très grandes panicules terminales érigées, ramifiées, partant du centre de la couronne, chacune d'environ 1 cm, blanc crème, odorantes
Périanthe 3 segments internes et 3 externes, pétaloïdes, soudés à la base
Étamines 6
Stigmate Unique, mince
Ovaire Unique
Fruits Baies de 6 mm, sphériques, blanc bleuté à maturité
Graines Plusieurs, noires, non libérées

Dragonnier

Cet arbre à croissance très lente atteint parfois un très grand âge ; un spécimen, abattu par un ouragan en 1867, passait pour avoir plus de 6 000 ans. Le Dragonnier a un tronc très massif et des branches courtes et épaisses, avec une couronne dense, en ombelle, de feuilles épineuses. Il peut survivre dans les régions à faible pluviosité ; l'humidité qui se condense sur les feuilles descend le long du tronc jusqu'aux racines. Le Dragonnier est très rare à l'état sauvage ; en revanche, on le plante souvent comme arbre d'ornement. Une résine rouge vif, obtenue par incision et appelée « sang de dragon », était utilisée au Moyen Âge en médecine. *Distribution :* originaire des îles Canaries et de Madère ; communément planté autour de la Méditerranée, dans les rues, les jardins et les parcs. *Espèce similaire :* aucune.

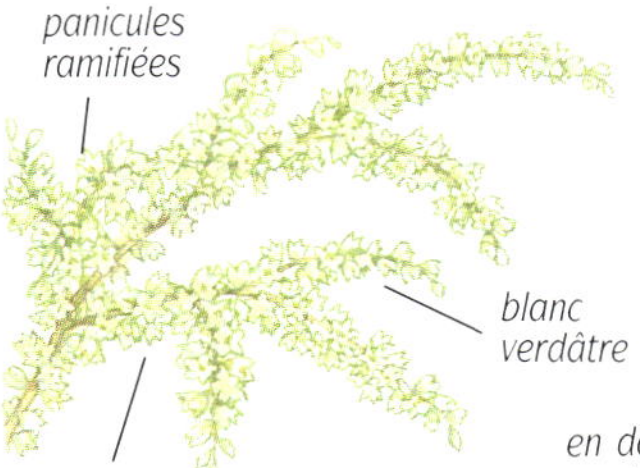

DRAGONNIER

Type Arbre persistant
Hauteur 2-6 m
Distribution Coteaux secs, rocailleux, souvent au bord de la mer ; arbre de rue
Floraison Août-septembre
Fructification Février-avril

TRONC ET COURONNE

Tronc Massif, cylindrique, devenant strié
Écorce Argentée
Couronne Large, formant une voûte aplatie ; branches épaisses, courtes, régulièrement fourchues

FEUILLES

Bourgeons Solitaires, gros, cachés par les feuilles
Feuilles En touffes denses aux extrémités des branches, de 30-50 cm, lancéolées, glauques ; sessiles

FLEURS ET FRUITS

Fleurs ⚥, en panicules déployées, fortement ramifiées, à partir du centre des touffes foliaires, blanc verdâtre
Périanthe 3 segments internes et 3 externes, tous pétaloïdes et réunis vers la base
Étamines 6
Stigmate Unique, style mince
Ovaire Unique
Fruits Baies d'environ 1,5 cm, sphériques, orange profond à maturité
Graine Unique, non libérée

Palmier nain *Chamaerops humilis*

Cet arbre forme généralement des groupes de plusieurs troncs bien développés ; mais il peut également ne comporter qu'un seul tronc. Les sujets sauvages n'en ont souvent aucun, la couronne de feuilles jaillissant directement de terre. Une épaisse couverture de fibres de vieilles feuilles protège le pied contre les feux de forêts. C'est le seul palmier indigène d'Europe. *Distribution :* originaire des régions littorales du bassin méditerranéen ; souvent planté comme ornement. *Espèce similaire : Livistona australis* est originaire de l'est de l'Australie. C'est un grand arbre aux segments de feuilles vert doré tombant aux extrémités ; il est souvent planté comme arbre d'alignement.

Livistona australis

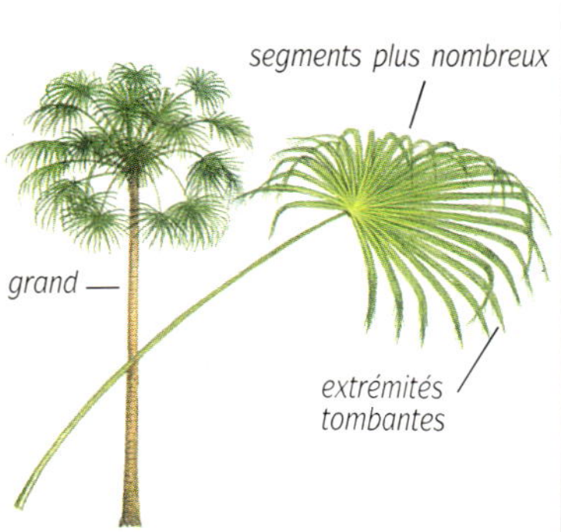

PALMIER NAIN

Type Arbre persistant, souvent touffu
Hauteur Rarement plus de 2 m
Distribution Sols sablonneux des bords de mer
Floraison Mars-juin
Fructification Septembre-octobre

TRONC ET COURONNE

Tronc Court, épais, parfois absent, couvert de fibres blanches ou grises et de vieilles bases de feuilles
Écorce Grise, cachée par les fibres
Couronne Grande touffe simple de feuilles

FEUILLES

Bourgeons Solitaires, gros, cachés par les feuilles
Feuilles Jusqu'à 1 m de diamètre, à lame rigide, en éventail, profondément divisées en segments déployés ; nombreux segments en forme d'épée, verts, grisâtres ou bleuâtres ; pétiole très long et épineux

FLEURS ET FRUITS

Fleurs ♂ et ♀ sur des arbres distincts, en grands épis bien garnis et ramifiés, d'abord gainés par 2 grandes bractées et cachés parmi les feuilles, jaunes
Périanthe 6 segments, les 3 internes déployés
Étamines 6 ; sur les fleurs ♂, les bases sont soudées en un disque charnu ; sur les fleurs ♀, elles sont stériles et forment une base en forme de coupe
Stigmates 3, styles courts
Ovaire Unique, à 3 cellules
Fruits Baies de 4,5 cm, sphériques à oblongues, jaunes ou brunes à maturité
Graines 3, cannelées d'un côté, non libérées

Cet arbre compact, résistant au gel, est le seul palmier cultivé à grande échelle dans les régions septentrionales. Ses feuilles très rigides forment une couronne déployée. Mortes, elles deviennent pendantes, ainsi que les vieilles bases de feuilles, cachant ainsi la partie supérieure du tronc. *Distribution :* originaire de Chine ; largement cultivé, principalement comme arbre d'alignement et d'ornement. *Espèce similaire :* chez le Washingtonia, la partie supérieure du tronc est cachée par un « jupon » de feuilles mortes. Les feuilles en éventail possèdent une multitude de longs fils attachés aux segments, qui leur donnent un aspect effiloché.

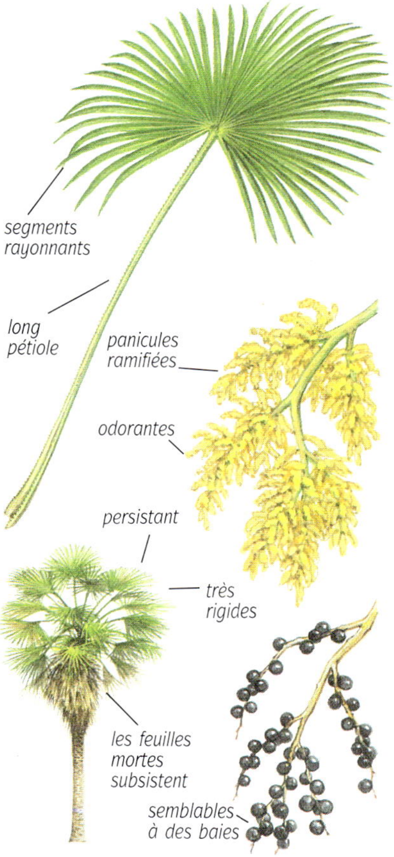

Washingtonia
(*Washingtonia filifera*)

PALMIER CHAUVE

Type Arbre persistant
Hauteur Jusqu'à 14 m
Distribution Jardins, rues, fronts de mer
Floraison Mars-juin
Fructification Septembre-octobre

TRONC ET COURONNE

Tronc Mince, droit, la partie supérieure, au moins, couverte de vieilles bases de feuilles brunes et fibreuses
Écorce Brune, avec des anneaux irréguliers
Couronne Touffe de feuilles ouverte, déployée

FEUILLES

Bourgeons Solitaires, gros, cachés par les feuilles
Feuilles Limbes rigides atteignant 1 m de long, divisés presque jusqu'à la base en segments rayonnants ; nombreux segments, étroits, plissés, bleuâtres par-dessus, vert foncé par-dessous ; pétiole de 0,50-10 m, denté, avec de longues fibres brunes à la base

FLEURS ET FRUITS

Fleurs ♂, en un grand épi bien garni et fortement ramifié, de 70-80 cm de long, gainé par une grande bractée à l'état juvénile, jaune vif par-dessous, odorantes
Périanthe 6 segments, les 3 internes sont grands et se touchent près des pointes
Étamines 6, petites et stériles chez les ♀
Stigmate Unique, minuscule, style court
Ovaires 3, dont 2 seulement se développent ; tous restent petits et stériles chez les ♂
Fruits Baies d'environ 2 cm, trilobées, noir pourpré à maturité, avec un duvet blanc bleuté
Graine Unique, pourvue d'un sillon

Cocotier du Chili *Jubaea chilensis*

Cet arbre à croissance très lente possède une couronne dense et le tronc le plus massif de tous les palmiers. L'écorce couleur de plomb est caractéristique. Originaire du Chili, cette espèce prospère sous les climats doux ; c'est un arbre d'ornement commun, en particulier dans le sud de la France. *Distribution :* originaire du centre du Chili ; largement cultivé dans le bassin méditerranéen. *Espèces similaires :* deux autres palmiers sud-américains sont cultivés comme arbres d'alignement en Méditerranée. Le Cocotier plumeux est un arbre mince, au tronc garni d'anneaux caractéristiques et aux feuilles atteignant 5 mètres de long. *Roystonea regia* est pourvu d'un tronc lisse, renflé à mi-hauteur, et de feuilles ne dépassant pas 3 mètres de long.

1 *Roystonea regia*
2 Cocotier plumeux (*Arecastrum romanzoffianum*)

	COCOTIER DU CHILI
Type	Arbre persistant
Hauteur	Jusqu'à 30 m
Distribution	Parcs et rues, près des côtes
Floraison	Juillet-septembre
Fructification	Novembre-janvier
	TRONC ET COURONNE
Tronc	Droit, jusqu'à 2 m d'épaisseur
Écorce	Grise, lisse, couverte de cicatrices foliaires rhombiques
Couronne	Dense touffe de feuilles érigées à déployées, disposées en rangées presque verticales
	FEUILLES
Bourgeons	Solitaires gros, cachés par les feuilles
Feuilles	Plumeuses, atteignant 4 m ; nombreuses folioles opposées, atteignant 70 cm de long, fendues à l'apex ; sessiles

	FLEURS ET FRUITS
Fleurs	♂ et ♀ sur le même arbre, pourpres ; nombreuses panicules terminales denses, érigées, ramifiées, de 1,50 m de long, aux aisselles des feuilles basses, d'abord gainées par de grandes bractées
Périanthe	6 segments ; chez les ♂, les 3 externes étroits, soudés à la base, les 3 internes plus longs, épais, pointus ; chez les ♀, les 3 externes larges, les 3 internes chevauchant
Étamines	Environ 30 ; chez les ♀, stériles, soudées en une coupe
Stigmates	3 ; minuscules et stériles chez les ♂
Ovaires	A 3 cellules chez les ♀
Fruits	Baies, en grandes grappes pendantes, plus ou moins sphériques à ovoïdes, jaunes à maturité
Graine	Unique, avec 3 lignes verticales alternant avec 3 pores noirs

Ce grand palmier au feuillage déployé est un des palmiers d'ornement les plus communs en Europe. Le tronc épais est couvert de vieilles bases de feuilles. En tombant, ces dernières laissent des cicatrices rhombiques. Les fruits sont plutôt secs et non comestibles. *Distribution :* originaire des îles Canaries ; commun comme arbre d'ornement dans les rues et les parcs du bassin méditerranéen. *Espèces similaires :* le Palmier dattier est un arbre plus grand et plus élancé, pourvu de fruits succulents et plus gros ; il est planté comme arbre d'ornement et comme arbre fruitier dans le sud du bassin méditerranéen. *P. theophrasti* est un arbre fin, très petit, produisant des fruits fibreux, noirâtres ; il ne pousse qu'en Crète.

1 Palmier dattier *(P. dactylifera)*
2 *P. theophrasti*

PALMIER DES CANARIES

Type Arbre persistant
Hauteur Jusqu'à 20 m
Distribution Endroits secs ; également le long des rues et des routes côtières
Floraison Mars-mai
Fructification Septembre-octobre

TRONC ET COURONNE

Tronc Puissant, droit, couvert de vieilles cicatrices foliaires
Écorce Brune
Couronne Grande touffe étalée comportant jusqu'à 200 feuilles

FEUILLES

Bourgeons Solitaires, gros
Feuilles Plumeuses, de 5-6 m ; 150-200 paires de folioles rayonnant à partir du pétiole sous différents angles, étroites, pointues, repliées vers le haut dans le sens de la longueur, vert clair ; pétiole fort, très épineux

FLEURS ET FRUITS

Fleurs Inflorescences érigées, bien garnies, ramifiées, atteignant 2 m de long et pendant aux aisselles des feuilles basses ; fleurs ♂ et ♀ sur des arbres différents, jaune crème
Périanthe 6 segments ; chez les ♂, les 3 externes soudés en une petite coupe, les 3 internes plus longs, aux bords se touchant ; chez les ♀, les 3 externes formant une coupe à 3 lobes, les 3 internes chevauchant
Étamines 6, très petites chez les ♀
Stigmates 3, style court, incurvé
Ovaires 3 chez les ♀ ; 1 seul se développe
Fruits Sortes de noix, en lourdes grappes pendantes, de 3 cm, ovoïdes, orange à maturité
Graine Unique, cylindrique, avec un profond sillon longitudinal

Index des noms scientifiques

Index

Index des noms vernaculaires

Index